Pierre Villepreux

Intercalé

Autobiographie

Hugo&Cie

Afin qu'ils puissent mieux me connaître,
je dédie ce livre à mes cinq petits-enfants,
Tommaso, Joseph, Clara, Irina et Pauline.

Pierrot

Le mot de l'auteur

Il ne m'a pas été si facile d'écrire ce livre. J'aurais pu me faire aider, j'ai préféré m'y coller tout seul en naviguant parmi tous mes souvenirs et les événements les plus significatifs de ma carrière sportive, professionnelle et personnelle.

Je le dédie à mes proches, à ma famille, à ceux qui m'ont toujours soutenu dans le tourbillon des réussites et des contrariétés de ce parcours. Un chemin qui m'a conduit à cohabiter avec les miens face aux contradicteurs. Autant de situations et de contextes où j'ai puisé, je me dois de le dire, l'énergie et les convictions qui ont été les miennes. Sans ces débats et conflits, ma passion pour le rugby ne se serait pas exprimée avec autant de solidité. L'incroyable diversité de ce parcours m'a empêché de m'installer dans le confort. Il m'a permis d'être moi-même avec mes envies, mes joies, mes rêves, mes passions et mes fantasmes.

Les affrontements qui ont émaillé ma carrière, tant qu'ils restaient, selon la belle expression, « virils mais corrects », n'ont rien eu de dramatique. Au contraire. S'ils sont porteurs à la fois de création et de destruction (car les opposants n'en sortent pas totalement gagnants), la rencontre de ces mouvements opposés et les clashs engendrés ont déclenché une dynamique complémentaire, supérieure, qui a contribué à faire évoluer le rugby et à influencer grandement ma vie d'homme.

C'était vrai hier, c'est encore le cas aujourd'hui, ce sera sans doute vérifié demain, il y a trop de contradictions inévitables, dans le « sens » que chacun donne à ce jeu, pour croire que la vision d'un rugby enfin identifié et réalisé deviendrait suffisante pour permettre de gagner sans, du même coup, ne plus avoir jamais à perdre.

Que dire d'une vie de rugby, d'une vie pour le rugby ? Quel sera le bilan du temps ? Peu importe l'étiquette qui m'a été collée, comment j'ai été perçu, cela a été formulé de tant de façons… Quelle que soit la formule, elle me conviendrait sûrement et je la revendiquerais, car elle illustre complètement ce que j'ai tenté d'atteindre dans toutes mes actions, à tous les postes : faire de ce sport un moyen d'éduquer, le théoriser pour lui donner structure, rigueur, cohérence et continuité. Une manière de maintenir la fermeté de mes opinions, de convaincre par l'exemple et l'action, dans le cadre d'objectifs et d'un système évolutif. Le rugby aura été un moyen, grâce au travail d'équipe, de se remettre en question, de réussir, d'échouer, d'avancer, de reculer, de subir des affronts, de résister aux louanges, de rebondir, en un mot d'être au cœur de la vie même.

J'ai essayé d'être sans vindicte ni vain enthousiasme. J'ai tenté de choisir la mesure et la sérénité, dans l'adversité comme dans la victoire. Je me suis voulu cohérent et surtout sincère avec moi-même, rejetant opportunisme et compromissions, ce qui ne m'a pas apporté beaucoup d'estime car cela a été interprété comme du mépris. Ceux qui me connaissent ont expérimenté une seule chose avec moi : je suis ainsi, à prendre ou à laisser, en un mot authentique, pour le meilleur et pour le pire, mais ils savent aussi que j'ai toujours eu de l'appétit pour la vie et ses plaisirs.

PRÉFACE

par Christian Montaignac

Avoir beau jeu

Être l'ouvreur d'un relanceur acharné doublé d'un rêveur éveillé, voilà un privilège qu'il fait bon déguster. On peut même y ajouter le sourire du souvenir, celui d'avoir souvent écrit sur ce monsieur de Pompadour, du nom d'une cité à l'esprit cavalier qui a enfanté une sorte de « chevalier à la triste figure », un Don Quichotte à jamais excité par les ailes du moulin. « Vil et preux » avions-nous titré un jour comme si, honni ou béni, il devait toujours avancer dans l'ambivalence des sentiments sur le chemin d'une noble idée du rugby.

Authentique bête de jeu, Pierre Villepreux est décidément curieux. Il était un joueur à suivre, il deviendrait vite un entraîneur à écouter, un éducateur à conseiller et même un chroniqueur à lire, comme aujourd'hui il est un expert à inviter. Tout cela à la fois compliquerait le message aux yeux et à l'esprit de ceux qui voudraient déclencher le procès d'intention, dénoncer le donneur de leçon. Et c'est ainsi que le même s'imposerait comme un personnage à part dont il ne faudrait jamais, avec juste un peu de bonne foi, négliger l'essentiel, tout ce qui s'attache à l'obsession d'un jeu d'esprit et de raison, de transmission. Car telle est la noblesse du rugby où le passé n'en finit pas de passer sans être dépassé. Et Villepreux, mesdames et messieurs, aura toujours veillé à s'intercaler pour faire avancer l'attaque et les idées. Et défendre avec ça, hier face aux All Blacks, aujourd'hui et demain au cœur de nos mêlées, sur les ondes, entre les colonnes.

Oui, il est curieux ce monsieur de Pompadour, éternel soupirant au sens où il voit toujours beau et grand sans cesser d'être exigeant. S'il y a un décalage qu'il n'a jamais créé, c'est bien entre ses attitudes de joueur et d'entraîneur. Les deux se sont imposés comme des messagers, des passeurs de ballons et de réflexions, habités par la nécessité de jouer à quinze, pour quinze, entre quinze, par une harmonieuse occupation de l'espace et du terrain, des pieds et des mains. Le fameux et discutable « coaching » n'y changera rien, c'est toujours d'un rugby à quinze qu'il s'agit, d'un ballon à gagner, à récupérer, à conserver, à donner, de solutions à trouver, de lucidité à préserver. Pour le gagner, nul secret, n'importe quel « coach » vous le confirmera : il faut de la méthode, du cœur à l'ouvrage, de la force au poignet, de la bravoure à déployer, du sacrifice à renouveler. Mais pour l'utiliser ? Il faut encore et toujours, à jamais, chercher. Pierre Villepreux a su très tôt qu'il chercherait toujours mille et une voies à la recherche de « l'inaccessible étoile ». Car l'utopie reste intacte : chercher l'harmonie dans le désordre et, tant qu'à faire, le désordre dans l'harmonie.

Il aura toujours préféré remonter les ballons que les pendules, éclairer le jeu plutôt qu'allumer le feu. À chaque fois, c'est un travail de précision entre les hommes et les centimètres à déplacer, les gestes à répéter, les mouvements à renouveler, les centièmes de seconde à gagner, les regards à améliorer. Pareille exigence n'a jamais flanché. Pierre Villepreux, le joueur, arrière ou ouvreur, était un champion de la remise en question ; Villepreux Pierre, l'entraîneur, l'éducateur, a poursuivi la même quête de l'impossible perfection.

Ne nous étonnons surtout pas si un tel maniaque est passé tour à tour pour un inspirateur et un emmerdeur. Fatalement, au fil des perceptions, des interprétations, son « moi jeu » alternerait avec le « moi je ». Déplorons seulement que le poids de la FFR, au temps où elle était « la Ferrasse Fouroux du rugby », ne lui ait pas permis d'arriver plus tôt sur le terrain de l'équipe de France. D'évidence, le messager serait moins écouté et le symbole en deviendrait cette dérision orchestrée autour de l'expression « intelligence situationnelle » qui n'était autre que l'obligation faite au joueur de s'adapter à chaque situation, celle-ci restant unique. On savourerait toutefois la manière dont elle serait reprise par Bernard Laporte, lui-même inlassable pourfendeur de celui qu'il faisait bon désigner comme un professeur.

Le débat, même apaisé, peut toujours continuer. Il nous aura toujours amusés, aussi vrai que Pierre Villepreux est parvenu à prêcher les vertus de la collectivité sans cesser de se montrer singulier. Il est curieux, en effet, ce monsieur de Pompadour, d'abord sous le désordre des boucles, ensuite sous le chapeau, sans oublier ces cheveux qui s'attardent sur la langue. Et il est toujours gourmand, ce Pierrot, dès lors qu'il s'agit de faire bien vivre un ballon pointu. Tant de lignes tracées sur les terrains de partout et de Tahiti, d'Ovalie et d'Italie, méritaient celles de ce livre. Une longue et belle trace en somme, qui invite à tourner la page. Car il restera un homme de rugby à suivre. Je l'aurai précédé une fois, juste cette chance d'avoir essayé d'écrire une préface comme on délivre une passe.

Christian Montaignac est journaliste écrivain,
auteur de *L'Année du rugby* chez Calmann-Lévy depuis 1973.

- 1 -
L'ENFANCE

Genèse d'une passion

J'ai 7 ans. Il est 14 h 50 ce samedi 13 janvier 1951. Nous sommes à l'école primaire du village de Pompadour, en Corrèze. À cette époque, sauf le jeudi et le dimanche, il y avait école tous les autres jours de la semaine, y compris le samedi après-midi. Ce samedi-là, et à cette heure, il n'y avait pas de dictée, pas de mathématiques et encore moins de tableau noir. La classe du « cours élémentaire garçons » a toutes les raisons d'être particulièrement attentive puisque Monsieur Audrerie, notre instituteur, vient de brancher la radio, on disait plutôt la TSF, seul moyen de communication accessible à tous. Il l'avait apportée à l'interclasse. Dès le matin, il passait un marché avec les élèves : « Travaillez bien et, cet après-midi, vous aurez une surprise. » Elle fut de taille. Nous étions à peine installés face à l'appareil que la voix enthousiaste de Loys Van Lee, le célèbre commentateur du sport sur la chaîne nationale, annonçait la composition du XV de France de rugby. Celui-ci affrontait les Écossais dans le premier match du Tournoi des cinq nations au stade de Colombes. Pas banal, dans cette petite école communale, que de remplacer le temps réservé normalement à l'instruction par la retransmission d'une manifestation sportive. Pas banal, certes, mais tellement « génial » : toute la classe se mit à applaudir, garantissant ainsi à l'instit que son choix était judicieux même si cette initiative, et cela me ravissait, m'apparaissait ne pas être en droite ligne ni avec le programme rigide ni avec les objectifs éducatifs et pédagogiques exigés. Cette initiative n'était pas étrangère au fait que notre maître pratiquait le rugby au sein du Club Athlétique de Pompadour. Sportif passionné, il n'a pas eu à prendre la peine de convaincre la classe que le Tournoi des cinq nations méritait bien cette entorse au programme du samedi après-midi. Pour la majorité des élèves, mais bien sûr surtout en ce qui me concerne, je ne suis pas certain qu'il se soit rendu compte à quel point il avait frappé notre imagination enfantine.

Le Tournoi était déjà un événement sportif majeur, mais le vivre à l'école lui conférait une importance accrue dans mon esprit. Il y avait un air de fête et nous étions conviés à y participer. Je ne pense pas que ce que je ressentais alors aurait été identique dans un autre cadre, mais en cette occasion, j'ai perçu le rugby comme un moment magique : notre école entrait en connivence avec l'ambiance du stade de Colombes. Loys Van Lee nous « scotchait ». Son commentaire sonnait vrai. Il savait rendre l'événement tout proche… comme si l'on y était. Une complicité que le commentateur savait faire naître en utilisant tour à tour le jeu, les joueurs et les réactions du public. Le spectacle envahissait la salle de classe. Seul l'arbitre ne trouvait pas grâce à ses yeux et, forcément, il ne nous plaisait pas non plus. C'était le temps où les arbitres appartenaient aux autres nations, il n'y avait pas de Français. De ce fait, ils avaient toutes les raisons pour ne regarder que les fautes françaises. Aujourd'hui encore, même si les arbitres français sont intégrés dans le « panel » international, la suspicion française envers les juges britanniques persiste curieusement.

Loys Van Lee, que j'ai rencontré et connu bien plus tard, a su, par les mots justes, créer une atmosphère de concentration chez cet auditoire d'écoliers plutôt indisciplinés. Je dirais presque un recueillement, une attention, je parle de celle qui est favorable à l'apprentissage, celle que tout enseignant recherche. Je me rappelle que le maître avait parfois du mal à obtenir cette disposition d'esprit collective que l'on retrouve dans la performance sportive, celle qui permet le surpassement. C'était mon cas. J'avais du mal à entrer dans un domaine qui s'opposait à ma logique. Je décrochais assez facilement. J'étais ailleurs, « dans la lune » disait l'instituteur, ce qui allait de soi avec mon surnom – Pierrot – celui qui m'est toujours resté. Ces comportements vis-à-vis d'activités ou de disciplines se sont vérifiés dans toutes les étapes de ma vie, et pas seulement dans le domaine sportif.

Pour l'anecdote, la France a gagné le match. Même battue, cela n'aurait pas hypothéqué le crédit que nous accordions aux vainqueurs du jour. J'ai le souvenir, bien qu'imprécis, que les commentaires du maître après ce match étaient orientés sur les valeurs que le rugby développe. Cette leçon « d'éthique sportive » m'avait paru évidente et séduisante. Par la suite, ces valeurs ont toujours été présentes en moi et ont guidé mes réflexions.

En sortant de l'école avec mes camarades, je n'avais qu'une envie, celle de refaire le match, et j'espérais, plus secrètement, que les prochaines rencontres nous donneraient de nouveau l'occasion de nous enthousiasmer. Rejouer le match, c'est cette pulsion qui nous poussa à nous retrouver quelques-uns sur le champ de foire pour revivre France-Écosse en utilisant un cache-nez en laine prestement noué et transformé en ballon. Dans ce jeu spontané, chacun s'identifiait aux joueurs du Tournoi, même s'il était difficile de mimer leurs exploits puisque nous n'avions pas d'images. Mais notre imaginaire fonctionnait. Les joueurs de l'équipe de France nous étaient, tout d'un coup, devenus si familiers que nous pensions imiter leurs attitudes et les formes de jeu décrites par le commentateur de la radio. Cette reproduction sans images, certes naïve, je n'en doute pas maintenant, développait une certaine créativité, même si cela relevait d'une interprétation candide.

Depuis ce jour, jusqu'à la fin de ma scolarité en primaire et avant de partir dans le secondaire à la « grande école », les samedis du Tournoi ont toujours été ponctués par la retransmission des matchs. Je les ai toujours vécus pleinement, presque avec exaltation, même quand la France ne gagnait pas, ce qui était souvent le cas dans cette période. Mais, curieusement, je ne m'attachais pas outre mesure au résultat.

Mon père, conscient de mon engouement, ne manqua pas de m'offrir un ballon lors d'un déplacement à Brive. Le foulard avait été remplacé par un vrai ballon de rugby. Et tous les jours de match, les retransmissions à l'école nous entraînaient logiquement vers le champ de foire pour des affrontements qui se musclaient au fil du temps et se jouaient avec un vrai ballon. Instinct, pulsions, simples désirs pour les uns, ce fut pour moi le début d'une vraie passion.

La composition des équipes allait de soi. Les « gars du quartier de la gare » se devaient d'affronter « ceux de la place du château ». Les autres se répartissaient en fonction du nombre de joueurs dans l'une ou l'autre équipe. Je pense que cette pratique libre d'un sport, sans autre contrainte que quelques règles minimales pour ne pas le dénaturer, était un merveilleux moyen d'éducation. Cette façon d'appréhender le jeu du rugby, dans un duel collectif non structuré entre écoliers, a certainement influencé mes manières d'être, d'agir, de faire et d'aborder certaines émotions par la suite.

L'année suivante, en janvier 1952, la France rencontrait l'Irlande à Colombes. Ce fut l'occasion d'une nouvelle attention de mes parents. J'allais avoir la chance de vivre l'événement en « live », comme on le dit aujourd'hui. Le vendredi, nous prendrions le train pour Paris. Pour moi, bien plus que la découverte de la capitale, c'était le match qui mobilisait mon intérêt et mes pensées. Je n'en oubliais pas pour autant mes copains que je m'imaginais bien alignés dans la salle de classe, prêts à écouter les exploits des Français. J'avais conscience de mon aubaine, celle d'être de la fête, et je mesurais l'envie suscitée autour de moi. Le stade de Colombes était bien plus grand que celui de mon imagination. Je n'y avais pas intégré cette grande piste d'athlétisme qui entourait le terrain et qui m'éloignait des joueurs. Je fus un peu déçu de ne pouvoir les voir de plus près, de ne pas être plus proche d'eux comme j'en rêvais à Pompadour. Les Tricolores avaient gagné leur premier match en Écosse. J'avais donc la possibilité d'assister à une deuxième victoire significative d'espoir, celui de voir la France faire un pas de plus pour remporter le Tournoi pour la première fois. La défaite française ne me chagrina pas outre mesure. Pour moi, elle resta anecdotique. Mais le jeu avait déjà retenu mon attention. Particulièrement ces temps forts des Tricolores : déferlements de vagues bleues qui me semblaient ne pas pouvoir être contenues, et qui étaient pourtant soudainement fragilisées et arrêtées. Je compris qu'il y avait un véritable lien entre ces mouvements collectifs et le public, qui se mettait alternativement debout (l'espoir), puis assis (la déception). Moi, j'avais envie d'être debout, je voulais que le jeu bouge. Curieusement, je suis toujours resté attaché à cette image d'un rugby qui n'a de sens que par le mouvement qu'il génère.

Quand j'ai retrouvé ma classe, le lundi matin, je mesurai la curiosité et le questionnement que ma sortie parisienne avait suscités. Les questions ? Elles ne manquèrent pas. L'ambiance, le match, le stade, ma place dans les tribunes, les joueurs, certaines actions… Mes réponses et explications suffisaient-elles pour leur permettre de faire le lien avec ce qu'ils avaient entendu à la radio ? Certainement pas. Cependant, mes réponses semblaient satisfaire leur attente. Il m'apparut que ce que je venais de vivre m'octroyait, sinon une sorte d'expertise, du moins un privilège, celui d'avoir vu, donc de savoir. Reconnaissance d'autant plus grande que l'instit me sollicita avant même que la classe ne commence : « Raconte-nous ce que tu as vu, fais-en profiter tes camarades. » Pourquoi je me rappelle exactement ces paroles ? Simplement parce que je me suis trouvé bien embarrassé pour exprimer ce qui était essentiel dans ce que j'avais vu et retenu. Heureusement, le maître me vint en aide en me posant les bonnes questions. J'ai retenu aussi que cet épisode nous avait permis de faire passer à la trappe la leçon de morale traditionnelle et la rébarbative dictée du lundi matin redoutée de tous. Personnellement, j'avais ressenti cette initiative du maître comme un partage, celui d'un penchant commun pour le rugby, ce qui a modifié, selon moi, la nature de notre relation. En tout cas, cette journée ne fut pas ordinaire. Ce lundi soir, toute la classe s'est retrouvée, à titre exceptionnel, au champ de foire pour un match qui, comme la journée, ne fut pas tout à fait comme les autres.

Avec le temps, je peux mieux apprécier combien la saveur de ces matchs sauvages entre écoliers garantissait l'accès à toutes les valeurs que l'affrontement développe par ballon de rugby interposé. Il était, me semble-t-il, d'autant plus facile de se les approprier que nous y accédions naturellement, par intuition, toujours sans artifice et sans démarche consciente pour les acquérir. Nous apprenions à jouer, sans savoir comment. Nous combattions parce que les règles l'imposaient, nous nous surpassions alors qu'il n'y avait aucun enjeu. Le verbe « jouer » (le jeu pour le jeu) prenait tout son sens. On développait sans s'en rendre compte des comportements qui avec le temps se sont retrouvés dans des « savoir-vivre », ceux qui régulent les réactions humaines, affectives et relationnelles. Cette éducation ludique, libérée de contraintes, était d'autant plus riche qu'elle s'inscrivait dans les mœurs, coutumes et mentalité locales, celles de la vie d'un calme petit village de campagne qui vivait au rythme des saisons, des moissons et des grands événements sportifs.

Ces matchs qui duraient jusqu'à la nuit, sans entraîneur ni arbitre, sur un terrain herbeux voué à d'autres activités, cette débauche, pourrait-on penser, d'efforts inutiles avaient d'abord une forte valeur affective. C'était dû davantage à la force du jeu en lui-même qu'à la recherche d'une performance quelconque, même si celle-ci était présente puisqu'on jouait aussi pour gagner. Mais personne ne retenait vraiment le score. La belle feinte, la réussite d'un nouveau geste étaient bien plus valorisées et elles nous classaient, ou pas, dans la catégorie des « bons joueurs » dont je faisais partie, à tort ou à raison. Cela dit, il était logique que je sois considéré comme un « bon » puisque le ballon m'appartenait et, en plus, j'allais voir les matchs au stade de Colombes !

Pour revenir sur cette hyperactivité ludique jamais véritablement terminée, je suis persuadé qu'elle a été une formation non négligeable. Cela m'a permis d'acquérir un bagage de compétences motrices, physiques et de savoir-faire utilisables dans d'autres activités sportives et de m'y comporter avec un certain succès. Le football, bien sûr, mais aussi le tennis. Ce sport, plutôt réservé à une certaine classe sociale, n'était pas accessible à tout le monde. Le seul court de Pompadour appartenait au notaire, Monsieur Louis Reillier. Il nous autorisait à l'utiliser. Nous recevions les conseils d'un plus grand, un Marseillais, qui venait chaque été passer des vacances chez ses grands-parents. Le tennis se flattait d'une étiquette différente des autres sports, ce qui nous agaçait un peu mais nous confrontait à une autre culture sportive, à d'autres valeurs. Nous étions contraints, dans un contexte différent, d'accepter certains devoirs et donc de communiquer différemment. Si quelques-uns de mes copains avaient du mal à accepter les normes de ce sport, je le vivais plutôt bien. Nous n'avions que deux raquettes en bois, pas le dernier modèle. Le minimum pour s'affronter dans un sport qualifié alors d'« aristocratique ». En revanche, à Pompadour, « Cité du cheval » avec ses haras nationaux, ses courses et ses multiples événements hippiques, il aurait été logique que le cheval m'attire. Ce ne fut pas le cas et, sauf à de rares occasions, je ne peux pas dire que cette activité me plut. Elle me semblait réservée, un peu comme le tennis, à une autre catégorie sociale.

Peut-on dire que cette partie de ma vie a été déterminante pour ma future implication et mon engagement dans le sport, et particulièrement le rugby ? Ma réponse est oui. En tout cas, je crois que cette intense activité physique y a effectivement contribué largement.

Concilier le sport et l'école

Dans les villages, l'école était, à l'époque, une institution respectée. Détenteur du savoir, l'instituteur avait pour mission première de faire apprendre à « lire - écrire - compter ». Dispensateur d'un savoir dont ses élèves auraient besoin pour acquérir une « bonne situation », comme disait ma mère, l'instituteur participait aussi à la vie locale. Il se mettait au service des habitants. Confident des familles et conseiller précieux dans cet après-guerre difficile, il faisait partie des notables, au même titre que le curé et le notaire. On ne pouvait remettre en cause ni son autorité ni ses compétences puisque celles-ci étaient acceptées et utilisées par nos parents. Un « bon instituteur » était reconnu en fonction des services rendus à la collectivité pour ses compétences pédagogiques. Il n'était jamais mauvais puisque personne n'avait de repères réels pour faire une évaluation pertinente. Cependant, les résultats au certificat d'étude – la plupart des élèves s'arrêtaient à ce niveau avant d'entrer dans la vie active – étaient quand même toujours attendus pour juger de ses compétences. Le nombre de reçus, comparé au nombre de candidats, et les éventuelles mentions étaient primordiaux pour obtenir crédibilité et respect auprès des gens du village.

Personnellement, je n'avais pas la même représentation du maître d'école. Je sentais bien qu'il occupait une position forte auprès des familles, et donc de mes parents. Avec le recul et sans les offenser, ni mon père ni ma mère ne se souciaient outre mesure de la qualité et du contenu de mon éducation scolaire. On accordait beaucoup de confiance à l'instituteur. Aller le voir ne se faisait pas, sauf exception. En revanche, mes parents le recevaient à la maison. C'était un moyen de rapprocher l'école et la famille. Cette relation permettait aux parents de se faire une idée des possibilités de leurs enfants, et donc de leur avenir scolaire. La décision d'entrer au collège ou d'en terminer avec l'école après le certificat d'études appartenait à l'instituteur. J'ai le souvenir de l'une de ces rencontres à la maison. Il y était question de mon avenir. Qu'allait-on faire de moi ? Planqué derrière la porte, j'ai suivi toute la conversation. Cela me permit de comprendre que mes résultats en primaire ne me prédisposaient pas à faire « des études longues », mais « on verrait bien ». Aller jusqu'au BEPC était donc envisageable et reprendre le commerce familial était une porte de sortie logique et respectable vu la bonne réputation de mon père. Je compris aussi que la poursuite de ma scolarité était en partie due au fait que ma famille avait une aisance financière suffisante. Absorber les coûts de l'internat (il n'y avait pas de collège à proximité de Pompadour) n'étant pas un problème, le collège me tendait donc les bras. Cette contrainte financière amenait certaines familles à refuser à leurs enfants de poursuivre leur scolarité, même s'ils en avaient les capacités intellectuelles.

Pour en revenir à mon cas, cette remise en cause de mes propres capacités intellectuelles ne me surprit pas. Je ne peux pas dire que je n'aimais pas l'école, mais la rigidité de l'enseignement m'ennuyait. La disposition immuable des bureaux des élèves, l'organisation invariable du matériel de la classe, le rituel de l'organisation dans l'enseignement des matières, l'interdiction de bavarder, les bons élèves devant, les cancres derrière, etc. Ma place était au milieu. Ni bon ni mauvais, je ressentais l'effet pervers d'un système qui plaçait le maître au sommet de la pyramide, perché sur une estrade et un bureau qui me semblaient aussi imposants qu'inaccessibles. Le maître dispensait un savoir que nous ingurgitions, sans que le partage se fasse équitablement. J'essayais bien de me concentrer, mais je perdais rapidement pied.

En fait, j'attendais les recréations, ces moments bénis qui nous permettaient de retrouver une grande latitude d'action, la liberté qui nous était accordée sans restriction. Le maître favorisait par le jeu ces instants que je qualifierais maintenant d'« éducatifs et formateurs ». Dans la cour d'école, il n'y avait ni bons ni mauvais élèves, ni premier de classe ni punis.

Cette activité physique, par le biais de petit jeux partagés avec les autres lors des « récrés », avait tout de même son exigence puisque les règles étaient discutées, modifiées, et évoluaient. Le contrat de jeu recueillait l'assentiment des joueurs, et c'est bien cela qui en faisait sa richesse éducative et sociale. Il nous préparait à notre insu à des comportements sociaux réinvestissables dans la vie courante.

Je ne détestais pas l'école, mais je m'en accommodais grâce à ces moments ludiques, grâce aux relations et communications avec les autres. Elles m'ont permis de donner à l'école un sens différent. La variabilité et l'intensité de ces jeux contribuaient à notre développement physique et mental. Le concept de jeu favorisait l'effort librement consenti, il incitait à bien faire et à gagner. C'est bien plus tard que j'ai compris l'importance de cette vie ludique dans les choix de vie qui ont été les miens. Cela dit, l'instituteur facilitait cette activité récréative. Il savait nous encourager et orientait quelquefois nos comportements pour nous amener à mieux comprendre comment jouer. C'était pour moi un facteur de motivation important et le gage d'une implication supérieure dans le travail de classe. Certains d'entre nous excellaient dans ces petits jeux, et bien sûr, nos attitudes et nos actions, quand elles étaient valorisées par le maître, nous propulsaient logiquement vers la recherche de nouvelles formes d'actions et d'habiletés supérieures. Aussi, nous attendions son regard.

La richesse de ces jeux mobilisait nos aptitudes à décider, agir, et cela au bon moment. Rien en éducation sportive ne se met en place spontanément, et cette éducation ludique m'a facilité l'accès à des capacités de toutes sortes, certainement celles qui sont nécessaires pour aller vers un niveau sportif supérieur. Ces jeux d'école trouvaient logiquement une continuité hors de celle-ci, avec mes potes du quartier de la gare. Au gré des saisons et des vacances scolaires, l'environnement naturel de notre petit bourg nous confrontait à des activités de pleine nature (marcher, courir, sauter, grimper, lancer, jeux d'hiver avec la neige, aquatiques l'été). Nous nous y exprimions avec nos propres règles, notre technique, nos valeurs, dans le cadre d'une grande complicité. Je suis aujourd'hui conscient que, si j'avais vécu dans un contexte urbain, les conditions n'auraient pas été les mêmes et la vie sociale certainement différente. Je veux dire par là que les modes et les formes de relation avec l'environnement et notre vie de groupe ont été la composante majeure d'un développement physique et social très riche, lequel m'a ensuite naturellement conduit vers les activités sportives institutionnalisées dans le sport et le rugby.

Aujourd'hui, quand je me promène ou que je fais des « footings », je reviens sur les lieux de notre univers de jeu. Le milieu naturel n'a pas changé et je réalise le décalage qui existait entre la valeur accordée aux défis que nous lancions à la nature et leur réelle difficulté. Enfant, on donne une autre dimension à ce qui est difficile, voire ce qui paraît impossible. L'exploit recherché, monter à la cime du plus grand arbre de la forêt, sauter au fond d'une carrière, ne prenait de sens que dans le conflit de ma taille du moment avec le cadre où nous évoluions.

Je crois que c'est ce rapport contradictoire qui fait peur, pas la nature de la tâche ni la crainte de manquer d'aptitudes. La multiplicité de ces situations réalisées dans un environnement fait d'incertitudes a favorisé mon épanouissement en général et m'a permis de développer, entre autres, des capacités d'adaptabilité qui m'ont été par la suite bien utiles pour jouer au rugby, et tout autant dans la vie.

Parmi les garçons du quartier de la gare qui partageaient avec moi ces activités et ces jeux, il y avait les frères Pierre et Claude Besson, les enfants du chef de gare auxquels j'étais très attaché. Leur départ de Pompadour, pour cause de mutation de leur père, bouleversa la dynamique de notre groupe. Personnellement, j'en fus particulièrement affecté pendant un certain temps. J'y perdais mes copains, et avec eux, des repères de toutes sortes acquis dans une dynamique de relations que seules l'école et la famille nous volaient. Leur départ coïncida avec l'éclatement du groupe puisque beaucoup d'entre nous quittèrent Pompadour, en partant au collège et en internat. Mais la vie est bien faite puisqu'une dizaine d'années plus tard, j'ai retrouvé les frères Besson à Brive, où nous avons porté ensemble les couleurs du Club Athlétique Briviste (CAB) et participé à la première finale du club contre Agen en 1965. Une grande première pour les Noir et Blanc qui, par la suite, se sont donné les moyens d'en jouer d'autres. En 1963, Pierre Besson, l'aîné, fut appelé en équipe de France pour rencontrer l'Écosse. J'avais assisté à ce match à Colombes. Cette accession de Pierre au plus haut niveau me ravit. Mais j'étais loin de penser qu'en 1967 nous allions tous les deux être invités à représenter la France pour une tournée de deux mois et 18 matchs en Nouvelle-Zélande.

Football ou rugby ?

En fait, grâce à cette disponibilité permanente pour « jouer », j'ai été très tôt confronté au dilemme du sportif, celui qu'imposent inévitablement l'espoir de réussir et la crainte d'échouer. Comprendre très jeune qu'il ne faut pas être l'otage du jeu est un avantage non négligeable avant d'aborder une carrière sportive de haut niveau. Avec un tel état d'esprit, je fus on ne peut plus déçu quand l'équipe de l'école participa pour la première fois à la compétition de football départementale. Il s'agissait de constituer une équipe, ce qui voulait dire que l'instituteur devait faire le choix des meilleurs, ceux qui allaient défendre les couleurs de l'école. Je me rappelle, comme si c'était hier, la présentation des maillots. Ils étaient jaunes. Cela avait donné lieu à un moment d'excitation. Chacun se voyait déjà en tenue, sur le terrain, mais surtout, tous les sélectionnables potentiels évaluaient les probabilités de faire partie des heureux élus. Les copains m'accordaient une grande chance, même si l'on savait que les plus âgés seraient d'abord choisis. De plus, contrairement aux autres, je possédais des crampons, ceux que m'avait offerts mon père, toujours soucieux d'entretenir mes dispositions pour le sport. Un avantage important qui me plaçait aux yeux des autres en situation favorable. Ma déconvenue fut d'autant plus grande au moment de l'annonce de l'équipe. Je n'ai pas joué ce premier match, mais cela n'engendra ni dépit ni regrets. Je crois qu'au contraire l'intensité de ma motivation en fut accrue. J'étais un peu dépité que nous ayons perdu le match, mais j'y avais un peu participé puisque j'avais prêté mes crampons au joueur considéré comme le meilleur. Il marqua un but, qui n'était pas celui de la victoire mais celui derrière lequel toute l'équipe se reconnut et s'engouffra pour expliquer que nous n'avions pas été aussi mauvais que le score pouvait le laisser croire, d'autant que ce but fut réalisé en fin de match. Alors, pourquoi ne serait-il pas le but de tous les espoirs ?

J'ai joué par la suite les autres matchs, mais comme gardien, un poste que je n'appréciais pas. La participation du goal au jeu de l'équipe me semblait dérisoire, un pion peu mobile qui participait peu, beaucoup en attente et peu en action. Par la suite, on me positionna dans le champ et, personnellement, j'avais l'impression de mieux m'y exprimer, j'y prenais beaucoup de plaisir. Cette année-là, le football s'immisça dans nos activités scolaires, du fait de cette première rencontre avec la compétition, la vraie. Le ballon rond était toujours plus présent dans la cour de récré. L'activité de compétition nous rendit encore plus sensibles à la notion de bonne ou mauvaise performance. Notre implication faisait apparaître le désir d'apprendre, de mieux jouer, mais nous voulions également plaire au maître et aux parents. Leurs opinions avaient une saveur particulière à nos yeux. Mon père, qui préférait sans commune mesure le rugby, n'était pas enthousiasmé par le choix du football, mais le rugby n'existant pas dans le sport scolaire, il s'accommodait que son fils joue « à ce jeu de manchots ». Ce premier contact avec la compétition à un âge aussi tendre développa notre personnalité et le sentiment d'appartenance à un groupe. La compétition, entendue en termes de participation, de plaisir pris et d'enthousiasme, comme cela doit être le cas à cet âge, élève la motivation, détermine un niveau d'ambition pour aller un peu plus loin. Autant de facteurs qui relèguent le seul résultat à la place qui doit être la sienne à cet âge.

Je pris conscience en tout cas que j'avais quelques dons et les compliments que je pouvais recevoir ici et là me confortèrent dans cet élan émotionnel que j'avais spontanément pour les activités physiques de toutes sortes. Mon implication dans le travail scolaire s'en ressentit. Pour autant, je ne devins pas premier de classe. Quand je vois aujourd'hui l'évolution de la vie à l'école, je ne suis pas si sûr que l'on ait su préserver l'essentiel : faire en sorte que l'enfant reste un enfant et ne grandisse pas trop vite, qu'on lui laisse le temps de se construire sans à-coups. À l'époque, les adultes étaient beaucoup plus absents de la formation de leurs enfants. La régulation des comportements se faisait logiquement, dans le temps voulu et avec la spontanéité correspondant à chaque étape de la vie. Ce temps béni de l'enfance, sans urgence, dans un monde en partie sans adultes, n'a plus cours et c'est sans doute dommage.

Le regard que nous avions sur notre instit était aussi lié, je l'ai dit, au fait qu'il faisait partie de l'équipe de rugby locale. Bon nombre d'entre nous avaient l'habitude d'assister au match du dimanche et notre évaluation de sa prestation était toujours partisane. Son implication dans le rugby local me le rendait encore plus sympathique. Les matchs du dimanche à Pompadour étaient aussi une occasion pour moi de graviter dans le monde du rugby. Ce contact avec le jeu et les joueurs a exercé une influence heureuse sur le futur joueur. Mon intérêt pour le rugby répondait également à l'attente de mes parents, fervents supporters du club de Pompadour et du rugby en général. Ils ne manquaient pas une occasion d'aller voir jouer les grands clubs de la région, Brive ou Tulle, tous les deux alors en première division. Mais mon club préféré, c'était Lourdes. C'était le club phare du moment avec beaucoup d'internationaux, entre autres les frères Jean et Maurice Prat. Les attaques lourdaises à la main me fascinaient déjà. Je trouvais dans leur jeu une vitesse, une technicité qui provoquaient chez tous les joueurs un délire collectif que ne possédaient pas les autres équipes sauf, peut-être, Mont-de-Marsan, qui comptait dans ses rangs les frères André et Guy Boniface, d'exceptionnels duettistes. Grâce à ce contact préférentiel avec le rugby que m'autorisaient mes parents, j'avais l'impression d'appartenir d'une certaine manière à la communauté du rugby. Mais je leur reconnais de n'avoir jamais cherché à m'influencer pour pratiquer ce jeu. Mon père avait bien perçu mon intérêt pour ce sport, mais il n'en a jamais rajouté comme peuvent le faire trop souvent les parents de jeunes enfants propulsés malgré eux vers une spécialisation précoce. Personnellement, à 11 ans, il n'était pas nécessaire de me forcer.

Je partis un jour à Lourdes avec ma grand-mère pour aller prier à la grotte. Moi, je n'y voyais que l'occasion unique d'aller visiter le stade mythique des champions de France et peut-être de croiser les frères Prat qui, m'avait-on dit, résidaient à côté du stade. Leur réputation dépassait, pour moi, très largement celle de Sainte Bernadette ! Je restais des heures entières devant le bar de Jean Prat et je finis forcément par les apercevoir. J'étais content mais un peu déçu. L'habit civil rend les gens sinon ordinaires, en tout cas moins ressemblants. L'image qui s'imposait dans ma tête, c'était les frères Prat en tenue de rugbymen. Évidemment, mon imagination les avait un peu « gigantisés ». Je ne pouvais pas penser que treize ou quatorze ans après, devenu joueur du XV de France, je retrouverais Jean Prat comme manager. Dans le même ordre d'idée, c'est avec une certaine émotion que j'ai eu la chance de côtoyer et de jouer contre des rugbymen qui avaient enchanté mon enfance. Je pense aux frères Boniface et à Zézé Dufau, parmi tant d'autres. Les joueurs des lignes arrière avaient quand même à mes yeux une autre auréole que les avants. Si Lourdes me passionnait, c'est que le jeu des arrières avait une fluidité collective que n'avaient pas les autres équipes. En plus, Lourdes gagnait. Les gestes techniques semblaient simples et logiques et, quand je m'y essayais avec mon ballon, j'arrivais facilement à imiter mes modèles. J'adorais taper dans le ballon et, en rentrant de l'école, dans la rue, devant la maison familiale, je tentais de ressembler à mes idoles. Il y avait alors peu de voitures, la rue appartenait aux enfants du quartier. S'envoyer et se renvoyer le ballon de rugby entre copains était courant. Un jour, mon coup de pied décrivit une trajectoire un peu longue. Ce mauvais coup de pied brisa deux vitres de notre maison. Le coup de sang de ma mère me confisquant le ballon attira mon père. Un sourire aux lèvres, il me demanda d'où j'avais tapé. Je le lui indiquais. « Très beau coup de pied », dit-il. Du coup, ma mère nous rendit l'objet du délit et, fort de l'encouragement paternel et de sa présence, le jeu reprit de plus belle.

Il avait sans doute raison celui qui a dit : « On a la vie que l'on mérite. » Je n'ai pas le souvenir d'avoir rencontré réellement d'obstacles, d'épreuves, d'infortunes susceptibles de me sortir du chemin tracé.

Je n'ai jamais été demandeur pour vivre autrement ; les faits de la vie s'imposaient à moi sans contraintes. Je n'ai jamais réellement eu le sentiment que les obstacles et tourments que j'ai rencontrés pouvaient être perturbants ou déstabilisateurs. Suis-je un optimiste de nature ? Non, je ne crois pas. Il me semble, avec le recul du temps, que l'environnement humain et familial qui a été le mien était porteur de confiance et que j'étais dans la bonne direction, même si, parfois, c'était contre l'avis des autres. Ce que je faisais, c'était bien pour moi. Cette sorte de voix intérieure me guidait sans jamais me contraindre ni me culpabiliser.

En vérité, dans l'environnement familial, on ne m'attendait plus. Je suis né huit ans après le mariage de mes parents, à Pompadour, le pays portant le nom du domaine offert par Louis XV à la célèbre marquise. Ce retard pour me concevoir a certainement fait de moi un fils unique. Un « statut » que j'ai d'ailleurs regretté toute ma jeunesse. N'avoir personne avec qui jouer à la maison a été pour moi un manque. Je comblais ce vide en invitant mes camarades de classe. Ce besoin des autres, de compagnie, était-il précurseur de l'esprit très collectif que j'ai toujours manifesté en jeu dans ma carrière rugbystique ? Certainement. Dès mon plus jeune âge, j'ai privilégié le jeu. Si jouer seul est tolérable, c'était tellement mieux avec les autres ! Mes rapports avec mes compagnons se sont développés sans préjugés. Ma vision des autres était naturelle et simple : j'avais besoin d'eux comme je pensais qu'ils avaient besoin de moi. Quand on partait en vacances, j'embarquais toujours un copain avec moi. Même si cela peut paraître banal, les expériences communes vécues dans ce cercle amical sont un support essentiel de mon besoin d'utiliser le « vivre ensemble » pour accéder à d'autres expériences tout en se projetant vers d'autres activités et perspectives. C'était d'autant plus facile que toute ma famille – un père calme et consensuel, une mère dynamique, parfois à l'excès, et une grand-mère ultra protectrice – était, je ne dirais pas « à ma disposition » mais « disponible » pour répondre favorablement à tous mes petits désirs. La vie familiale était cadencée par le travail de mon père et de ma mère, respectivement négociant en vins et couturière, mais aussi par le rythme des repas préparés avec minutie par ma grand-mère maternelle. Celle-ci a toujours veillé sur mon éducation, essentiellement traduite en termes de bien et de mal. La prise en compte de ces valeurs a toujours guidé mes comportements de sportif et de rugbyman.

Compte tenu de la profession de mes parents, la porte de la maison était toujours ouverte. On se devait de savoir recevoir les clients. Cette hospitalité m'a toujours séduit. J'adorais le mercredi qui était le jour de foire. Elle avait lieu tous les quinze jours et il n'y avait donc pas école le mercredi une fois sur deux, puisqu'en cette occasion, et sans besoin de l'avis du ministre, le mercredi remplaçait le jeudi qui était normalement le jour de repos des écoliers. J'aimais bien. D'abord, parce qu'il n'y avait pas classe. Ensuite, parce que la maison était envahie par les paysans de la campagne environnante. Ils étaient porteurs d'une vie sociale faite de respect et d'humilité, un sens de la relation qui tend à disparaître aujourd'hui. Côtoyer ces gens simples m'a permis d'appréhender la connivence qui existait avec mon père, mais elle m'a également sensibilisé aux vertus essentielles qui doivent prédominer si l'on veut vivre en bonne intelligence, fédérer et fidéliser, transformer des relations en réelles amitiés. En accompagnant mon père « livrer » le vin dans les fermes environnantes, j'ai pu ainsi mieux apprécier ses qualités. Mon grand compagnon, c'était César, le cheval qui tirait la charrette chargée de grands fûts de vin. On partait toute la journée et quand arrivait midi, on ne manquait pas d'être invités à partager le repas dans une des fermes. J'adorais prendre les rênes et guider César dans la campagne. Quand il m'arrive de passer à proximité de ces coins de campagne si pittoresques, je regrette que la plupart soient maintenant malheureusement désertés. La vie des champs m'intriguait. Je ne manquais jamais, lors des vacances scolaires, d'accepter de passer quelques jours dans une ferme et de vivre avec toute la famille le rituel quotidien ou, selon les saisons, les événements traditionnels. Je ne ratais pas les jours de « batteuse ». Toutes les mains disponibles des fermes proches étaient invitées à aider. J'y appréciais le partage des tâches, la disponibilité de tous, incontournables ingrédients pour donner du sens à la fête finale : un énorme banquet, qui serait une troisième mi-temps au rugby. Aujourd'hui, le travail est réalisé par la seule machine. Forcément, ce moment fort d'entraide, de fête, de grande convivialité a été perdu et la relation sociale en a été affectée. Cette approche de la campagne et de la nature me fit comprendre l'alliance fondamentale entre ce que l'on découvre des règles à suivre (je dirais plutôt les modalités à respecter) et le caractère ludique associé à toutes mes découvertes. J'y appris qu'il s'agissait bien de coopérer avec la nature, dans toutes les tâches qu'imposent l'élevage et l'agriculture. C'est tout aussi vrai dans les moments de détente offerts par la vie à la campagne, je parle de la chasse et de la pêche. Même si l'on y confondait braconnage et respect des lois, il y avait, entre « traqueurs et traqués », une sorte de code de jeu établi dans une espèce de respect mutuel. Il y avait bien un défi, donc un vainqueur et un vaincu, dans lequel chacun avait sa chance. Le rugby m'a procuré plus tard ce type de sensations, celles qui s'établissent dans tous les rapports de force que procure ce jeu par le biais de la tactique et de la stratégie. Il s'agit bien de rompre l'équilibre idéal, porteur d'uniformité, sans quoi il n'y aurait pas de satisfaction.

Le Club Athlétique Pompadour

Le rugby existe à Pompadour depuis 1911. J'ai été bercé par le rythme des matchs et des saisons de rugby dès ma plus jeune enfance puisque mon père avait fait partie de l'équipe championne de France à Gaillac, en 1936, contre Port-Vendres. À l'époque, la 4e série était une compétition de faible niveau, mais j'étais trop jeune pour me souvenir de cette période. Ce n'est que plus tard que l'on me vanta les qualités rugbystiques de mon père, Roger. Il aurait pu, me disait-on, jouer à un meilleur niveau. Brive l'avait sollicité, mais, depuis l'âge de 15 ans, il avait repris le commerce familial suite au décès de son père. Fils aîné, c'est lui qui, logiquement, prit la succession, comme cela se faisait à l'époque, ce qui permit à ses deux plus jeunes frères de poursuivre des études plus longues. L'un fut cadre à la SNCF et l'autre médecin des Mines à Carmaux. Les qualités de joueur de mon père me revenaient régulièrement, vantées par les uns et les autres, mais, malgré l'appel de Brive, il a toujours refusé de quitter Pompadour et son club.

Ma mère rappelait à qui voulait l'entendre, même au sommet de ma carrière sportive, que « Roger était bien meilleur que Pierrot ». D'ailleurs, quand on inaugura le stade de rugby qui porte aujourd'hui mon nom, je n'ai pas oublié mon père dans mes remerciements. C'était indispensable, puisqu'aux yeux de maman, l'honneur qui m'était fait lui était indirectement adressé.

Après la mort de mon père, ma mère a été mon meilleur supporter. Femme de caractère, elle me défendait bec et ongles. J'ai le souvenir, quand j'étais entraîneur du Stade Toulousain et « en guerre » avec la Fédération française de rugby (FFR), qu'elle parvint à joindre le président Albert Ferrasse au téléphone pour lui signifier vertement le caractère malsain de la polémique qu'il entretenait contre moi par médias interposés. Juste après, je reçus un appel du Président qui me demanda de contrôler les « débordements de Raymonde », qui était « certainement une brave femme » me dit-il, puisque durant cette anicroche, elle trouva le temps de lui demander s'il aimait les « pommes golden », spécialité de la Corrèze, comme chacun le sait… Et puisque le Président les appréciait, elle lui promit de lui en offrir une caisse. Ce qu'elle fit. Quand je demandais à ma mère de s'expliquer sur ce coup de fil et sur ses motifs, elle éluda la question et me répondit que cela ne me concernait pas et que « Monsieur Ferrasse » était un homme très bien, qu'il était « un homme bien élevé », comme l'on disait à la campagne des gens de bonne famille. Je n'en doutais d'ailleurs pas. L'affaire était classée pour elle, puisque la réaction épidermique d'une mère, qui voit son fils attaqué, se soucie peu de savoir qui a raison ou tort. Quand les sentiments s'en mêlent, le discours ne peut plus être rationnel. On trouve d'autres raisons pour passer à autre chose. Ce fut un bel essai de sa part, pour une joute qui n'en amena pas d'autres, mais sans transformation puisque cela ne résolut absolument pas mes problèmes avec l'institution fédérale. Le fort tempérament de ma mère était bien connu des gens de Pompadour, mais elle avait le cœur sur la main. Chaque fois, sa générosité compensait ses excès. Il se raconte encore à Pompadour qu'un supporter d'un club adverse, au cours d'un match houleux et d'une altercation avec ma mère, avait connu et apprécié la redoutable efficacité du coup de parapluie de Raymonde.

Les titres de gloire du CA Pompadour ne sont pas nombreux. C'est dans les années 1950 que le club gagna son deuxième titre de champion de France, toujours dans la même catégorie. J'avais suivi toutes les phases finales et la victoire à Capdenac contre les Bigourdans de Juillan avait mobilisé tout le pays. Mais voilà, la réclamation portée avant le match par nos adversaires avait terni un peu la fête. J'avais bien senti avant le début du match une certaine tension chez nos dirigeants de l'époque. Après le match, mon père me fit part de ses craintes de ne pas voir cette victoire validée par les instances fédérales. Cela me permit d'apprendre que l'on pouvait gagner sur le terrain et perdre « sur le tapis vert » – je découvrais cette bien belle expression, une autre manière de traiter juridiquement des infractions touchant la régularité d'une compétition. En l'occurrence, étaient visés deux joueurs du CAP, un pilier, précédemment joueur de Brive qui jouait sous la licence d'un autre (on avait juste changé la photo) et un ex-joueur de jeu à XIII qui avait une licence bien valide mais que la

FFR n'aurait jamais dû délivrer. En effet, il était totalement interdit qu'un joueur ayant eu une licence de la Fédération de rugby à XIII puisse jouer chez les XV pour cause de « professionnalisme ». Ce statut interdisait toute possibilité d'évoluer dans le monde « amateur » des quinzistes. La tricherie nous coûta le titre. La perte du titre fut officiellement prononcée six mois plus tard. Mais, à mes yeux d'enfant, ce verdict fédéral fut comme une injustice, une espèce de désaveu pour ceux qui avaient participé à cette victoire, même si intérieurement, je pris conscience qu'en sport il existait bien un code qui norme les conduites humaines, et pas seulement sur le terrain de jeu. Mais la sanction repoussée dans le temps atténua la déception. Aujourd'hui encore, à Pompadour, on a bien été champion de France en 1950. On se souvient du match, mais tout autant de la fête qui s'ensuivit. Elle avait été belle, et du même coup, les héros du moment étaient devenus éternels.

Je n'ai jamais joué officiellement au CA Pompadour parce qu'il n'y avait pas d'équipes dans les catégories jeunes des petits clubs. Et c'est donc dans le grand club de Brive que j'ai signé ma première licence. Interne en seconde moderne au Lycée Cabanis, je fis mes grands débuts avec l'équipe des cadets du lycée, les célèbres « Muguets », d'où sont issus d'excellents joueurs. J'ai dû certainement faire mes preuves puisque, très vite, on me proposa d'intégrer les juniors B du club, à la satisfaction de mon oncle Henri, frère de ma mère, ex-joueur et dirigeant du CA Brive. Je n'en ai pas délaissé pour autant Pompadour. J'ai été régulièrement invité à des rencontres amicales en tant que joueur. Comme disaient les dirigeants du moment, « pour les renforcer ». C'était pour moi un plaisir de porter les couleurs rouges et vertes de ce club que j'avais encouragé dans mon enfance et qui a, au départ, alimenté mes motivations. C'était aussi pour moi un retour aux vraies valeurs de notre sport, loin de tout intéressement, dans un climat convivial où chacun est à sa place et est estimé pour ce qu'il est et y apporte. Pour avoir été régulièrement invité au traditionnel repas d'avant-match avec les dirigeants et partenaires du club et aux matchs qui suivaient, on ressent au fil du temps que cette représentation du rugby, son esprit, la préservation de ses valeurs fondamentales, sont toujours présents. C'est sans doute dû à la force de l'histoire du club et des hommes qui, dans les générations successives, en ont eu la charge et ont su faire de ce club un lieu social dépourvu de toute hiérarchie. Sans doute, ce sont autant de raisons et de liens avec le rugby de Pompadour qui ont légitimé que je m'implique indirectement dans ce club en les aidant à organiser quelques événements symboliquement marquants pour un club et une petite ville d'un millier d'habitants, même si, à partir de 11 ans, je n'ai plus vécu de manière permanente dans ma ville natale. J'ai passé mes années de collège, de 11 à 15 ans, à Égletons, puis au lycée de Brive, jusqu'au baccalauréat, où j'étais interne. Cela ne me permettait de venir à Pompadour que lors de quelques week-ends et pendant les vacances. Mon départ à Toulouse pour des études universitaires en éducation physique et mon implication avec le Stade Toulousain me coupèrent encore plus de la vie locale et, peut-être aurais-je été progressivement oublié si ma carrière rugbystique ne m'avait pas mis sur le devant de la scène médiatique. Ma notoriété sportive comme joueur, puis comme entraîneur, m'a permis, sans y résider de manière permanente, de n'en être jamais coupé et ainsi de rester un enfant du pays dans l'esprit de la population locale. J'ai d'ailleurs toujours eu le désir, quand ma passion pour le rugby commencerait à s'éteindre, d'y résider définitivement. Autant de raisons qui m'ont amené, quand cela a été possible, à rendre à Pompadour ce qu'il m'avait apporté.

Outre ma participation comme joueur avec les Rouge et Vert lors de matchs amicaux, j'ai aidé les dirigeants, grâce à ma connaissance du milieu, à organiser dans ce stade, où j'ai fait mes premières gammes, quelques belles manifestations rugbystiques. Il ne s'agissait pas de créer un événement sportif à proprement parler. L'objectif était davantage de réunir, de faire se rencontrer un public composé d'initiés, d'amateurs de sport, de curieux et des joueurs de talent dans un contexte convivial. Joueurs qui étaient porteurs d'une image forte et d'un souffle rugbystique, que traduisait la facilité avec laquelle, dans l'action, ils dépassaient les productions plus ordinaires. Il ne s'agissait pas pour autant de faire une démonstration quelconque, mais bien de « jouer pour le plaisir de jouer ». Le résultat n'était pas une contrainte et le jeu à la main était logiquement à l'honneur. Il autorisait toutes les prouesses. Créer cette communion entre les joueurs eux-mêmes, grâce à un fond de jeu épuré, simplifié, authentique, sans stratégie préétablie, et donc forcément créatif, est vital si l'on veut favoriser le passage du message ludique auprès du public, des plus jeunes et des enfants. Simplement pour que le mot « jeu » prenne tout son sens en rugby. C'est bien le style de certaines équipes qui jouaient ainsi qui m'avait séduit. Ce message, j'espérais bien le faire passer dans ces rencontres. Je pense avoir en partie réussi, puisque ceux qui étaient présents les évoquent avec enthousiasme. J'ai toujours pensé qu'il fallait, grâce au jeu (et après le jeu), garder un certain sens de la fête et du partage afin de retrouver le contact avec le public. Il est patent qu'avec la professionnalisation du rugby, les joueurs n'ont pas perdu cette connexion avec le public, mais elle ne se fait plus spontanément. Elle est organisée, pour ne pas dire orchestrée, et donc moins riche.

Pompadour a ainsi accueilli en 1972 les internationaux des années 1970, ceux de mon époque, que j'avais sollicités pour fêter la fin de ma carrière internationale. Beaucoup de joueurs qui avaient participé à la superbe victoire de Colombes en 1972 contre le XV d'Angleterre étaient présents. Les images de ce match, de ce beau rugby, étaient toujours dans les têtes. Même si, en face, l'équipe de Limoges qui nous était opposée n'avait pas la même consistance que les Anglais, les vagues offensives que nous avions distillées avaient la même saveur. Quand on aime le jeu et courir avec un ballon, le contexte importe peu. Outre les Jo Maso, Walter Spanghero, Jean-Claude Skrela, Claude Dourthe, avaient été conviés à la fête Ken Kennedy, le talonneur-docteur de l'Irlande, et Jean-Pierre Rives, qui n'était pas encore international, venu avec quelques joueurs de Toulouse, pas maladroits dans le maniement du ballon. La présence dans notre équipe de deux jeunes joueurs de Pompadour apportait la touche locale à laquelle je tenais et qui permettait au public d'être encore plus en communion avec cette équipe composite. Il s'agissait dans mon esprit de chercher indirectement à toucher ce public, et d'entretenir, par le jeu, sa fidélité au rugby le plus longtemps possible. Comment créer, en peu de temps, cet intérêt qui permet d'entretenir la passion chez les habitués et d'apporter aux autres un regard différent sur le jeu ? Les joueurs de talent doivent avoir pour ambition et mission d'utiliser ces occasions pour générer ce type de jeu.

Dans les années 1990, l'aménagement du vieux stade en pente, la rénovation des tribunes et des vestiaires donnèrent lieu à une inauguration pas comme les autres. La municipalité, par son premier magistrat, m'avait sollicité pour que le stade porte mon nom. J'en fus à la fois surpris et ravi. Le souvenir de mon enfance et cet honneur soudain étaient pour moi bien plus que la reconnaissance du joueur que j'avais été. Il me parut logique pour cette occasion de jouer à Pompadour un match référence en opposant les deux clubs auxquels j'étais le plus attaché, le CA Brive et le Stade Toulousain. L'affiche était de qualité puisque Toulouse avait été champion en 1985 et 1986 et Brive s'affichait toujours parmi les clubs les plus représentatifs du Championnat national. Beaucoup de monde se présenta au guichet du stade devenu soudain trop petit. La foule contrastait avec la « paisibilité » des matchs traditionnels joués par le club devant ses supporters inconditionnels. La fête fut bien celle que j'espérais, celle du beau jeu, celui que l'on sait si bien faire quand le seul enjeu est justement le jeu lui-même. J'étais heureux de faire ce cadeau et donner ce plaisir au public local, mais surtout de rendre hommage à ceux qui, le temps passant, sont toujours là pour assurer, dans les bons comme les mauvais moments, la vie sociale du club qui était et demeure, dans ses associations sportives, la raison essentielle d'une implication et d'un engagement qui n'engendrent aucune contrepartie.

Quand j'étais gamin et que je gambadais sur le vieux stade, c'est ce sentiment socialisant, fédérateur que je ressentais derrière le jeu. Ceci se traduisait au sein du réseau du club par des comportements porteurs de sentiments forts, de réactions tout aussi émotionnelles.

Ce sentiment se trouve toujours plus ou moins vérifié et pareillement ressenti encore aujourd'hui puisque ce sont les anciens du club qui assurent dans la continuité cet enthousiasme pour le jeu, son esprit et la façon simple, mais tellement vraie, d'en parler. Les tâches confiées aux uns, le rôle des autres continuent à se conjuguer dans « le chacun à sa place », mais sans ambition particulière, sans volonté de conquérir le territoire du voisin.

Avec le temps, cela me fait dire que si cette vie affective se prolonge, on le doit au jeu et à sa logique dans le cadre de l'affrontement pacifique mais viril que les règles génèrent. Un affrontement qui n'a de sens que dans l'entraide et la mise en œuvre des savoir-faire collectifs et individuels. Le jeu épouse la même logique sociale : une communauté d'appartenance, celle que recherche tout entraîneur quand il doit diriger son équipe. C'est un ciment de cohésion et de performance incontournable. Avec le recul, il me paraît aujourd'hui difficile, sinon impossible, de préserver cette combinaison essentielle entre le jeu et son environnement. Le système professionnel s'y essaie, mais on entre obligatoirement dans l'artificiel. Ce qui est quand même mieux que rien.

En début de saison 1989, Pompadour accueillait la finale d'un tournoi à quatre, opposant les clubs de Toulouse, Brive, les Anglais de Bath et les Gallois de Neath. Ces clubs britanniques n'étaient pas là par hasard car les deux avouaient depuis un certain temps leur penchant pour la mise en place d'une grande compétition européenne des clubs. Cette fois, il s'agissait d'une compétition amicale, mais l'objectif de l'emporter était bien présent pour les quatre clubs. Le but recherché était aussi de faire apprécier la richesse des clubs et leur intérêt pour le rugby dans la confrontation de leur culture. Cette opposition de styles et de genres ne peut se faire et se comprendre que dans la dynamique d'action d'une compétition, et non dans une simple réflexion statique. Bath remporta le tournoi. Mais il n'eut rien d'amical. Le match pour la 3e place opposant Brive et Neath fut même arrêté pour mauvaise tenue des uns et des autres. Les méfaits de la compétition surent prendre le pas sur les objectifs recherchés, le prix à payer pour avancer.

Enfin, en 1991, le président Alain Parrot, ex-joueur du club, me proposa d'organiser mon jubilé à Pompadour. Encore une fois, Toulouse et Brive assurèrent le spectacle principal, et le lever de rideau fut grandiose avec quatre équipes d'anciens internationaux de mon époque, plus quelques Anglais, Écossais, Irlandais et Italiens et les anciens de Brive, Toulouse et Pompadour. Beaucoup d'autres auraient aimé être présents. Ils me manifestèrent leur sympathie. Revoir les vieilles gloires est toujours un bonheur pour le public qui ressent indirectement la chaleur qui émane de ce type de retrouvailles. Les jambes faisaient un peu défaut, mais il est plutôt rassurant de voir que le talent et le geste juste ne se perdent pas tout à fait. La classe ne semble pas avoir d'âge. J'ai joué une mi-temps avec les quatre équipes, une façon comme une autre de rendre hommage à tous, et de les remercier de leur présence. Le Club Méditerranée de Pompadour accueillit la plus célèbre des mi-temps, la troisième. Je reçus beaucoup de cadeaux. Il y eut un petit discours de ma part mais surtout, je me souviens des regards, je parle de ceux que l'on saisit au vol (comme un bon ballon à jouer) quand le plaisir est présent et qu'il se partage. La fête fut réussie parce que chacun s'est senti mobilisé et a su et pu extérioriser son enthousiasme pour continuer, le temps d'une journée, à s'épanouir derrière sa passion pour le rugby.

J'ai apporté modestement mon soutien au CA Pompadour pour d'autres fêtes du jeu. J'ai essayé chaque fois d'entretenir cet esprit et ce lien social que le rugby sait, mieux que d'autres sports, rendre inaltérables. Chaque fois que j'entre dans ce stade, je me revois gamin, seul dans cette grande arène, avec mon ballon, face à ces poteaux trop grands pour moi. Poser la balle au sol, la botter, la voir passer entre les poteaux, aller la chercher, recommencer de plus loin ou plus près selon les échecs ou les réussites. J'y passais des heures entières. Toujours content, jamais déçu et déjà analysant le geste tout en prenant conscience de l'intérêt de la précision, de l'ajustement entre une course d'élan et le toucher de la balle. Il n'y avait personne pour me regarder et pour imaginer que je répéterais ce geste des années plus tard devant des tribunes combles. « On ne naît pas buteur, on le devient. » Le meilleur entraîneur du buteur, c'est le buteur lui-même, à condition de s'y adonner dans le temps de manière régulière. C'est indispensable pour arriver progressivement à accomplir le geste optimal. Les balbutiements qui étaient les miens sur le terrain de jeu de Pompadour me semblent avoir été déterminants. Ils s'inscrivent dans un apprentissage de sensations et d'acquisition d'automatismes qui facilitera l'accès à la perfection, quelles que soient les circonstances. Ce parcours permet, le jour J, d'être capable de faire face à des perturbations stressantes. Si j'ai eu la chance de devenir un bon buteur par la suite, c'est certainement parce que j'ai pu m'y exercer très jeune en développant peu à peu, avec la réussite, le goût de poursuivre. Taper dans un ballon est devenu progressivement un de mes domaines de prédilection et, quand il en est ainsi, la peur de ne pas réussir, de mal faire, s'estompe derrière le plaisir de faire : on ne tremble plus, en tout cas au moment de taper.

L'internat et l'entrée dans la vie sportive

Habitué à vivre dans le cocon familial, dans un contexte protégé pour ne pas dire protecteur, il n'était pas si facile d'intégrer le collège, surtout comme interne. L'école primaire, mais aussi tout l'environnement social et convivial d'une petite bourgade de campagne m'avaient placé dans une espèce de train-train sécurisant. Les réalités de la vie quotidienne étaient réglées sans contrainte excessive, ce qui d'une certaine manière nous déresponsabilisait. L'entrée dans une structure éducative ne présentant pas la même routine me sortit, au début, de mes repères.

Il s'agissait bien d'un véritable changement puisqu'on passait de l'autorité magistrale d'un seul maître à celle beaucoup plus souple de professeurs spécialisés dans une discipline. J'ai bien ressenti ce changement et vite compris que si je voulais avancer, je devrais d'abord compter sur moi. Il ne s'agissait plus d'ingurgiter des contenus servis sur un plateau, mais bien d'apprendre à leur donner du sens pour se les approprier et les transformer en savoirs pour la vie. Plus d'assistanat, il devenait urgent d'apprendre à penser par soi-même en examinant de manière plus critique la performance scolaire. L'internat, scolairement parlant, place le jeune collégien en situation paradoxale. D'un côté, je me sentais obligé de gérer et de faire face à une certaine liberté très enrichissante, mais de l'autre, je percevais qu'il allait me manquer l'aide et le soutien que je trouvais à la maison auprès de mes parents. Cela, même si leur assistance dans les devoirs d'école avait été minime. J'ai rapidement su trouver le soutien qui me manquait auprès de mes camarades de classe, avec ceux qui étaient les meilleurs et, particulièrement, un de mes copains de Pompadour et du primaire. Son aide dans les heures interminables d'études me fut dans certaines matières d'un précieux secours. La vie en internat, grâce aux règles très strictes imposées par l'institution, rend les élèves solidaires et ce n'est pas par hasard si, cinquante ans après, Michel Chauffour, interne de sixième, réussit à regrouper la majorité des quarante élèves et les professeurs encore joignables pour une journée émouvante et festive.

Je ne suis pas sûr que ces années, de la sixième à la troisième, placent les élèves en situation d'exprimer leurs éventuels projets, quand ils existent. Apprendre étant du ressort de l'élève, les résultats sont plus incertains. Et je n'ai pas trouvé au collège de professeurs réellement disponibles pour en discuter, sauf celui d'EPS, j'y reviendrai. Enfin, l'intérêt que j'avais pour certaines disciplines était variable, en fonction de la relation et de la perception que j'avais du professeur et de la matière. Mais quand celle-ci ne m'intéressait pas, j'accordais donc, et certainement à tort, moins de crédibilité à l'enseignant. Ce qui était « dans mon intérêt », comme disaient les professeurs, ne m'intéressait pas ou peu. Les cours, surtout ceux dans les disciplines fondamentales, m'ennuyaient. Je trouvais très lourd le rythme des cours tout au long de la semaine. Heureusement, la vie d'interne m'a permis, hors enseignement, de m'exprimer en retrouvant les centres d'intérêt qui avaient été les miens dans ma jeune enfance. Cette espèce de fil rouge, l'activité physique, a guidé ma vie scolaire et a grandement contribué à mon devenir de sportif de haut niveau et à ma carrière professionnelle. Si l'école est comprise comme un moment crucial de formation à la vie citoyenne, ne serait-ce qu'en fonction du temps que l'on y passe, je pense que les moments vécus en l'absence des adultes sont tout aussi importants et permettent une autre forme de socialisation.

Les équipes de football, et moins souvent de rugby, spontanément déployées sur le terrain de jeu qui jouxtait la cour de récréation de l'établissement, fonctionnaient sur des règles beaucoup plus stables qu'à l'école primaire. Le nombre des participants était variable, mais la composition des équipes se faisait toujours avec équité, les présumés meilleurs se répartissaient équitablement et choisissaient tour à tour leurs partenaires du jour. Les limites du terrain étaient un peu fictives et les poteaux matérialisés par des vêtements posés en boule sur le sol.

Pas de ballon en cuir mais bien un ballon en caoutchouc acheté par un élève externe dans un commerce local grâce à la cotisation de tous. On se confrontait, sans réellement l'appréhender, à un mode d'éducation différent de celui que l'institution scolaire dispensait en termes de responsabilité, d'organisation, de prise d'initiative et certainement, de créativité. Quels que soient les jeux choisis, c'étaient souvent les mêmes, rarement les premiers de la classe, qui participaient et ce n'est pas par hasard si très longtemps après, ce sont les « potes de jeu » dont on se souvient. Il reste des autres élèves une image plus floue, du fait d'un moindre partage.

Le repas de midi était toujours vite pris au réfectoire. Le but était de gagner du temps pour jouer plus longtemps avant la reprise des cours, mais toujours avec le regret de quitter le terrain de jeu. Quand je repense que nous avions droit à une seule douche par semaine, je me dis que, compte tenu de l'énergie déployée, notre hygiène corporelle laissait certainement à désirer. Qu'importe, le plaisir pris l'emportait sur tout autre considération qui aurait pu nous amener à vivre ces moments de liberté différemment. Bien sûr, dans ma logique, le cours d'éducation physique était celui que j'attendais avec le plus d'impatience. Nous avons eu la chance, je parle au nom de mes camarades de classe, de bénéficier de cinq heures d'EPS par semaine réparties en trois heures d'éducation physique, que je qualifierais aujourd'hui de « basiques », et de deux heures dites de « plein air » qui étaient consacrées aux sports collectifs.

Le prof de gymnastique était un « footeux ». Il savait parfaitement détecter dans la classe les joueurs les plus talentueux, ceux qui allaient représenter l'équipe du collège dans la compétition académique. Nous retirions de cette modeste sélection une certaine gloriole puisque nous étions encouragés par tous les élèves de l'établissement quand les matchs contre un autre établissement de l'académie se déroulaient au collège. Le titre académique en minimes contre le collège de Brive nous échappa d'un rien. Cette première défaite me fit mal. J'avais eu deux fois l'occasion d'égaliser et je me sentais coupable. Mais surtout, cette défaite m'a fait prendre conscience des valeurs partagées avec mes coéquipiers. Nous n'avions pas été réunis dans cette équipe pour seulement participer. Nous n'avions perdu aucun match jusqu'à cette ultime rencontre et la défaite fut d'autant plus douloureuse pour nous tous. Cette équipe était notre affaire. Elle avait constitué, sans s'en rendre compte, une unité plutôt harmonieuse dans la logique des récréations. Elle avait une vie, elle n'était pas la simple juxtaposition de joueurs mais bien un collectif estampé par une grande solidarité, par un esprit fédérateur lié à une pratique sportive régulière sans adultes.

Ces valeurs fédératrices, que l'on attribue facilement aujourd'hui aux différentes pratiques sportives, ont encore plus de chance d'être activement développées et durablement utilisées si elles sont intensément vécues dans un cadre favorable, et c'était, me semble-t-il, le cas. La préadolescence, la vie de la récréation par le biais du sport permettaient à ceux qui le voulaient de privilégier l'attachement à un groupe qui se démarquait des autres avec qui nous partagions forcément moins de choses. Vivre ensemble en internat n'est pas si simple, mais ce sentiment d'appartenance à un groupe développait une vie collective singulière et, tout en même temps, un bien-être individuel qui nous permettait de nous intégrer à la vie de l'internat sans difficulté majeure. J'ai acquis grâce à cette pratique une certaine estime de moi-même. Je n'ai pas souvenir d'avoir mal vécu, comme d'autres, l'angoisse de la rentrée. Au contraire. Retrouver les copains, chaque année, après deux mois de vacances, me semblait porteur de nouveaux challenges, de nouvelles envies, voire de nouveaux objectifs sur le terrain du sport.

J'ai des souvenirs encore bien précis de ces matchs à la récréation de midi, sous le regard des filles du collège. Elles étaient dans le même établissement, mais nous étions séparés. Leur bâtiment bordait le nôtre, mais elles y étaient comme cloîtrées. Il n'y avait pas de mixité à l'époque. La communication ne pouvait pas être verbale, elle était donc visuelle. Bien jouer devant les filles, qui se baladaient bras dessus bras dessous dans la cour au-dessus de notre aire de jeu, devenait un challenge, une forme de relation à distance qui préfigurait, du moins dans notre esprit, d'éventuels contacts lors des sorties du dimanche.

En fait, nos aptitudes dans le jeu nous gratifiaient d'une espèce de sentiment de compétence qui nous classait les uns par rapport aux autres. On se sentait valorisé par l'attention que l'on suscitait chez les autres internes, mais surtout auprès des filles et des professeurs. Cette reconnaissance venue des autres est importante car elle peut être réinvestie dans d'autres domaines, dont le travail scolaire. Le professeur d'anglais était un ancien footballeur et il venait parfois nous entraîner. Ce n'est pas par hasard si on se défonçait un peu plus pour qu'il nous repère. Il nous semblait plus près de nous.

On ne savait pas quelles étaient réellement ses compétences, ni le niveau auquel il avait joué, mais on le plaçait obligatoirement au-dessus des autres. Seul son embonpoint du moment aurait pu nous faire douter. Dans le même ordre d'idée, je me sentis obligé de faire des efforts en mathématiques à cause de l'intérêt que portait notre professeur à nos résultats sportifs. Précisons qu'il s'agissait d'une jeune et belle dame, on en était tous un peu amoureux. Ces deux facteurs de motivation m'ont permis de trouver dans cette discipline un autre souffle propice à de meilleurs résultats.

Lors de ma dernière année de collège, nous avions prévu, avec les meilleurs footballeurs de la classe, de participer au tournoi de football organisé par l'association locale. Il paraissait alors impensable de libérer de jeunes internes pour participer à une compétition civile un dimanche après-midi. Cette initiative avait d'autant plus de chance d'être rejetée que toute la classe avait été collée le dimanche pour indiscipline. Cette « colle » tombait mal. Malgré tout, nous avons sollicité la plus haute administration du collège, via les meilleurs élèves de notre équipe (cela nous semblait habile), pour présenter notre requête. Il fut proposé au chef d'établissement de reporter la sanction au dimanche suivant. Autre argument de poids à avancer, la représentativité du collège par une classe de gamins de 15 ans dans une compétition ouverte essentiellement aux adultes. À l'époque, la relation directe élèves-administration n'était pas aisée, mais, à notre grande surprise, cette initiative enchanta le chef d'établissement, ex-rugbyman de bon niveau dans l'équipe de Tulle. Il nous assura qu'un bon résultat pourrait éventuellement nous sauver du report de colle. Belle prime de match qui ne manqua pas de nous aiguillonner ! Rassurés par cette confiance bien qu'un peu gênés de savoir nos camarades de classe punis tout l'après-midi, mais enhardis par cet accord, nous lui avons alors proposé de laisser les copains de classe venir au stade nous soutenir. Il accéda à notre demande et, en bon pédagogue, ne manqua pas d'ajouter que notre performance en termes d'annulation de la colle valait aussi pour les autres. Notre comportement fut plutôt honorable. Nous avons été battus en demi-finale par l'équipe qui remporta la compétition. Préfiguration des troisièmes mi-temps en rugby, deux bouteilles de champagne furent glorieusement rapportées le soir au collège, camouflées et partagées collectivement comme il se doit, après le repas du soir, dans des verres chapardés pour l'occasion au réfectoire.

Même si, en internat, le déroulement des journées peut paraître contraignant, fastidieux et réglé comme du papier à musique, ces quatre années m'ont permis de prendre mes premières marques en société. Je ne les aurais sûrement pas, ou moins bien, trouvées si j'avais été externe et si j'étais resté dans le cocon familial. Sans être un élève doué, la vie en internat a favorisé mon accès au lycée grâce à l'obtention du BEPC qui n'était pas un examen mineur à l'époque. J'ai pu aussi y apprécier la place centrale de la vie en communauté et les diverses activités qu'elle suscite. Autant de souvenirs mais aussi d'émotions, de pensées et d'expériences, positives ou moins bonnes, qui n'ont été nullement traumatisantes. Le collège et l'internat ont confirmé mon appétit de vivre avec les autres. Manque d'autonomie ? Peut-être. Ce qui tendrait aussi à expliquer pourquoi j'ai toujours été amené à rechercher les partenaires dans les actions de rugby, y compris quand il aurait fallu jouer plus individuellement. J'aurais pu marquer beaucoup plus d'essais dans ma carrière. Mon souci du collectif l'emportait toujours quand j'étais engagé dans des espaces libres qui auraient dû m'attirer et qui, au contraire, me faisaient rechercher le soutien. Mais ce mode de fonctionnement m'allait bien. Il me plaçait en position favorable pour avancer sans que cela ne provoque de dysfonctionnements majeurs.

Je repasse quelquefois par Égletons. Je pose toujours un regard un peu nostalgique sur le vieux bâtiment du collège et les souvenirs affluent. Mon passage ici a indiscutablement façonné ma personnalité. C'est plus tard, bien sûr, que l'on comprend mieux comment les contraintes et les interdits imposés à l'internat ont déclenché des besoins. Nous les avons assouvis en créant des espaces de liberté où nous avons pu développer des activités qui allaient dans le sens de notre dynamisme. Ceci a largement facilité l'accès à une certaine autonomie et adaptabilité qui, je crois, se sont perpétuées tout au long de ma vie.

Les années lycée

J'entre en seconde au lycée Cabanis de Brive. Je n'ai appris que bien plus tard qui était Pierre Cabanis. Médecin, académicien né à Cosnac, près de Brive, il a écrit : « *Vivre, c'est sentir* » et « *L'esprit d'observation doit remplacer l'esprit de système.* » J'ai découvert ces citations sur un des murs de la rue Cabanis… à Paris. J'ai trouvé un peu navrant que les élèves de l'établissement ne soient pas informés sur le parcours et les ouvrages de cet illustre personnage. Certainement, à l'époque, aurais-je dû faire moi-même cet effort, peut-être aurais-je cherché à approfondir la force sémantique de ces citations et, surtout, j'en aurais découvert d'autres. C'est en faisant mes études en éducation physique dans le cadre d'un cours sur « l'analyse systémique » que j'ai pu, dans un devoir, replacer ces deux citations dans un autre domaine, celui de l'EPS, avec une autre approche.

Par rapport à Égletons, j'ai été frappé à Brive par plusieurs changements. D'abord, la dimension de l'établissement et par conséquent le style de son administration. On ne voyait pratiquement jamais le proviseur et il était inaccessible pour les parents. En revanche, il existait un personnage incontournable, le surveillant général, aujourd'hui appelé « conseiller d'éducation ». La différence est habile en termes de compétences car on peut penser que l'un surveille les élèves et que l'autre les éduque. Mais à l'époque, on n'attribuait pas au « Surgé » un rôle d'éducation ni des compétences en la matière. C'était bien une fonction de surveillance des élèves quant à leur tenue, dans le respect des règles édictées dans l'établissement. Le surveillant général s'appelait Monsieur Salavert, il répondait au prénom d'Émile mais, pour tous les élèves, il était « Milou ». Je l'ai découvert après mon succès au BEPC, lorsque mes parents décidèrent de me faire quitter Égletons pour Brive. Avec sa grande carrure, je le trouvais imposant derrière son bureau. Il nous fit comprendre que le BEPC n'était pas un passeport magique pour entrer en seconde mais que c'était bien le livret scolaire qui ouvrait ou non les portes de l'établissement.

De plus, il précisa que l'internat n'était pas extensible, beaucoup de demandes étaient en suspens. Je me sentis assez mal barré. Le bulletin scolaire allait faire la différence… Le mien n'était pas nul, mais pas suffisamment brillant pour obtenir une bonne place dans la pile des dossiers d'entrée susceptibles d'intéresser, comme il le précisait, « un lycée d'excellence ». Mes parents étaient encore plus impressionnés que moi. Les arguments et un certain savoir-faire dans ce type de situation leur manquaient pour valoriser leur rejeton.

Ma mère avait plus de facilité pour entretenir la conversation positivement, elle était belle femme et savait jouer de son sourire. C'est elle qui trouva le mot magique. Elle dit : « Vous savez, c'est un sportif. » Cet argument reçut manifestement un accueil favorable, notamment lorsqu'elle précisa que j'aimais le football, mais encore plus le rugby. Cela changeait tout. Émile était un ancien joueur de Tulle, deuxième ligne, et il animait avec fierté l'équipe des cadets de l'établissement, régulièrement championne d'académie. On eut droit aux photos des équipes championnes et des joueurs célèbres ayant porté les couleurs des « Muguets » (emblème de l'association sportive). Bien sûr, pour ma mère, mon entrée dans l'établissement coulait de source. Et puis, dit-elle encore, « vous verrez, c'est un très bon buteur. » Rien ne prouvait que c'était vrai, mais l'objectif était plus qu'atteint en ajoutant enfin que « son mari avait été champion de France avec Pompadour ». La discussion perdit soudain pour moi de son intérêt, ils discutèrent ensuite de connaissances mutuelles dans le cadre du rugby. Le livret scolaire n'était pas sous-estimé, mais, du coup, certaines notes semblaient « avec du travail, prometteuses ».

Dans la voiture qui nous ramenait à Pompadour, mon père nous loua les qualités rugbystiques de Monsieur Salavert quand il jouait en équipe première à Tulle. Par la suite, j'appris qu'il était notoirement connu, plus pour sa rudesse dans le combat que pour ses qualités de joueur. Mais bon, peu ou prou, c'était l'époque où chaque équipe avait dans son pack un redresseur de torts que les adversaires craignaient. Ce justicier bénéficiait toujours de circonstances atténuantes. Et même si l'on s'offusquait (jamais trop) de tels comportements, cela se finissait toujours cordialement au bar. Il était notoire et admis qu'un vilain coup de pied ou de poing n'avait jamais tué personne. Il n'était d'ailleurs pas rare, lors des entraînements, de préparer l'accueil de l'adversaire ; on y passait quelquefois plus de temps que sur l'aspect tactique ou technique.

La fin de l'entretien m'avait fait retrouver le moral. Enfin, j'allais pouvoir jouer au rugby de manière officielle, mais je n'imaginais pas combien Milou allait influencer mes études, ma carrière rugbystique et professionnelle. Ma participation dans l'équipe des cadets du lycée était déjà acquise dans mon esprit. Cette motivation, alliée à la peur de ne pas être à la hauteur, m'amena à m'entraîner pendant les vacances d'été sans trop savoir ce qu'il fallait faire, sauf pour le jeu au pied qui a occupé pendant ces deux mois mon emploi du temps. Au stade, dans la rue, seul ou avec les copains, je m'exerçais, et je dois dire que je pressentais avoir certaines habiletés dans cet art. Que ce soit ballon posé ou pour les coups de pied de volée. En tout cas, j'y ai appris à aimer buter. Cela me permit de comprendre, par la pratique, que « l'on ne naît pas buteur, on le devient ». À Pompadour, au quartier de la gare, on voyait « Pierrot » et son ballon. On dit que les motivations sont le début des performances couronnées de succès. Cette première motivation expliquait mon implication. Ce qui me servit ensuite à en acquérir d'autres quand je devins un buteur reconnu au fil des années et de ma carrière.

L'internat au lycée Cabanis était beaucoup plus flexible qu'à Égletons et je me suis vite adapté à cette plus grande liberté et à cette autonomie. On était libre chaque semaine, et même le jeudi après-midi pour ceux qui ne faisaient pas partie de l'association sportive. Les activités libres que nous organisions aux récréations prenaient toujours une grande place pour mes camarades et moi, et le jeudi après-midi était réservé à l'association sportive. Je me suis inscrit au rugby et me suis rapidement fait une petite réputation. D'autant plus que mon oncle m'avait licencié au CA Brive pour faire partie de l'équipe des juniors B. Ayant appris cette double appartenance lycée-club, Milou me convoqua à son bureau. Je sentis bien que le moment était d'importance, il avait suivi les premiers entraînements dirigés par le prof de gym et avait certainement évalué mon potentiel.

– Assied-toi, Villepreux.

Je pris timidement place en face de lui, un peu inquiet de la teneur de son discours.

– Je viens de téléphoner à tes parents et ils sont d'accord avec moi. Nous allons passer un contrat moral pour que tout se passe bien dans cet établissement. D'abord, tu envisages de faire quoi plus tard ?

Depuis longtemps, j'avais choisi ma profession, j'adorais le sport et mes différents profs de gym, surtout le premier à Égletons qui avait su entretenir cet intérêt. Je répondis sans hésitation :

– Professeur d'EPS !

– Pas marchand de vin comme ton père ?

– Non, Monsieur.

– Alors, il te faut avoir le bac. Parti comme tu le fais, tu vas jouer au rugby au détriment des études. On regardera les résultats du premier trimestre et on avisera. Si les résultats ne sont pas à la hauteur, fini le rugby au CAB, tu ne joueras qu'au lycée.

Bien joué, Milou. Le contrat était passé. Je devais ne rien lâcher d'un côté comme de l'autre. Je ne parlais pas de cet entretien à mes parents qui ne l'évoquèrent pas davantage. Mais ce marché entre Émile et ma famille scella une espèce d'alliance qui se transforma progressivement en une véritable amitié liée d'une confiance sans faille envers ce tuteur qui me tombait du ciel et à qui mes parents accordaient toute latitude pour mener au mieux mon projet sportif et scolaire. Cette relation attachante s'est entretenue bien après mes études et même après la mort de mon père auquel il était très attaché. La famille Salavert est devenue proche de la mienne et la mort brutale de Madame Salavert n'a fait que renforcer ce lien.

Je passerais beaucoup de temps si je devais faire part de toutes les péripéties et interventions d'Émile qui égayèrent mon cursus scolaire. Il pouvait être d'une mauvaise foi sans pareille. Un jour, lors du dîner au réfectoire, suite à une altercation d'une table à l'autre et pour riposter à l'attaque soudaine de boulettes de pain, je ripostais en « balançant » le contenu de la carafe d'eau sur nos sympathiques agresseurs. Pas de veine, Milou, entré dans le réfectoire au même moment, assiste à la scène. Silence dans les rangs. Le verdict ne tarda pas à tomber : « Je t'ai vu, tu es pris, tu viendras en colle dimanche », dit-il en arrivant à hauteur de notre table qui regroupait une majorité de joueurs de rugby du lycée. Mais, à la surprise de tous, il ne s'adressa pas à moi mais à mon voisin. Le faux coupable n'eut de cesse de se défendre, sans toutefois m'accuser. La raison de cette cécité soudaine et volontaire de Milou était que l'équipe de rugby du lycée devait participer le week-end suivant, le 1er mai, à un tournoi qui opposait les meilleures équipes des établissements de l'académie. Il n'était pas question de ne pas revenir sans le trophée. Ma présence au sein de l'équipe était de la première importance. Mais il y avait une injustice, et Milou le savait pertinemment. Il sut brillamment la réparer en signifiant au coupable qu'il effectuerait sa colle en allant encourager ses camarades. Il n'attendait pas de réponse, et il s'éloigna entre les tables comme il était venu. Salomon n'aurait pas fait mieux ! En partageant les torts, il sauvait ce qui était pour lui essentiel et il faisait plaisir à notre copain qui était enchanté de nous suivre. Je compris, et cela s'est vérifié par la suite, que ceux qui jouaient au rugby dans l'équipe de Milou bénéficieraient de quelques avantages.

- 2 -
DES DÉBUTS PROMETTEURS À BRIVE

De l'ouverture à l'arrière

Côté rugby, pas de problèmes, à part une blessure liée à ma croissance un peu rapide entre 17 et 18 ans. Je jouais avec bonheur tant au lycée qu'au CAB. Ce qui faisait la joie de mon oncle Henry, très engagé comme dirigeant dans le club. Arrivèrent les premières sélections régionales en juniors, mais aussi une grande déception, ma non-sélection en équipe de France scolaire. Je fus contrarié, mais j'acceptai de n'avoir pas été à la hauteur dans le vent tourbillonnant et violent de Narbonne, dans le fameux stade de l'Egassiairal où avait eu lieu le match de sélection. Émile en fut certainement encore plus déçu et chagriné, mais il ne fit pas de remarques dans l'instant. Ce n'est que quelques jours plus tard qu'il me convoqua dans son bureau. Il m'accueillit avec un « assied-toi Pierrot » qui laissait supposer qu'il avait quelque chose de sérieux à me dire concernant mes performances scolaires. Il y mit un peu de temps, mais je compris vite que le sujet était beaucoup plus centré sur mes performances rugbystiques.

– Je ne suis pas entraîneur ni sélectionneur mais, tu sais, je connais le rugby. Tu as du talent mais, compte tenu de tes qualités physiques, tu ne joues pas au bon poste. Ta place est à l'arrière et non à l'ouverture. Tu as une course longue qui te sera utile quand tu viendras t'intercaler dans la ligne de trois-quarts.

Je l'écoutais avec intérêt mais aussi un peu d'inquiétude. J'affectionnais, tant au lycée qu'au club, ce poste d'ouvreur où l'on touche beaucoup de ballons et où il s'agit de prendre des initiatives. Cet aspect créateur du poste me convenait. Jouer arrière me semblait une punition et équivalait pour moi à changer totalement de registre. L'image que j'avais de ce poste, quand je voyais jouer l'arrière de l'équipe première de Brive, n'était pas vraiment porteuse du jeu qui me plaisait. À ce poste, à cette époque, on attendait les ballons bottés par l'adversaire et, dans un enchaînement immuable (réception-coup de pied), l'arrière renvoyait systématiquement le ballon le plus loin possible vers le camp adverse. Le bon arrière avait un bon placement, il était adroit et devait toujours trouver la touche. Autant de qualités que je possédais mais qui ne pouvaient satisfaire mes motivations premières, celles d'avoir le ballon entre les mains et de courir avec, de le passer, de participer davantage au jeu. Dit autrement : de jouer avec les autres. Je lui en fis part. Sa réplique me surprit car elle était significative d'une connaissance du rugby que je ne pressentais pas. Il m'expliqua qu'à Lourdes, l'arrière « Papillon » Lacaze avait commencé à donner à ce poste une autre dimension, que rien ne m'empêcherait de donner libre cours à mon penchant d'utiliser le ballon à d'autres fins que celles évoquées ci-dessus. Je ne voulais pas être tel que l'on définissait l'arrière à l'époque, « le dernier rempart ». Et, curieusement, une image s'imposa dans ma tête : celle du jeu lourdais de mon enfance qui voyait les lignes arrière déferler vers le camp adverse avec le soutien en pleine vitesse de l'arrière, entrant au dernier moment dans la ligne de trois-quarts. J'avais retenu la forme de ce jeu, mais pas la manière dont s'opérait le mouvement des uns et des autres. Et sûrement pas le rôle déterminant apporté par l'arrière dans cette phase collective. « D'ailleurs, me dit-il, j'en parlerai aux responsables de ton club, mais au lycée tu joueras arrière. » Je n'avais plus le choix. Du moins, au lycée.

Les « petites merveilles »

Au club, on ne suivit pas les arguments de Milou. Je jouais demi d'ouverture, poste où mon jeu au pied était apprécié et je reconnais que j'en abusais quelquefois. Plus d'ailleurs par mimétisme que par plaisir. En effet, le jeu de l'équipe première était plutôt défensif et l'utilisation du jeu à la main n'était pas la priorité. Le style et la stratégie du jeu briviste étaient surtout axés sur le combat des avants. J'ai compris au club pourquoi on disait, et l'on entend encore dire, « le jeu commence devant ». Mais ce style allait changer chez les jeunes Brivistes sous l'impulsion des deux entraîneurs, les frères Jean et Henri « Riquet » Parouty. Ils eurent le mérite de rompre avec le jeu sans avenir de l'équipe première dans les deux catégories juniors du club.

En transformant la soumission initiale au jeu des avants en un style de jeu beaucoup plus libéré, ils permirent à beaucoup de joueurs, dont j'étais, de mieux s'exprimer et de progresser. Le public briviste découvrit quelques années plus tard tous ces jeunes appelés en équipe « première » par le Président. Élie Pebeyre était un ancien ailier du XV de France et également sélectionneur du XV national. Il contribua grandement à cette évolution des mentalités. Porteuses d'un message fort sur un jeu enfin devenu total, les « petites merveilles » des lignes arrière de Brive démontrèrent qu'il était possible de jouer avec ses lignes arrière, mais surtout qu'il n'était pas contradictoire, pour avoir des résultats, que le plaisir et l'enthousiasme pour le jeu à la main soient perceptibles du terrain aux tribunes. La transformation du jeu briviste ne se fit pas du jour au lendemain, mais la saison 1963-1964 fut prometteuse, malgré un échec en seizième de finale contre Pau qui fut sacré champion de France. Cela augurait des potentialités de cette équipe. Brive n'était plus seulement un pack, et ce furent bien ses lignes arrière qui firent à ce moment sa réputation. La saison 1964-1965 fut plutôt glorieuse pour Brive puisqu'après avoir successivement battu Narbonne, Toulon, Graulhet, Mont-de-Marsan, le CAB joua sa première finale contre Agen. Ce fut ma dernière année à Brive. En ce sens, elle est encore plus présente dans mon esprit. Plus que les résultats, le jeu produit grâce à notre jeunesse et notre impertinence m'apporta ce plaisir que j'attendais du jeu avec un grand J. Ma passion pour un rugby qui donne toute sa place au jeu en mouvement s'est révélée dans cette période. Je ne suis pas sûr qu'elle se serait éveillée dans un autre contexte. Il n'y a, en ce qui me concerne, aucune raison de s'adonner à un sport quel qu'il soit s'il ne procure pas des sensations qui vous propulsent vers le frisson attendu. Dans la continuité école-collège-lycée-club, tout a été réuni pour qu'il en soit ainsi, pour que j'y accède sans m'en rendre compte. Mais évidemment, c'est en club que ce vécu m'a permis de m'investir, quel que soit le niveau de la compétition, sans calcul. La haute compétition, pour ce qu'elle représente comme enjeu et comme reconnaissance de sa propre valeur, n'a jamais limité mon envie, mon implication dans le jeu pour oser, entreprendre, prendre des risques. La chance qui m'a été donnée fut de pouvoir le faire dans le cadre d'un partage des mêmes valeurs avec les partenaires de ma génération. Chercher à vaincre n'était pas une fin en soi. L'émotion que peut procurer la victoire n'a de sens que dans le partage, donc la réalisation du jeu que l'on aime et pour lequel on est réuni. Ceux qui ont la chance de vivre ces moments forts, où le jeu que l'on développe et auquel on donne du sens s'exprime de façon optimale, et de gagner dans cet esprit, le savent bien. Dans ces cas-là, l'émotion n'a pas la même saveur car elle répond à une attente à la fois individuelle et collective, puisqu'on se réalise et s'exprime dans le jeu et par le jeu que l'on aime, mais surtout avec les autres.

Les autres, ils s'appelaient Marcel Puget, Alain Marot, Claude et Pierre Besson et un plus âgé, Serge Castiglioni dit « Casti », presque un sage dans le clan des lignes arrière. Le rugby de l'époque scindait encore plus qu'aujourd'hui les avants et les arrières. Il y avait « ceux qui déménageaient les pianos et ceux qui en jouaient ». L'expression perdure, mais les formes du jeu ont beaucoup évolué et les tâches et compétences demandées dans le rugby moderne sont communes à tous, avants et lignes arrière, ce qui n'était pas le cas à cette époque.

À Brive, les avants gagnaient la balle, les lignes arrière l'utilisaient. Certains avants pouvaient ne pas toucher le ballon durant tout un match sans pour autant avoir à rougir de leur prestation.

Les avants nous appelaient « les petites merveilles », une façon de nous reconnaître des compétences qu'ils n'avaient pas dans le jeu à la main, domaine où nos qualités de vitesse et de dextérité technique avaient le plus de chance de s'exprimer. Pour moi, et certainement pour mes partenaires aussi, le moment le plus fort de ce Championnat, émotionnellement, fut la demi-finale contre Mont-de-Marsan. Jouer contre les Montois représentait un vrai challenge à ce niveau de la compétition. Il fallait être à la hauteur pour rivaliser avec les frères Boniface, tous deux internationaux et réputés pour leur sens du jeu, leur technicité et leur compétitivité. Ils avaient en outre une certaine idée du jeu qui me plaisait et qui faisait qu'il y avait dans ce match, du moins avant le coup d'envoi, à la fois une rivalité et une complicité. Il était rare que les adversaires s'aventurent à provoquer les « Boni » ballon en main. Pourquoi l'avoir fait ce jour-là et avoir réussi ce pari ? Je dirais par respect. Certainement pour rester fidèle à l'image de marque que nous avions acquise. À la question d'avant-match posée par un journaliste : « Allez-vous attaquer contre les Boni ? », la réponse fut : « Pourquoi pas ? » Combien l'avaient dit avant nous ? Beaucoup, mais très peu l'avaient fait. Ce fut un match dur, à la limite du « rugbystiquement correct », mais nous avons su relever le défi du jeu. Je dirais même qu'au fil du match, nous avions pris la mesure des Montois. Ce culot nous classa parmi les meilleurs. Nous perdîmes néanmoins logiquement la finale contre Agen.

À côté de cela, tout ne fut pas rose au lycée. Si le rugby marchait bien, il n'en était pas de même pour mes études. Durant mon année de première, une blessure me priva de terrain la dernière moitié de la saison. Les résultats scolaires en seconde avaient été moyens. J'étais passé en première aux forceps, sauvé par une moyenne acceptable en maths, mais dans les autres disciplines les notes étaient médiocres, sauf en éducation physique où j'excellais. Surtout, l'appréciation des profs faisait tache. Ils stigmatisaient mon manque de travail. Je ne pouvais pas leur donner tort. En septembre 2008, le Lycée Cabanis a fêté ses 100 ans. Je fus invité à cette fête qui me permit de retrouver pas mal d'ex-camarades de classe, de l'équipe des Muguets, mais aussi quelques anciens professeurs. Le proviseur remit très officiellement à certains d'entre nous, ceux qui avaient fait honneur à des titres divers au Lycée Cabanis, leur livret scolaire gardé dans les archives. Certains sont aujourd'hui notoirement reconnus et pour n'en citer qu'un, le plus célèbre, le professeur Jean-Paul Escande, médecin et universitaire, est de ceux-là. Le proviseur ne manqua pas de faire part au public des appréciations figurant sur les livrets… pour ceux qui étaient de brillants élèves. Avec le mien, il resta cependant très mesuré en faisant part avec complaisance de mes faiblesses les plus criardes. En anglais d'abord, cette discipline n'était pas ma tasse de thé. Curieusement, ma carrière sportive et professionnelle me conduisit à devoir maîtriser cette langue, ce que je fis par la suite avec un certain bonheur. Si aujourd'hui je parle et écris l'anglais, c'est que j'y ai eu accès dans un autre contexte, celui du rugby, dans le cadre des tournées effectuées pendant de longues périodes en Afrique du Sud, Nouvelle-Zélande et Australie. Dans ce contexte, je me suis impliqué sans effort.

Cette qualité n'était pas apparue dans le secondaire ! Une autre discipline ne manqua pas d'interpeller le proviseur : la physique. Mon professeur, Monsieur Delannoy, était surnommé « le Bio ». Son appréciation ne manqua pas de faire rire tout le monde : « Élève qui préfère le rugby à la physique ». Appréciation perspicace qui me rappela une réflexion que « le Bio » m'avait faite le lendemain d'un match joué à Guéret. Nous étions rentrés tard et la nuit avait été courte. J'avais un peu de mal à suivre le cours de 8 à 10 heures. « Monsieur Villepreux, je sais bien que vous jouez goal dans l'équipe de rugby de Monsieur Salavert, mais cela ne vous donne pas le droit de finir votre nuit en cours de physique. » Éclat de rire général dans la classe. La réflexion du Bio fit le tour du lycée. Son allusion au surveillant général s'expliquait du fait que les quelques avantages accordés aux rugbymen n'étaient pas goûtés de tout le monde, surtout des non sportifs, dont faisait partie ce prof.

Je n'abandonnais rien et surtout pas l'idée d'avoir le baccalauréat pour pouvoir accéder aux études en éducation physique. J'étais toujours très motivé, mais j'acceptais trop facilement les mauvais résultats et j'avais du mal à me faire violence pour me remettre en question. Bien sûr, ce qui devait arriver arriva logiquement. Je fus collé au bac. J'avais fait une bonne saison avec les juniors du club et on commençait à parler de moi pour l'équipe première. Le titulaire du poste était un joueur de mon âge, Jean-Claude Roques. Il avait débuté à 17 ans avec l'équipe fanion et était devenu incontournable. Quand il était indisponible, je le remplaçais. J'avais ainsi joué un match amical contre Albi, un de Championnat contre Lourdes, qui n'était plus le grand Lourdes mais qui comptait dans ses rangs

Michel Crauste et bien d'autres champions dont Jean Gachassin. Je participais même à un seizième de finale contre Grenoble. Jean-Claude Roques avait été sélectionné en équipe de France juniors et affrontait les Gallois à Bergerac le samedi. Le club avait décidé (ce qui serait interdit aujourd'hui) de le faire jouer le dimanche à Paris, au Stade de Colombes, contre Grenoble. Par sécurité, un dirigeant me transporta à Bergerac au cas où « Rocky » serait blessé. Ce qui fut le cas. Du moins, c'est ce qu'il dit. Je crois plutôt qu'il ne voulait pas quitter ses camarades et ne pas rater la fête après une victoire brillante. Bergerac-Libourne à fond la caisse pour attraper un train qui allait à Paris tard dans la nuit, ce n'était pas, quoi qu'il en soit, la bonne stratégie pour jouer un match de cette importance.

Me voici à Colombes ! Dans les vestiaires de l'équipe de France ! Amédée Domenech, un habitué des lieux, nous fait visiter avec son humour et sa faconde. Même Roger Couderc, célèbre commentateur de télévision pour les matchs du XV de France, est là. Après une embrassade avec Amédée, il lui signale que la seconde mi-temps sera télévisée. Réplique d'Amédée : « Parfait, je me réserve pour cette mi-temps. De quel côté sont les caméras, Roger, pour qu'elles puissent me suivre ? » Plus que le match et la victoire, ce fut pour moi un moment fort de jouer à Colombes. Mon père, prévenu au dernier moment, avait même fait le déplacement. En club, je continuais à jouer demi d'ouverture. Buteur avec un certain succès chez les juniors, on me confiait aussi parfois cette responsabilité quand je jouais en équipe première. Cette compétence était un atout supplémentaire pour espérer jouer et évoluer à un niveau supérieur.

Le pion jouait à Brive

L'échec au bac plomba un peu l'atmosphère. La réflexion logique qui venait à l'esprit de chacun était qu'il était difficile de concilier les études et le rugby. Je n'en étais pas persuadé. Je savais que je n'avais pas consenti les efforts nécessaires pour gagner le droit de faire, comme on se plaisait à le dire à l'époque, des études « supérieures ». En fait, je compris que j'en avais marre des contraintes de l'internat, et je pressentais qu'un redoublement serait un échec. Le plus déçu et contrarié était Milou. Il était devenu un ami sincère de ma famille et comprit vite qu'il fallait trouver une alternative pour que les deux objectifs, bac et rugby, soient atteints. Il me proposa de solliciter auprès du rectorat un poste de surveillant d'internat et, tout en même temps, de suivre les cours avec la classe de sciences expérimentales. J'accomplirais mon service de « pion » au dortoir la nuit avec les petits, les sixièmes et cinquièmes, et je serais ainsi dispensé de tout service la journée, ce qui me permettrait de suivre tous les cours, mais aussi les entraînements du club qui avaient lieu deux fois par semaine, le soir après les cours. En échange, je ne sécherais aucun cours et je serais évalué comme les autres élèves de terminale. Émile s'engageait à assurer de très près le suivi de ce projet. Autre avantage, j'allais être payé, mais j'aurais accepté de le faire pour rien. Ce fut mon premier flirt avec l'Éducation nationale, institution qui fut par la suite la mienne en tant que professeur d'EPS pendant presque 40 ans. D'ailleurs, lorsque je suis parti en retraite, je fus surpris de voir que cette année de « pion » avait été comptabilisée dans mes droits.

Cette année 1962 fut un bonheur. Je jouais en équipe première. Je m'y étais préparé pendant les vacances avant le début de la saison pour arriver au point physiquement. J'avais même sacrifié une partie de mes vacances en Espagne pour ne pas rater le premier entraînement, d'autant que le club s'était doté d'un nouvel entraîneur. Je voulais gagner ma place. Élie Pebeyre, alors dirigeant influent, m'avait fait part de son désir de me voir jouer arrière, puisqu'il y avait Jean-Claude Roques à l'ouverture. J'avais accepté mais exprimais certaines conditions, insistant sur le fait de ne pas vouloir jouer comme les arrières traditionnels. Je voulais participer au jeu offensif et collectif afin de satisfaire mon goût du jeu. Je n'ai pas eu à en dire long. Élie Pebeyre aimait le jeu à la main et Guy Auger, l'entraîneur, tout autant. Ma conception entrait dans leur projet qui visait à lancer radicalement des jeunes dans l'esprit et le style du rugby briviste. Pas facile à Brive de faire accepter que l'on puisse jouer avec des formes de jeu considérées à risque. Il a fallu du temps et la volonté d'un dirigeant. Élie Peybeyre nous permit de transformer un jeu appartenant au bon vouloir des seuls avants. Nanti de cette carte blanche, je savais que le courant du jeu allait passer avec mes partenaires des lignes arrière tout aussi motivés. Il ne s'agissait pas d'asséner des théories généreuses mais bien de prendre le jeu à notre compte sans se soucier des éventuelles erreurs. Les victoires réconfortantes de début de saison nous ont permis de nous rassurer et d'acquérir de la confiance pour aller vers une maîtrise toujours plus grande et un jeu toujours plus ambitieux qui faisait le régal des supporters conquis par notre enthousiasme et l'effronterie à provoquer même les meilleurs.

Ce changement de style nous faisait marquer beaucoup plus d'essais et nous réussîmes inconsciemment notre pari d'un jeu de liberté avec succès. Le point d'orgue fut l'accession à la finale en 1965. Les « petites merveilles » avaient frappé vite et bien. À partir de ce moment et après mon départ, puisqu'après cette finale je rejoignis le club de Toulouse, le jeu de Brive est rentré dans la modernité et a su trouver un style qui a fait ses preuves en termes de résultats probants.

Mais avant cela, nous étions premiers classés à la fin des poules de la première saison. On nous prédisait le meilleur. Le pire nous tomba sur la tête. La claque fut terrible puisque nous fûmes battus en seizième de finale par Pau, classé 32e et dernier qualifié. Ce fut un moment difficile. Mais cette défaite n'entama pas notre enthousiasme. Notre ambition pour le jeu offensif restait intacte. Ce fut le dernier match d'Amédée Domenech qui, ce jour-là, connut un match laborieux contre son partenaire et capitaine de l'équipe de France, François Moncla. François le connaissait bien et avait su intelligemment démystifier le personnage qu'il savait suffisamment rusé pour déconcentrer les adversaires. Denis Lalanne, dans *L'Équipe*, titrait : « La mêlée paloise a broyé le Duc et ses avants ».

Ce match a-t-il influencé les sélectionneurs ? Certainement pas. Aucun joueur briviste n'avait été présélectionné dans la liste de cinquante pour partir en tournée en Afrique du Sud avec l'équipe de France. Les médias ne manquèrent pas d'en rire un peu. Ils dénoncèrent cet « ostracisme », particulièrement le journal *L'Équipe* qui mit en avant la « classe internationale » de six joueurs brivistes :

Marcel Puget, Jean-Claude Roques, Amédée Domenech, Pierre Besson, Michel Marot et moi-même. C'était la première fois que l'on parlait de moi pour l'équipe nationale. Sincèrement, je n'en ai pas été affecté puisque je ne mesurais pas si le talent que les médias me prêtaient me permettrait de concurrencer les meilleurs joueurs à mon poste. À l'époque, les Paul Dedieu et Claude Lacaze me semblaient intouchables. C'est vrai que j'avais marqué des points dans tous les sens du terme durant cette saison. Sur le terrain, entre essais, pénalités, transformations et drops, je rivalisais avec les meilleurs. Mais je marquais également des points auprès des sélectionneurs. Parmi ceux-ci, j'avais la cote avec Jean Prat. Il fut, comme sélectionneur, l'un de mes meilleurs défenseurs. Je préférais somme toute plaire à Jean Prat, qui était l'une de mes idoles quand j'étais enfant, plutôt qu'à Marcel Laurent, autre sélectionneur. Sa réponse à une interview dans *Midi Olympique* sur la raison de l'absence des Brivistes en équipe de France aurait aujourd'hui interpellé le milieu. « Le CAB a joué aujourd'hui dans un esprit collectif admirable. Si j'étais dirigeant de club, je m'accommoderais de cela. Vous êtes dans les tout premiers clubs français et c'est bien votre place dans la hiérarchie des valeurs. Les sélectionnés, les internationaux, vous savez… » Je compris, en devenant international, l'honneur qui m'était fait et le ressentiment de mes partenaires de club qui auraient mérité de le devenir et qui s'étaient légitimement offusqués d'une telle légèreté dans le cadre d'une telle fonction.

Cette même année, au lycée, le pion Pierre Villepreux était un peu l'idole des sixièmes et cinquièmes que je surveillais le soir dans le grand dortoir. Certains élèves, toujours les mêmes, me sollicitaient le lundi soir dans cette immense pièce où les lits étaient côte à côte pour discuter du match de la veille. J'accédais avec plaisir à leur attente. À leur place, j'aurais certainement eu la même attitude. Ils étaient plutôt fiers de cette relation privilégiée qui leur permettait de rompre avec la discipline qui aurait voulu que les lumières soient éteintes à neuf heures. La réunion de mon groupe de jeunes supporters étant devenue habituelle, le reste du dortoir profitait de cette opportunité pour discuter par affinités. J'appris beaucoup dans cette relation particulière car elle a créé une ambiance très positive. J'ai évité ainsi toutes les tentatives de petits chahuts que rencontraient mes collègues dans la vie de l'internat. J'ai pu en même temps appréhender combien cette latitude pouvait devenir un atout et ne pas être prise pour une faiblesse éventuelle.

Côté professeurs, ils avaient été tous mis au courant du contrat passé – le fait de me voir respecter mon engagement créa des relations différentes –, et les appréciations sur le carnet scolaire furent plutôt gratifiantes, à défaut d'être élogieuses. Certains profs étaient des supporters du CAB. À la fin des cours, ils m'interpellaient, faisant une petite allusion au match précédent. Je leur répondais d'autant plus volontiers que je ressentais cela comme un encouragement à ne rien lâcher. J'ai obtenu le bac avec mention « Assez Bien ». La seule note inférieure à la moyenne était en allemand, langue à laquelle j'ai été décidément et définitivement réfractaire. J'avais compensé cette faiblesse grâce à un 20/20 obtenu sans gloire aux épreuves en EPS. Dix points de bonus qui rattrapaient le « 6 » en allemand.

Ce sans-faute en EPS au bac m'a permis d'être admis à l'Institut régional d'éducation physique et sportive de Toulouse, alors petite structure de formation des professeurs de gym. Je partais, sauf échec, pour quatre années d'études. La dernière, appelée année de classement, validait le cursus par l'obtention du CAPES qui engageait les élus dans l'enseignement. Dernière année déterminante puisque le nombre d'admis était limité au nombre de postes budgétaires accordés par l'État, le ministère de la Jeunesse et des Sports, puisqu'à cette époque l'EPS ne relevait pas encore de l'Éducation nationale. Mais je n'en étais pas encore là. La première année donnait lieu à un écrémage important, véritable concours national qui permettait d'évaluer réellement les aptitudes et motivations des étudiants.

J'étais prêt. J'étais vraiment content d'en avoir fini avec le secondaire et d'entrer dans un domaine d'études que j'avais choisi et qui correspondait à mes motivations et compétences, du moins en ce qui concernait les contraintes physiques demandées pour ce type d'études. J'étais moins conscient des exigences intellectuelles, mais je savais que mon niveau d'aspiration pour réussir ne ferait pas défaut, comme cela avait été le cas au lycée. En tout cas, mon « moi » devait s'affirmer dans ce type d'études. Je n'étais plus dans la crainte d'échouer, comme cela avait été le cas au bac, mais bien dans un processus et une attente de réussite, ce qui change la donne en termes d'engagement et d'implication.

Jouer à Brive et suivre à Toulouse des études contraignantes en première année n'était pas évident. Je ne pouvais suivre les entraînements qu'en période de vacances. Pourtant, lors de cette saison 1964-1965, Brive joua sa première finale contre Agen et je réussis ma première année universitaire. Mais j'avais compris combien les obstacles étaient de plus en plus élevés pour allier engagement rugbystique et réussite au CAPES. Les pertes de temps, la fatigue engendrée, le travail dans le train avaient des limites. Heureusement, j'étais à l'aise au niveau des exigences physiques dans toutes les disciplines sportives enseignées – ce n'était pas le cas de tous mes camarades de promotion. J'ai donc pu, cette année-là, me consacrer davantage aux matières théoriques. C'est la raison pour laquelle je décidai de quitter le CAB. Pour réussir mes études, il devenait capital que je joue dans la ville et le club où mes études m'avaient conduit.

Je pris seul cette décision. Je n'ai nullement été sollicité par le Stade Toulousain comme les dirigeants brivistes le pensaient. À ce moment-là, le Stade ne brillait pas de mille feux. Rien n'aurait pu infléchir ma décision. Dans l'intersaison, j'ai rencontré deux fois Élie Pebeyre, toujours entraîneur. Il était venu avec mon oncle, espérant ainsi faire jouer la fibre familiale. Je n'ai jamais été du genre à tergiverser et à laisser croire que c'était négociable. Les avantages à Brive, à la fois sportifs et financiers (même si ces derniers étaient dérisoires à l'époque) auraient pu changer les données. L'enjeu d'une réussite dans la carrière que j'avais choisie l'emporta. En dernier ressort, les dirigeants brivistes me firent valoir mon intérêt sportif et le peu de chance que j'aurais d'accrocher le haut niveau et d'éventuelles sélections avec le Stade Toulousain qui se morfondait au bas de l'échelle du Championnat. Ce dernier argument, plus que me dissuader, me conforta dans ma décision et m'apporta un supplément de motivation pour démontrer le contraire. Quelques années plus tard, j'ai trouvé plutôt juste que mon oncle, que j'appréciais beaucoup, reconnaisse sans ambiguïté le bien-fondé de ma décision.

Première sélection

À Brive, je connus l'honneur d'une première sélection dans la deuxième équipe de France (France B) qui jouait traditionnellement un match contre l'Allemagne tous les ans. Je fus surpris d'être sélectionné à ce niveau. Très honnêtement, je n'avais pas conscience de ma réelle valeur. Jouer à Brive me suffisait. C'est mon oncle qui m'apprit la bonne nouvelle. Je crois qu'il en était très fier, et lui mesurait le poids de cette sélection pour mon avenir. Entrer, comme on disait, « dans les tablettes » des sélectionneurs n'était pas donné à tous. Il n'y avait pas autant de possibilités qu'aujourd'hui pour se mettre en valeur. Et jouer « en B » à 20 ans laissait augurer d'autres espérances au niveau supérieur. Mes parents se déplacèrent à Vichy pour ce premier match en bleu, remporté aisément 32 à 0. Ma performance me valut le lendemain les grands titres dans le journal *La Montagne*. J'avais fait un bon match, si j'en croyais mon proche entourage. Personnellement, je regrettais de ne pas avoir montré ma vraie valeur. J'avais assuré, mais je pouvais mieux faire et j'aurais dû apporter beaucoup plus au collectif. De plus, le rôle de buteur avait été confié à Guy Camberabero, ce qui aurait dû entraîner moins de pression, donc me libérer pour me lancer sans calcul dans le jeu offensif, comme à Brive. Mais voilà, je compris combien la confiance dans son jeu personnel peut s'évanouir quand on joue avec d'autres partenaires. Les repères qui étaient les miens avec mes copains de club m'avaient manqué. J'étais resté dans un rugby trop classique, qui ne convenait pas. Pourtant, rien ne m'en empêchait puisqu'au centre, il y avait Jean Trillo et Jo Maso. Nous étions sur la même longueur d'ondes et j'ai pu en cette occasion apprécier la justesse de leur jeu de ligne quand je m'intercalais. Forme de jeu qui, l'instant de quelques actions, préfigura ce que l'on institua ensemble plus tard dans le XV de France. Mais le style de jeu choisi sollicitait beaucoup plus les avants qui restèrent dans un registre de jeu fermé et statique, empêchant d'utiliser le potentiel que nous représentions derrière. Mais à ce moment-là, on ne le savait pas. Ce fut une excellente expérience pour aller de l'avant, vers une autre approche de ce genre de match. Nous irions vers une participation accrue, donc une plus grande influence sur le jeu. Quand j'ai été entraîneur et que j'accordais ma confiance à de jeunes joueurs, j'ai toujours eu ce souci de les rassurer pour qu'ils s'expriment totalement et ne sortent pas frustrés de leur performance pour ne pas avoir entrepris, comme ce fut mon cas ce jour-là. En jeu, il ne s'agit pas de dire qu'on va faire, mais bien de le faire. C'est la seule façon de voir si cela marche.

Mais comment partir de Brive sans évoquer Amédée Domenech ? Le joueur d'abord. Il a apporté au poste de pilier une dimension supérieure, en tout cas en décalage avec ce que l'on attendait à l'époque d'un pilier. Son habileté ballon en main et son potentiel physique, sans parler de sa vitesse pour un joueur de ce gabarit, lui auraient permis de devenir une star dans le rugby actuel. Pour mémoire, il bluffa tout le monde en équipe de France quand il remplaça avec brio contre l'Angleterre un des ailiers blessés. Le règlement de l'époque ne permettait pas les remplacements. Sans complexe, Amédée s'y colla et réussit une performance qui a fait date. Mais l'homme aussi était hors normes. Personnage truculent, aux multiples facettes, il savait rebondir dans toutes les situations. Il fallait bien le connaître pour l'apprécier et mesurer quand le sérieux l'emportait sur le futile, quand le mensonge approchait la vérité, et vice versa. Il aurait pu jouer dans tous les clubs et tous les contextes. Mais à Brive, il sut créer autour de lui un espace de reconnaissance et il acquit une popularité, aussi bien en dehors que sur le terrain. Les inconduites et frasques notoires d'Amédée faisaient le tour de la ville, mais l'on finissait par les pardonner. Enjolivées par son auteur lui-même, elles prenaient une forme drôle et cocasse qui valorisait le personnage et lui apportait en définitive un complément de popularité. Comme dans le jeu, il était dans le « décalage », jamais sur la ligne droite. J'aimais bien Amédée. Il avait une approche qui ne nous laissait pas indifférents avec les plus jeunes. Il savait aussi qu'on allait l'écouter, on était logiquement admiratifs du joueur et de sa carrière. À la fin de celle-ci, Amédée savait bien qu'elle n'allait pas laisser éternellement des traces. Il lui fallait revenir sur le devant de la scène. En 1964, le mauvais début de saison du club lui en donna l'occasion. Guy Auger laissa la place au duo Amédée pour les avants et Élie Pebeyre pour les arrières. Amédée retrouvait le milieu du rugby, celui qui l'avait fait roi, et sa cour. On l'appelait le « Duc » pour, disait-il, avoir obtenu les faveurs d'une duchesse. Véritable ambassadeur de la ville de Brive, chouchou des journalistes, il fit aussi du cinéma dans *Coplan agent secret FX.18*. Ce personnage hors du commun n'avait rien d'un entraîneur, mais comme animateur, il était irremplaçable. D'Amédée, l'entraîneur, je retiens surtout les anecdotes savoureuses qu'il savait nous distiller pour les préparations des matchs. Elles n'entraient pas dans le discours que l'on s'attend à entendre d'un entraîneur, mais nous ne le trouvions ni dérangeant ni perturbant. Il racontait souvent sa première convocation au tribunal pour un délit, disait-il, mineur. À la sortie de l'audience, son avocat lui glissa sa note d'honoraires discrètement dans sa poche de veste. Il regarda la facture et lui dit :

– Maître, merci, vous êtes un grand avocat.

– Monsieur Domenech, j'ai fait tout simplement mon travail.

– Si, Maître, merci, mais pour votre talent, pas pour les honoraires. Et il ajoutait : « Je vous le recommande. Pour un vol de lapin, avec lui, tu prends 10 ans. »

La découverte de Toulouse

Du Stade Toulousain, je connaissais les exploits de la fameuse Vierge rouge des années 1920 et le fameux titre réalisé en 1947 face à Agen, au terme d'un match très rude. Agen devint par la suite l'adversaire qu'il fallait battre à tout prix. Ce titre est à l'origine d'une grande rivalité, presque un contentieux, qui allait longuement opposer les deux clubs de la Garonne. Deux joueurs d'Agen de la finale de 1947, Albert Ferrasse et Guy Basquet, qui deviendront par la suite respectivement président de la Fédération française de rugby et sélectionneur en chef du XV de France, continuèrent à entretenir cet antagonisme. À mon arrivée, Toulouse n'était plus cette équipe glorieuse et redoutée et pas encore celle qu'elle deviendrait à partir des années 1980. Le club avait même été sauvé de la descente grâce à ses titres passés qui garantissaient à un club champion de France de ne pas être rétrogradé en division inférieure. Je ne débarquais pas en terre inconnue. J'avais déjà rencontré le Président, le docteur André Brouat, ex-brillant joueur du club, qui avait été champion de France en 1947 contre Agen. On m'apprit d'ailleurs qu'il aurait certainement fait une belle carrière internationale s'il n'avait pas joué à XIII dans un premier temps, sport alors professionnel. Le dictat imposé par les Britanniques contre la rémunération des joueurs était alors non négociable.

Blessé en février à la clavicule lors d'un match avec Brive et conseillé par Claude Labatut, un camarade d'études et joueur du Stade Toulousain, j'ai pris rendez-vous au centre-ville dans le cabinet médical du docteur Brouat. Le personnage méritait le détour. Je me suis souvent demandé pourquoi sympathie et compréhension mutuelles naissent spontanément avec certaines personnes. Ce fut le cas. Il occulta complètement ma blessure pour m'amener « d'abord boire un coup » puisque c'était l'heure de « l'apéro » qui se prenait au petit bistrot en dessous du cabinet, lieu familier de retrouvailles chaque midi de ce que j'ai appelé par la suite le « Brouat fan's club ». Il m'invita à déjeuner au marché de la ville où tout le monde le connaissait et l'appelait « Dédé ». Cette première impression fut certainement un avantage décisif quand je choisis plus tard de rejoindre le club de la ville rose.

« Dédé », pour les intimes, « Docteur » pour les autres, il ne pouvait laisser indifférent. Il avait la faculté de mettre à l'aise tous ceux qu'il côtoyait ou rencontrait. En le connaissant mieux, on entrait sans effort dans un « esprit Brouat », imprévisible, révolutionnaire, parfois agitateur. Il était communiste mais refusait toute discrimination et était donc en phase avec tout le monde. Dans son sillage, l'adhésion se faisait sans en avoir conscience, sans sacrifice ni soumission. Par la suite, je me suis surpris à entrer dans sa philosophie de la vie, entre autres « ne pas éviter de vivre ses passions » et « ne pas chercher à convaincre ceux qui n'ont pas envie de l'être ». Quand il accepta de se présenter sur une liste de droite avec Pierre Baudis (le père de Dominique Baudis), alors maire de Toulouse, le fan's club fut surpris, mais pas outre mesure. Dédé parvenait à rendre cohérentes tellement de tendances contradictoires dans son approche de la vie que cette fonction de maire adjoint responsable des Sports l'amènerait à concevoir l'inconcevable, vu son esprit créatif et extravagant, voire utopique. Mais derrière Dédé le concepteur, il fallait trouver des réalisateurs capables de mettre en œuvre ses idées surréalistes. Ce qu'il fit, en club comme en politique.

Les joueurs appréciaient ce président atypique. Il n'avait pas pour autant que des amis. Certains dirigeants du club le détestaient, mais il pouvait compter sur des lieutenants qui pesaient dans le club. Max Guibert, Henri Fourès ou Yves Noé, tous brillants anciens joueurs stadistes devenus dirigeants, le soutenaient inconditionnellement. La vie du club se faisait et se refaisait, « sans convocation », tout autant « Chez Jacky », le propriétaire du bar, qu'au siège social du club. Il y avait dans ces échanges informels un partage riche et convivial auquel participaient les joueurs de l'équipe première, les dirigeants influents et des personnalités de tous les milieux. La « cour » de Dedé m'a fait rencontrer, connaître et apprécier des personnages qui donnaient logiquement à nos débats désordonnés une autre dimension. Je pense entre autres à René Mauriès, alors grand reporter à *La Dépêche du Midi*. Personnage cultivé, y compris en rugby, j'aimais l'écouter parce qu'il savait recadrer nos discussions, leur donner sens et réalisme. Il arbitrait les conflits qui ne manquaient pas de surgir. C'est lui qui, me semble-t-il, savait le mieux influencer Dédé et l'auditoire, tout en douceur et finesse. C'est dans ce cadre, celui d'un bar ordinaire, que se construisait le rugby toulousain. C'est là que j'ai rencontré également pour la première fois Jean-Baptiste Doumeng, « le milliardaire rouge », imposant personnage, lui aussi très original. Ce communiste avait bâti sa fortune dans l'agroalimentaire en commerçant avec les pays de l'Est durant la guerre froide. Il était l'ami de René Mauriès mais aussi de… Mikhaïl Gorbatchev. Amateur de football – René Mauriès était le président du club professionnel, le Toulouse FC –, il avait un regard critique sur le rugby, sur sa gestion, son « immobilisme », et narguait la foi persistante de ses dirigeants à le conserver dans un amateurisme pour lui « désuet ». Sa vision m'avait alors interpellé. Je fus quelquefois invité à partager sa table à Noé, son village, comme d'autres bien plus illustres, politiciens et artistes. Quand on sait aujourd'hui l'importance et le rôle « politique » joué par ce personnage haut en couleurs, je ressens encore mieux la chance qui m'a été donnée de le rencontrer et de le côtoyer si facilement.

J'ai toujours en tête ces moments avec Doumeng et Mauriès, mais encore avec Kléber Haedens, romancier célèbre, Michel Plasson, chef d'orchestre du Capitole, et bien d'autres. Tous hommes de passion et de conviction réunis par le rugby, captivés par ses valeurs et touchés par l'inaccessibilité de ce jeu pour ceux qui ne l'ont pas joué. Grâce à Michel Plasson, j'ai été invité à quelques concerts. J'ai apprécié la façon dont il contribua à redonner à l'orchestre du Capitole sa réputation. J'ai été captivé par la communion magique que génère la création musicale avec le public. C'est ce même échange que j'ai rencontré dans certains matchs quand le résultat est sublimé par la qualité du jeu produit. Musique et rugby ont en commun de proposer aux acteurs des tâches où il s'agit d'intervenir au bon moment et le plus justement possible. C'est ce développement harmonieux des actions individuelles et collectives qui fait du jeu, comme de la musique, un art, celui qui provoque intelligence et émotion avec le public. La musique, comme le rugby, se nourrit de la globalité du spectacle. Celui-ci existe quand on est devant son poste de télévision, mais il n'a pas la même saveur. Seule la réalité, celle du terrain ou d'une salle de concert, permet d'accéder pleinement au spectacle et à son contenu. C'est ce que j'avais essayé d'exprimer avec beaucoup d'humilité, du fait de ma connaissance limitée de la musique, lors d'un débat avec le public qu'il avait organisé en 1968 au Capitole. Ce n'est pas par hasard si j'ai demandé il y a peu de temps au maestro d'intervenir dans le module de formation en management que l'université de Droit et d'Économie du sport de Limoges propose aux sportifs de haut niveau en reconversion. Accéder au plus haut niveau mondial avec l'orchestre national du Capitole pouvait être un exemple intéressant pour des sportifs impliqués dans le management des hommes. Les mouvements collectifs, la dynamique que le rugby propose pourraient être mis en musique puisque leurs valeurs ne prennent du sens que par la justesse des décisions des uns et des autres. Pour le maestro, « le mouvement en rugby crée un rythme où se combinent, comme en musique, des temps forts et des temps faibles. » Je crois aussi que même dans l'art musical, « l'ingérence de l'aléatoire » n'est jamais totalement à exclure.

Toutes ces idées brassées ont-elles pour autant fait avancer le Stade Toulousain ? On peut le croire, même si ces échanges ne débouchaient dans l'instant sur aucune décision et ne restaient qu'un débat d'idées. Mais dans la gestion du rugby de l'époque, l'intensité relationnelle et affective qui émergeait de ces conversations de bistrot n'était pas inutile. Le système très amateur, qui était celui du monde du rugby à cette époque, le permettait. Aujourd'hui, dans le système professionnel, pour avoir le même type de débat, il faut organiser des réunions et faire intervenir des compétences pour éclairer les réflexions. Mais on n'obtient pas, me semble-t-il, la même spontanéité ni la richesse que procurait une telle diversité des personnalités.

Entre autres idées de génie, Dédé fut le concepteur des Boucliers d'automne, première compétition d'élite entre clubs français. Cette compétition qui débuta en octobre 1970 regroupait au Stadium de Toulouse les sept meilleurs clubs de la saison précédente et le Stade, club organisateur. Cette intrusion dans la gestion des compétitions, surtout quand les grands clubs étaient concernés, n'était pas bien perçue du côté de la cité d'Antin, siège de la FFR. Cependant, le succès populaire et financier de ces matchs, joués en nocturne les trois premiers mercredis d'octobre, préfigurait l'évolution de notre sport vers le système professionnel qui ne peut fonctionner sans compétition d'élite. Cette initiative permit au Stade de rester une vitrine incontournable de la future évolution du rugby et des compétitions. Pour nous, joueurs, cette compétition nous fit prendre conscience des efforts à faire pour aller vers d'autres ambitions au niveau national. Dedé aimait aussi se transformer en technicien du jeu. Il apportait un regard malicieux sur nos combinaisons. Il aimait faire bouger des pièces de monnaie sur le comptoir du bar pour illustrer ses idées sur le placement et le déplacement des joueurs. De retouches en modifications, même les meilleures stratégies finissaient par devenir incompréhensibles.

Dans le même ordre d'idée, Dédé avait évoqué la nécessité de se pencher sur le Toulouse de demain, et ceci bien avant qu'il ne devienne l'élu responsable des Sports de la ville. Il créa quatre grandes zones vertes autour du centre-ville. Celles-ci sont aujourd'hui un pôle d'attraction sportif et social pour les Toulousains. Quand il accéda au Capitole, il « transforma l'essai » et fit d'une réflexion de bistrot un projet majeur du développement de la ville. Son autre idée était de déplacer, reconstruire et moderniser le trop vieux stade Ernest-Wallon situé aux Ponts-Jumeaux, dans une de ces zones vertes. Pour d'autres raisons, ce fut fait, pour le bien du club, aux Sept Deniers, quartier proche de l'enceinte historique des Rouge et Noir.

Il n'a pas réussi, comme il le souhaitait, à faire pousser des cèpes dans ces zones vertes, mais le projet existait bien. Il adorait la bonne bouffe. Excellent cuisinier, il exerçait ses talents lors des repas que nous prenions au club après l'entraînement du mercredi soir. On était sûrs d'y trouver ce qu'apprécie tout rugbyman : convivialité et bonne cuisine. Médecin, cuisinier, pêcheur de truite, poète à ses heures, mélomane, le « Doc » a toujours su mettre sa logique humaine et intellectuelle à la disposition de ceux qui le voulaient bien. Il n'imposait rien à personne puisqu'il ne s'imposait rien à lui-même. En ce sens, sa disponibilité me fut appréciable pour changer mes repères dans la vie, comme dans le rugby, et aller ainsi vers d'autres richesses et valeurs. Président de la section rugby, le « Doc » ne l'est pas resté longtemps. Il prit rapidement la présidence du club omnisports, mais resta omniprésent dans le club avec les présidents successifs, Henri Fourès et Yves Noé. Il a été le leader d'un esprit stadiste qui inspira les générations suivantes. Il sut apporter à cette jeune équipe peu rebelle le sentiment d'appartenance à un club peu ordinaire qu'il s'agissait maintenant de faire gagner sur le terrain.

Licence rouge (et noire)

Quand je signai en juin 1965 au Stade Toulousain, juste après la finale jouée et perdue avec Brive contre Agen, j'aurais pu aussi bien signer au PUC (Paris Université Club). Sorti parmi les meilleurs au niveau national à la suite de ma réussite en première année universitaire, je fus convié à présenter l'entrée à l'École normale supérieure d'éducation physique et sportive basée à Paris. Je n'y fus pas admis ! Cela me fit ressentir mes limites. Mais que dire ? Est-ce que ce fut un bien ou un mal ? Professionnellement, je pense que cela a été dommage. J'aurais eu une meilleure formation et, financièrement, cela m'aurait aidé puisque les étudiants des écoles normales étaient rémunérés par l'État pendant leurs études. Sportivement, je ne sais pas. Le PUC, où jouaient tous les étudiants appelés à poursuivre leurs études à Paris, était bien en première division, mais avec le recul, je ne suis pas si sûr que j'aurais pu m'y exprimer aussi bien qu'à Toulouse, quand bien même le club rouge et noir était alors à la peine et devait sérieusement se reconstruire. Sauvé de relégation, sans grandes ressources budgétaires, il était question de repartir avec des jeunes. C'était le choix le moins onéreux. L'occasion était bonne puisque les « juniors » du club avaient, la saison précédente, joué la finale du Championnat de France. Il existait donc un potentiel qui avait tout à prouver. Cette option me plaisait bien. Je crois que quand on change de club, il est plus facile pour un jeune de s'adapter avec d'autres jeunes sans a priori qu'avec des anciens joueurs généralement ancrés dans leurs certitudes et pas toujours disponibles pour évoluer. Notre chance, du moins je la ressentais comme telle, était de ne pas avoir de passé, tout restait à faire.

Ma mutation pour Toulouse se justifiait par mes études. Ce statut d'étudiant aurait logiquement dû me permettre de jouer immédiatement en équipe première. Mais les mutations étaient soumises à une règle de la FFR qui visait à éviter le « mercenariat ». Je parle des joueurs qui négociaient leur mutation dans un autre club avec des avantages financiers non négligeables. Ce n'était pas mon cas, je me suis satisfait d'avoir mon logement payé et une indemnité pour la nourriture, l'équivalent de 500 francs par mois, comme c'était le cas pour les autres étudiants. Je savais ce qui se faisait ailleurs, je ne me sentais donc pas dans la peau d'un professionnel, et encore moins d'un mercenaire. L'argent n'était pas un souci majeur, je savais pouvoir compter sur mes parents. Mon père m'acheta une voiture « d'occase » (une NSU) pour remplacer le Solex utilisé lors de ma première année de fac. Cette règle fédérale, on ne peut plus outrancière, m'obligea à ne jouer qu'avec la deuxième équipe du club, la réserve, celle où jouent les « moins bons ». C'était très frustrant, pour le club, pour mes partenaires et encore davantage pour moi. J'ai perdu une saison à un âge béni pour progresser. Face à cette injustice, ma déception fut grande. J'aurais pu retourner dans mon club d'origine, mais je n'en fis rien. Heureusement, l'esprit de l'équipe réserve, animée par Guy Deluc, facteur de son métier et ex-pilier du Stade, était excellent. Cette année un peu spéciale me permit de m'exprimer sans contrainte de résultats. Le manque du haut niveau ne fut pas si pénalisant grâce à l'adhésion totale de mes partenaires de l'équipe 2 pour entrer dans ma conception du jeu de mouvement qui m'était cher. Pour les avoir rencontrés quelquefois par la suite, je sais qu'ils retirèrent de cette saison beaucoup de plaisir et la satisfaction d'avoir accédé aux demi-finales du Championnat des équipes réserves. Ma chance fut aussi de ne pas avoir été complètement coupé du haut niveau. Je fus sélectionné dans l'équipe de France universitaire encadrée par Jean Carrère, professeur d'EPS, ancien brillant troisième ligne en équipe nationale et entraîneur de l'USA Perpignan. Sa conception de l'entraînement, les formes et contenus de son travail intéressaient l'étudiant que j'étais. Je n'ai pas oublié par la suite de retenir la forme et le fond de cette méthode de travail, une approche qui avait pour but de développer la confiance, d'entretenir le plaisir par le jeu, sans pour autant galvauder le résultat.

Une approche et un esprit qui fonctionnaient parfaitement avec des étudiants pas toujours raisonnables. Il était l'un des premiers à utiliser la méthode de l'entraînement avec opposition. Un jeu à balles réelles.

Côté Fédération, on ne m'oublia pas. J'ai joué avec la sélection des Pyrénées qui affrontait chaque année, le 11 novembre, l'équipe des Irlandais de Dublin. Un excellent test. Cette sélection était composée de nombreux internationaux, entre autres Tony O'Reilly qui devint plus tard le PDG milliardaire de la société américaine Heinz. Ce match servait de référence aux sélectionneurs de l'équipe nationale pour détecter les talents ou confirmer la bonne forme de certains sélectionnables. Ce bon match me valut une deuxième sélection en France B, toujours contre l'Allemagne. Garder le contact avec le haut niveau, même épisodiquement, me permit de me mobiliser différemment et de m'auto-évaluer ponctuellement. J'allais oublier de dire que j'eus le plaisir de jouer avec l'équipe de France des enseignants. Cette sélection de l'Éducation nationale, composée de nombreux professeurs d'EPS, avait fière allure. On rencontrait deux fois dans l'année les meilleures équipes du Championnat. Pouvoir défier, dans un rugby complètement libéré, les Palois ou autres Agenais était une véritable chance. On jouait sans souci d'organisation ni combinaison savante. Le plaisir s'ancrait dans la spontanéité qui réglait nos actions. Ce jeu presque intuitif ne se faisait pas au mépris du résultat. Comme des enfants, on ne jouait pas pour perdre, sans toutefois accorder au score une importance démesurée.

Cette saison sportive, que l'on peut qualifier de blanche, me permit aussi de m'imprégner de l'esprit du club. Les résultats de l'équipe première n'étaient pas fameux, mais la jeune génération, emmenée par le plus ancien mais pas le moins enthousiaste des capitaines, Jean Fabre, manifestait sur le terrain une envie, une ambition, un état d'esprit qui, au dire des fidèles supporters, tranchaient avec ceux des équipes précédentes. Ces supporters surnommés « les pieds humides » suivaient tous les entraînements, peu importaient les caprices du temps. Ils appréciaient surtout l'engagement et la solidarité manifestée sur le terrain par les jeunes Rouge et Noir. Percevoir qu'ils ne lâchaient rien, y compris devant les meilleurs, leur rendait les défaites moins amères, même si certaines, un peu sévères ou surprenantes, minaient sensiblement l'ambiance. La volonté avait des limites. Contre Périgueux, la bête noire, cela ne suffisait pas. À chaque rencontre, les scores très élevés concédés entraînaient des commentaires médiatiques plutôt caustiques, du style « le Stade n'a pas un gros pack, mais un pack de gros ». En début de saison, j'avais profité d'un déplacement de l'équipe à Périgueux pour inviter mes parents et leur présenter mes futurs partenaires. Battus dans tous les domaines, seule la gentillesse de mon père lui interdit un jugement négatif. Il ne savait pas comment me dire que je m'étais mis dans une belle galère en signant dans ce club. Je lui présentai Jean Fabre qui sut très diplomatiquement le rassurer, mais qui n'arriva pas à convaincre ma mère que des jours meilleurs attendaient cette équipe. Son jugement sans concession comparait mes futurs équipiers à des « tocards », soit le nom que l'on donne sur le champ de course de Pompadour aux mauvais chevaux.

En dépit de ces déceptions, je fus reçu à ma deuxième année universitaire et je profitais des vacances d'été pour travailler à

La Dépêche du Midi, le journal des Toulousains. Ce job m'avait été trouvé par René Mauriès, le rédacteur en chef. On m'affecta à la rédaction locale. Dans cette section du journal appelée avec un peu de mépris « les chiens écrasés », on me confia les fêtes de villages, les courses cyclistes et autres animations variées qui avaient lieu pendant l'été en Haute-Garonne, et les faits-divers. Dès la parution du journal, je partais au commissariat central avec un paquet de journaux que je distribuais aux agents de service de nuit, pratique admise pour glaner les dernières infos et m'infiltrer dans les faits-divers de la vie nocturne toulousaine, pas ceux qui faisaient la une du journal. J'ai apprécié ce petit job qui m'a obligé à faire l'effort d'écrire différemment, de ne pas seulement rendre compte mais bien d'aller à la recherche des mots justes, ceux qui peuvent attirer et donner envie au lecteur d'aller plus loin. J'ai compris l'importance des titres et leur force. J'ai pu m'imprégner de la vie d'un journal, mais aussi, comme dans une équipe de rugby, des tensions internes et des luttes de pouvoir entre journalistes. Belle expérience qui m'a donné le goût d'écrire, ce qui n'était pas gagné au départ. Presque incrédule, j'ai éprouvé ce plaisir de voir mes premiers articles signés avec l'impression, à la relecture, que les mots semblent s'imposer d'eux-mêmes quand l'article est bien rédigé, voire qu'ils ont été écrits par quelqu'un d'autre.

Mes vrais débuts au Stade Toulousain

Enfin autorisé la saison suivante à jouer avec l'équipe première, nous avons entamé la saison 1966-1967 avec ce même groupe de jeunes heureux de vivre leur passion sportive dans la ville rose. Ce début de saison est quand même particulier puisque, outre mon arrivée dans le groupe, un nouvel entraîneur, Paul Blanc, ancien demi de mêlée du club, prend la suite de Marcel Dax. Jean Fabre se retire et va finir sa carrière dans sa ville natale, à Rodez, mais ce ne sera que pour mieux revenir plus tard pour faire du Stade ce qu'il est aujourd'hui. Je suis promu capitaine de l'équipe, fonction qui m'honorait mais dont je ne cernais pas très bien les dimensions. Peu importe puisque mes partenaires d'équipe n'étaient pas plus expérimentés que moi. Les entraînements de Paul Blanc visaient à produire un jeu ambitieux, résolument basé sur l'offensive. Je reçus le message cinq sur cinq. Ce rugby ne pouvait que me satisfaire. « Ne jamais sortir du terrain en disant que vous pouviez faire plus », disait le coach.

Les valeurs éducatives qu'il dispensait et les exigences de travail réclamées nous ont au départ laissés sceptiques, mais nous étions intéressés. Le projet de jeu consistait à assurer la vie du ballon par des principes simples. Il s'agissait de reconstituer de manière permanente les soutiens autour du porteur de balle, à droite, à gauche et dans l'axe, afin de lui offrir toutes les options de passes pour assurer la continuité du jeu par le jeu à la main. Il n'appréciait pas le passage par le sol sauf en cas d'obligation. Le bon joueur, disait-il, « trouve une solution avant d'être plaqué. » Pour l'avoir rencontré dernièrement, je ne peux pas dire que le jeu actuel le séduise. Il en a forcément une vision décalée.

Il a vite compris qu'il pouvait compter sur moi pour l'aider à réaliser le jeu qu'il ambitionnait. Je fus ainsi amené à le seconder.

Quand il prenait en main les avants, je m'occupais des lignes arrière. Il s'appuyait beaucoup sur Claude Labatut, leader des avants. Ce partage du jeu avec l'entraîneur fut une expérience profitable. Cette possibilité de jouer et d'entraîner était courante à l'époque puisqu'il n'y avait pas de staff pléthorique pour gérer le collectif, comme c'est le cas aujourd'hui. Ce n'était pas en soi une fonction mais bien une responsabilité qui m'était confiée, elle était significative de la confiance qui régnait entre nous. Avec cette reconnaissance, il est plus facile d'endosser cette double casquette. J'y appris que quand on est dans ce rôle, il convient de s'impliquer encore plus, en tout cas au moins à la hauteur de ce que l'on attend de ceux qu'on entraîne. J'appris aussi que les formes et les contenus d'entraînement se devaient d'êtres variés et ludiques. L'ambiance de l'entraînement se nourrit de ce que l'on y apporte, et le plaisir pris à s'entraîner et à jouer inscrit le joueur dans une atmosphère qui favorise et développe sa fidélité. Aider, accompagner, partager, responsabiliser, c'est un mode de management des hommes que j'ai retenu. On y revient toujours dans les moments difficiles.

Je me rappelle mon premier match officiel avec les Rouge et Noir. C'était contre Agen, en Challenge Du Manoir. Ce fut un échec réussi, pourrait-on dire. Notre performance contre une des meilleures équipes du moment pouvait prendre la saveur du succès. Au début, cette équipe qui manquait d'expérience n'avait que son enthousiasme pour obtenir des résultats. Sur ces bases, Paul Blanc entreprit de changer l'image que certains d'entre nous avaient du jeu. Cela passait par l'obligation de modifier leur manière de jouer à leur poste. Jean-Louis Bérot, jeune demi d'ouverture, était particulièrement enclin à jouer au pied. Ses qualités de « joueur », pris au sens de « celui qui aime le jeu », lui permirent de se projeter sans restriction vers un style de jeu plus ambitieux. Il l'anima avec tout le potentiel tactique qui était le sien mais qu'il n'avait pas été en mesure d'exploiter jusque-là. Cette métamorphose fut d'autant plus facile que Jean-Louis avait été amené à jouer différemment la saison précédente. Accéder à un style opposé n'est dangereux que si l'on refuse mentalement ce risque ; ce n'était pas dans le tempérament de Jean-Louis d'abdiquer devant ce genre de défi. Lui à l'ouverture, moi à l'arrière, on prit progressivement en main le jeu collectif de l'équipe et son orientation vers un rugby résolument offensif qui donnait la priorité au jeu à la main. Pour nous y aider, on pouvait compter sur de jeunes avants talentueux dans le maniement du ballon. Il devenait difficile pour les autres joueurs de ne pas partager ce jeu attractif, ambitieux, mais il n'y avait pas de raison qu'il ne soit pas accessible pour l'ensemble de nos partenaires puisque ce rugby l'était pour nous.

Cette envie « d'envoyer du jeu » ne s'est jamais démentie. Quand Jean-Louis a été sélectionné en équipe de France, nous avons trouvé avec Maso et Trillo des partenaires avec le même état d'esprit. Jouer ce qui n'était pas prévu était une de nos forces. C'était bien la bonne compréhension des situations favorables qui guidait notre numéro de duettistes. Il ne s'agissait pas d'agir sur des codes ou sur des actions programmées pour produire un rugby sur mesure qui se contente de régularité. On se sentait bien dans la gestion de l'imprévisibilité du jeu, des multiples situations que la richesse du rugby de mouvement crée. Nos capacités mutuelles à interpréter les situations nous permettaient d'en dégager l'essentiel plus rapidement que les autres. En tout cas, elles nous permettaient de sentir les « bons coups » à faire, et donc, d'agir en conséquence.

Ce souci d'un rugby en mouvement, qui n'a de chance de se mettre en place que si tout le monde y adhère (c'était le cas), nous conduisit à proposer quelquefois des actions de jeu au-dessus de nos moyens. Aujourd'hui encore, contre vents et marées, je persiste à croire que l'excès est nécessaire à la progression d'une équipe. La contre-attaque était une de nos armes préférées avec Jean-Louis. Nos relances derrière les poteaux, sur les pénalités manquées par le buteur adverse, effrayaient nos partenaires, mais quel plaisir d'appâter l'adversaire d'un côté du terrain pour aller le provoquer de l'autre, là où il présentait une faiblesse ! Noël Brousse, un pilier pas toujours disponible pour courir derrière le ballon aux quatre coins du terrain, nous surnomma « les associés », une manière de rendre hommage à notre jeu fait d'initiatives concertées et surtout à notre capacité à évaluer dans l'instant l'orientation à donner au jeu à la main et à l'exploiter avec à-propos. À Brive, le jeu collectif était plus rôdé, chacun s'intégrait dans le système. À Toulouse, c'est davantage à partir des initiatives individuelles que le jeu collectif s'est éveillé, puis épanoui. Ce style, au départ impulsé par les « associés », se transforma en jeu pour tous et prit une autre dimension. Grâce à de bons résultats, certains d'entre nous commençaient à se faire remarquer et espéraient goûter aux honneurs des sélections nationales. Cette année-là, nous avons impulsé une dynamique dans la recherche d'un style qui collait aussi avec l'image du rugby toulousain et son histoire. Aller à la quête d'un style, c'est inclure une relation entre joueurs, entraîneurs et ceux qui sont proches, les dirigeants, voire les supporters. C'est une façon de vivre sa passion et de la partager. C'est savoir mettre en avant toutes les facettes d'un rugby qu'il s'agira de défendre pour le rendre identitaire, un atout quand les mauvais résultats pointent. Le rôle de l'entraîneur est bien sûr déterminant puisqu'il doit rentrer dans l'univers des joueurs, comprendre leurs émotions et motivations et ainsi créer pas à pas un nouveau « look ». Le « jeu sur mesure », surtout avec une équipe inexpérimentée, ne s'improvise pas.

En 1966-1967, le rugby français a donc commencé à se méfier de ces jeunes Toulousains impertinents, capables de gagner devant n'importe qui. Nous pouvions aussi perdre contre les moins bons, mais on nous colla rapidement la réputation d'une équipe joueuse, ce qui ne déplaisait pas au public, même s'il lui arrivait de s'insurger contre nos coups de folie. Quelques bons résultats contre des équipes réputées coriaces, surtout chez elles où il était quasiment impossible de gagner, interpellèrent le milieu du rugby. Ce fut le cas à Tulle. Dans la boue du vieux stade Alexandre Cueille, nous réussîmes un match nul particulièrement significatif face aux rugueux avants tullistes qui jouaient un rugby soporifique fait de conservation abusive du ballon dans des mauls interminables. Leur leader des avants, Orluc (130 kg), monopolisait la balle, tout en demandant à ses partenaires « si le public s'était enfin endormi ». En revanche, dans cette même poule, on échoua deux fois contre Brive.

J'ai abordé ces deux matchs contre mon ancien club avec un peu d'appréhension. Nous avions apprécié nos limites lors du match aller à Toulouse face à cette « grosse écurie » du Championnat. Nous nous étions mobilisés sur la qualité de leurs lignes arrière, mais ce fut la dynamique de leurs avants qui fit la différence. Je déclarais au journaliste de *Midi Olympique* que « je n'avais pas eu la chance quand je jouais à Brive de jouer avec un pack si redoutable ». Ma déclaration fut reprise dans le journal différemment. On me faisait dire « j'aurais bien aimé jouer avec ce pack ». Rien de bien grave en soi mais suffisamment pour vexer les avants stadistes qui interprétèrent mes propos en y voyant une dévalorisation de leur performance. Expérience formatrice pour un jeune capitaine que de devoir s'expliquer et être convaincant pour modifier leur angle de vue du problème que j'avais inconsciemment soulevé. Au match retour, dans la préparation du match, je ne manquais pas d'insister sur l'obligation de dépassement nécessaire aux avants si l'on voulait mériter le respect de nos adversaires. On sortit tête haute de ce match ; à défaut d'une victoire, on gagna leur estime et celle du public. De manière certainement un peu égoïste, je voulais montrer que je n'avais pas quitté Brive pour aller nulle part, que je n'étais pas un nostalgique qui s'accroche au passé, même si la décision de quitter Brive avait été un choix difficile. Ces années brivistes avaient été un apport très positif, elles étaient toujours bien présentes dans ma conscience, mais j'avais tourné la page.

La qualification pour les seizièmes de finale était l'objectif avoué et réussi, mais bien plus que le résultat, l'esprit et la manière laissaient augurer des ambitions plus grandes. Le succès contre Tyrosse à ce stade de la compétition fut apprécié et fêté comme il se doit. La troisième mi-temps (je ne parle pas de la réception avec les adversaires que chaque club organise après les matchs, mais de ces virées organisées pour rester ensemble après le dîner du soir) était spécifique au rugby et si je ne sais qui a décrit ce phénomène comme « un moment de recueillement intense et solennel qui unit toute l'équipe et qui lui appartient », je trouve que c'est une bonne définition. Le caractère convivial que ces troisièmes mi-temps généraient n'est pas à rejeter. Quand le degré d'alcoolémie s'élève, elles n'étaient pas, et ne sont toujours pas, ni recommandées ni souhaitables. Les justifier sous prétexte de « souder » le groupe, créer la bonne ambiance, préserver la cohésion et le bien vivre ensemble indispensable au sein de l'équipe, peut être profitable. Mais, à l'époque, on tombait quelquefois dans la démesure. Malgré tout, on avait bonne conscience, on se rassurait en arguant qu'on ne buvait pas une goutte d'alcool le reste de la semaine. Même les entraîneurs l'acceptaient comme faisant partie de la performance globale. Mal nécessaire, elle était alors, et continue d'être perçue auprès de l'opinion comme un gage de bonne ambiance au sein d'une équipe. De là à lui accorder des valeurs réinvestissables dans la performance en compétition, il n'y a qu'un pas et je ne le franchirai pas. Je me rappelle que cette victoire en seizième fut donc particulièrement fêtée. Le trésorier du club, en mal de finances en cette fin de saison, avait senti qu'il devait faire un geste pour nous aider à mieux passer la soirée. Alors que nous récupérions dans le vestiaire, il s'était « positionné » près de la porte et engageait supporters et dirigeants à venir nous féliciter. Mal leur en prenait car après avoir partagé avec nous les joies du succès, il leur était demandé une « petite participation pour les joueurs ». Ce bon trésorier gardait un billet de 100 francs dans les mains, ne laissant pas aux heureux élus le choix de la somme pour la visite guidée du vestiaire…

Les quarts de finale nous tendaient la main. Il fallait battre Angoulême, équipe largement à notre portée. Mais ce jour-là, la troisième mi-temps précédente nous fit certainement plus de mal que de bien. Nous avons été très mauvais. Cette saison-là, nous avions gagné facilement contre notre « bête noire », Périgueux, chez eux et à Toulouse. Le public des Ponts-Jumeaux commençait à manifester son attachement à cette jeune équipe. Suite à une rencontre gagnée dans la douleur, Raymond Sauté, journaliste éminent du rugby dans *La Dépêche du Midi*, soulignait le comportement « supporter » du public : « Le cœur du public bat maintenant à l'unisson des Rouge et Noir. Ce n'était pas ces saisons dernières qu'il aurait perdu son sang-froid pour si peu. »

- 3 -

LE XV DE FRANCE

Premiers pas contre l'Irlande

En 1967, les bonnes performances du Stade Toulousain me permirent d'obtenir mes premières sélections en équipe nationale. D'abord comme remplaçant. Position confortable pour appréhender l'ambiance du XV de France. En effet, les remplaçants ne l'étaient que jusqu'au coup d'envoi. Ils devenaient alors spectateurs, puisque le règlement ne les autorisait pas à prendre part au match. Cette participation sans sélection contre l'Écosse à Colombes me permit de retrouver des joueurs entrevus dans le Championnat ou dans les diverses sélections précédentes, mais aussi d'en découvrir certains. Ce n'est pas mal de pouvoir s'imprégner du contexte, de ne pas être lâché sans parachute dans le bain international. Ce premier match est perdu 8 à 9. En ce début de Tournoi, la France n'était pas au mieux. Après une petite victoire contre la Roumanie, la défaite de Colombes contre l'Écosse laissait pressentir des modifications.

Les Australiens arrivaient justement pour deux matchs contre France B et un test. Jean Prat, alors homme de terrain du XV de France, me fit comprendre qu'une bonne performance en B était une chance à saisir pour disputer le test de Paris avec les A. Je traînais une grosse béquille du match de Championnat précédent avec le club. Après un ultime entraînement, et beaucoup de regrets, je déclarai forfait. Ce match avec la B, à Toulouse, je le sentais mieux. Du coup, je ne fus même pas remplaçant pour le test parisien. Jean Prat voulait un arrière offensif, il choisit Jean Gachassin à Paris. Jeannot était un merveilleux attaquant polyvalent, il pouvait jouer partout, mais il ne donna pas satisfaction puisque pour le deuxième match du Tournoi, Claude Lacaze reprit la main. Je retrouvai ma place de remplaçant. Après la victoire contre l'Angleterre, Jean Prat souhaitait me voir évoluer au meilleur niveau. La venue de l'Italie à Toulon lui en donna l'occasion. Cette première sélection n'avait pas la saveur des joutes du Tournoi qui faisait vibrer la France, grâce à Roger Couderc. Situé en plein Tournoi, ce match pouvait toutefois servir de tremplin. Ce fut facile (62 à 0), mais j'eus un peu de mal à m'exprimer dans le contexte de ce match, pourtant fait de mouvements incessants dans lesquels j'aurais dû me trouver à l'aise. Je compris vite qu'une fois le score acquis, ce match devenait pour certains un match de sélection. Je proposais des solutions en attaque, au bon endroit, mais le ballon m'arrivait rarement. Quand une bonne occasion se présentait, les anciens se cherchaient entre eux. Je restais sur ma faim. Sur une des rares occasions où je reçus un bon ballon, je pouvais faire 40 mètres seul pour aller marquer. Je vois à mon côté Christian Darrouy, ailier et capitaine de l'équipe qui était reconnu pour sa vitesse. Je lui passe le ballon pour un essai imparable. Mais il est repris par son adversaire direct… Il me reprocha vertement cette passe que je voulais valorisante et qu'il ressentit comme un cadeau empoisonné du fait de l'échec. Mon esprit collectif m'avait joué un mauvais tour. Ce match me permit tout de même de faire apprécier mon potentiel défensif en stoppant sur notre ligne de but et en rejetant dans son camp Franco Gargiulo, deuxième ligne italien plutôt gaillard.

J'en profite pour faire une petite parenthèse. J'ai retrouvé Franco en 1978 à mon arrivée à Rome, lorsque je pris en main l'équipe d'Italie comme entraîneur. Il vint me trouver, me demandant si je le reconnaissais. Il vit mon hésitation et me rappela ce plaquage que je n'avais bien sûr pas oublié. Cela lui avait coûté sa place en équipe nationale et provoqué pas mal de quolibets dans le milieu du rugby transalpin. Il faut dire qu'à l'époque les gros gabarits se frottaient rarement aux plus petits, surtout à un arrière. Il se serait bien passé de cet épisode qui, me dit-il avec son exagération toute latine, avait « ruiné sa carrière ». « Tu comprends, ce plaquage m'a fait faire "*brutta figura*". » À savoir qu'il avait donné de lui-même une très mauvaise image. Nous sommes devenus par la suite de grands amis. Il fut un guide attentionné pour me faire apprécier la vie italienne. Son réseau de connaissances me permit très vite de comprendre les Italiens et la vie à Rome. Je devais me faire pardonner ce plaquage. J'ai profité de cette période italienne pour suivre les matchs du Tournoi des cinq nations. Je jouais avec l'amicale des anciens internationaux. Les vendredis soirs, avant le vrai match du samedi, nous rencontrions nos homologues britanniques. J'ai invité Franco à jouer avec nous dans ce cadre. Cette invitation le combla. L'admiration que les Italiens de l'époque avaient pour le jeu français était réelle. Ce rugby leur semblait inaccessible. Franco joua régulièrement avec notre équipe d'anciens sauf, bien sûr, lorsqu'on rencontrait les Italiens.

Mais revenons à ce match contre l'Italie qui ne me satisfaisait pas. Il m'apporta peu puisque je me retrouvai remplaçant le match suivant contre le Pays de Galles, mais il m'apprit que l'état d'esprit d'une équipe nationale ne pouvait être celle d'un club, que les comportements plus individualistes étaient liés au fait que l'on ne savait pas vraiment ce que l'on attendait de nous collectivement. On nous demandait de jouer sans restriction particulière mais sans projet de jeu, même minimalement défini. Cette liberté était intéressante, mais il manquait des principes communs à tous qui nous auraient rassemblés autour d'un style de jeu. Chacun exploitait au mieux ce qu'il savait faire. La valeur de chacun devenait relative puisque elle n'était jamais réellement évaluée. C'est pourquoi le Comité de sélection était appelé avec humour le « Comité de la hache » parce qu'il tranchait abusivement, selon les performances, la tête des uns ou des autres. Les changements d'un match à un autre étaient toujours nombreux, ce qui ne nous mettait pas en confiance et renforçait la tendance au jeu pour soi, au détriment du jeu au service de tous, sauf quand quelques joueurs partageaient la même conception du jeu. En le concrétisant ensemble, on avait plus de chances d'être à la hauteur. Je conservai néanmoins mon poste de remplaçant, puis je fus appelé pour jouer le dernier match du Tournoi contre l'Irlande à Dublin, avec la première place du Tournoi en jeu, un véritable challenge. Le match se révéla difficile. Il se déroulait dans de mauvaises conditions, il faisait froid et il y avait beaucoup de vent. Un temps idéal pour les Irlandais. Notre fébrilité en début de match s'estompa progressivement. Il le fallait bien pour récupérer les chandelles allumées par Mike Gibson. Je me rappelle parfaitement ce début de match et surtout la difficulté d'apprécier les trajectoires du ballon tourbillonnant dans le ciel noir de Dublin. Ce n'était pas un match pour les attaquants, mais je m'en suis accommodé et j'ai bien fait mon boulot dans le registre classique imposé par les Verts, un domaine où j'étais attendu puisque ce n'était pas sur ce type de compétences que j'avais été retenu. Cette victoire à Dublin, dans le match et dans le Tournoi, me donna cette fois l'impression d'être vraiment entré dans le XV de France de manière durable. Avant ce match, on m'avait dit : « Tu vas voir, tout va plus vite. » C'était vrai, mais ce n'est pas tant la vitesse qui m'a surpris que la combativité déployée par les Irlandais. Je ne sais quel combustible ils utilisaient pour se jeter pendant 80 minutes sur tout ce qui bougeait. Paradoxalement, leur engagement nous avait aussi sublimés. Leur agressivité fut communicative et les avants tricolores, pas ingrats, ont répondu à l'affrontement musclé proposé.

Outre la victoire, je retiens de ce match qu'il a rendu possible ma rencontre avec un personnage d'exception, le talonneur irlandais, le docteur Ken Kennedy. Difficile à l'époque qu'un talonneur et un arrière se rencontrent dans une phase de jeu. Ken réussit cette gageure. Sur un ballon que je tentais de soustraire aux mains adverses en me couchant au sol, le n°2, crampons en l'air, me sauta allègrement sur le ventre. Viril, mais correct, pensa l'arbitre. Il n'y eut pas de pénalité. Sur l'arrêt de jeu consécutif, alors que je restais au sol et grimaçais de douleur, le docteur se rapprocha et me dit dans le meilleur français : « Ce n'est rien, avec une Guiness, ça ira mieux ce soir. » Un trait d'humour que je ne goûtai pas dans l'instant. Mais le soir, à l'apéritif, à mon arrivée au banquet, Ken m'apporta la fameuse Guiness. Je compris que le combat était fini, qu'aucune excuse ni explication n'était nécessaire, le moment était à la fête et à l'amitié. Il faut dire que l'esprit fusionnel des après-matchs, qui alors présidait entre adversaires, permettait d'oublier les vacheries du terrain. Et au bar, il devenait difficile de distinguer agresseurs et agressés. À la suite de quoi, chaque fois que j'ai rencontré l'Irlande, avant d'entrer sur le terrain, Ken me tapait sur l'épaule en me glissant « bon match, *take care* », une façon de me rappeler le contact un peu rude de notre première rencontre. Il en a toujours été ainsi avec Ken et, dans la mémoire des joueurs de ma génération, il est le plus français des Irlandais. Nous sommes toujours restés en contact. Je l'ai invité à Rome pour un stage d'entraîneur, il était à Pompadour pour l'inauguration du stade et il nous invita avec Jo Maso à fêter ses 60 ans à Londres, à l'occasion de sa retraite, en présence de nombreux ex-internationaux de tous les pays. « Merci Docteur », s'il ne m'avait pas piétiné, je serais peut-être passé à côté d'un mec bien. Ce premier match dans le Tournoi sera suivi d'une convocation pour la tournée en Afrique du Sud. Elle s'étendait sur deux mois avec dix-huit matchs au programme. Le contexte était idéal pour acquérir la confiance indispensable afin de s'installer durablement au haut niveau.

Une saison 1967-1968 capitale mais douloureuse

Quoi de mieux que de rencontrer les All Blacks, l'équipe la plus admirée dans le monde de l'ovalie ? Cette chance me fut accordée lors de leur venue en novembre 1967. Convié à jouer un premier match avec France B, je ne laissais pas passer ma chance à Toulouse, et dans la foulée de ma bonne prestation au Stadium, j'étais convoqué huit jours plus tard à un deuxième défi, celui-ci d'importance, le seul test des Blacks en France, à Colombes. Ce deuxième défi, contre les « Tout Noirs » invaincus dans leur tournée de plus de vingt matchs et auréolés d'un Grand Chelem contre les quatre nations britanniques, était passionnant. Avec France B, on avait plus que tenu la route, et la sélection pour le test, composée de pas mal de joueurs ayant participé au match de Toulouse, était révélatrice de notre performance. Pourquoi pas un exploit ? Leur style était moderne et préfigurait ce qui fut appelé plus tard le « rugby total », une façon de jouer alors jamais entr'aperçue en Europe. Je compris aussi que j'allais faire mes grands débuts à ce niveau devant le public français. Avec Jean Gachassin à l'ouverture, Jean Trillo et Claude Dourthe au centre, Jean-Michel Capendeguy, qui nous quitta quelque temps plus tard, et André Campaes aux ailes, nous rêvions d'attaque. Mais le score restait serré. On faisait de la résistance en attendant mieux. On s'y appliqua, mais l'on subissait inexorablement la pression tout terrain des Blacks. Je me mis en évidence sur deux occasions par la netteté de mes plaquages… À défaut de développer le jeu que nous rêvions de faire.

Mais la chance n'était pas avec moi. À la 30e minute, sur un énorme « *up and under* », j'étais un peu court à la réception et je cherchais à sauver la balle en glissant sur mes genoux quand je fus brutalement percuté et méchamment piétiné par la meute des avants noirs. Je ressentis une brûlure atroce sur le flanc gauche du dos.

Allongé au sol, j'espérais que ce ne serait qu'un coup, une douleur passagère. Abandonner ce match ne m'est sincèrement jamais venu à l'esprit, d'abord parce que j'avais envie de le jouer et ensuite pour ne pas laisser mes équipiers à quatorze puisqu'il n'y avait alors pas de remplacement. Malgré la domination globale des Blacks, le match était loin d'être perdu, je réussis même 2 pénalités après ma blessure. J'attendis la mi-temps, sifflée sur le score de 11 à 9 pour les Blacks, pour me faire examiner par le médecin français. Il m'administra une piqûre de novocaïne qui me fit un effet très relatif. Suffisant cependant pour passer un but de plus et pour mener au score. Ce n'était vraiment pas le moment de craquer. La douleur était là et ne me lâchait pas. Je me comportais comme si tout allait bien, mais ce n'était pas le cas. Tout le monde oublia l'incident. Après en avoir parlé avec quelques journalistes et amis, personne ne se doutait de la gravité de la blessure et surtout pas moi. Ce n'est qu'après le match, perdu glorieusement par 21 à 15, que je fis part de la douleur qui s'installait sournoisement. Hôpital, radiologie : deux côtes cassées, hémothorax et une lame d'air entre les deux feuillets de la plèvre. J'étais blessé, battu, mais heureux quand même. Le rugby est un sport rude qui ne place pas toujours les joueurs, et donc les champions, dans un cadre confortable. Il faut assumer. Les épreuves que j'ai subies, y compris par la suite, m'ont fait accepter de payer le prix du privilège au détriment de l'éclat d'une carrière. Être resté sur le terrain avec cette grave blessure est devenu avec le temps une de mes plus belles victoires, un souvenir marquant d'un match que j'avais vraiment envie de jouer, avec le regret cependant de n'avoir pu le faire avec toute mon intégrité physique.

Il est évident que le même piétinement, appelé aujourd'hui « *stamping* », aurait valu à son auteur un carton rouge. Marcel Puget, le demi de mêlée français, qui était à côté de moi en soutien, m'assura qu'il s'agissait clairement d'un coup de pied, acte encore plus répréhensible. Lui-même, emporté dans la tourmente noire de ce ruck ravageur, n'a pu identifier le joueur agresseur. Je n'ai jamais cherché à connaître le responsable. Cette blessure me contraignit à des soins quotidiens et m'empêcha de satisfaire à un stage d'un mois en établissement scolaire, obligatoire dans la validation finale des postulants au CAPES. Le rectorat me permit de le différer. Me voici donc débarquant en janvier 1968 dans un lycée de Carmaux. L'accueil que j'y reçus de la part des profs et des élèves fut merveilleux. Je garde un très bon souvenir de ce stage pour la qualité de la formation reçue auprès de mon conseiller, Monsieur Blanquet, et pour l'esprit qui existait entre les enseignants et les élèves. Un lycée paisible où tout tourne rond dans une ambiance et une chaleur humaine qui ne pouvaient que me conforter dans le choix de la carrière professionnelle qui me tendait les bras.

On crut pendant quelque temps que je ne rejouerais pas au rugby. Je ne repris l'entraînement avec mon club que début 1968, soit un mois et demi plus tard. Je n'étais pas compétitif pour le premier match gagné du Tournoi. Rejouer avec le Stade Toulousain me permit de retrouver rapidement l'équipe de France pour jouer l'Irlande à Colombes avec une deuxième victoire à la clé où, cette fois, mes qualités d'arrière offensif purent s'exprimer. Tout allait donc bien, mais lors d'un match de sélection, comme on en faisait à l'époque, une petite douleur tenace s'installa dans mon dos. Je l'attribuais aux côtes cassées. Je profitais d'un contrôle que m'avait imposé le professeur Delaude pour lui en faire part. Peu satisfait de son examen, il ordonna immédiatement une radio qui décela un saignement dans la plèvre, provoquant l'accumulation de sang en bas du poumon, entre les deux feuillets. Cette rechute me fit perdre un mois supplémentaire. Je ratai le reste du Tournoi et surtout, je regrettais d'être absent pour le dernier match à Cardiff qui scella le premier Grand Chelem de l'histoire du rugby français. Cette malchance persistante a fini par me quitter. Je retrouvais encore une fois mon club où le jeu prenait de l'ampleur et le rouge du maillot devenait de plus en plus vif. Ce n'est donc pas par hasard si nous nous sommes progressivement positionnés parmi les meilleurs. Le credo du jeu en continuité, prôné par Paul Blanc, commençait à payer. On marquait beaucoup d'essais. On avait accueilli quelques juniors dans le groupe de l'équipe première. Ces jeunes joueurs talentueux s'appelaient Jack Cantoni et Roger Bourgarel, deux ailiers qui s'illustreront ensuite avec le XV de France. Jean-Marie Bonal, ailier sprinter venu de l'athlétisme, s'était, lui, déjà fait remarquer. Il vint me rejoindre en équipe de France et joua les 4 matchs gagnants du Tournoi 1968.

Nous jetions à chaque fois un véritable défi offensif aux meilleures équipes. Marquer des essais pour bien figurer au Challenge Pernod, celui de l'attaque, nous motivait, les six meilleurs clubs étant récompensés. Nous avions l'ambition d'accéder au podium. La presse nous présentait comme l'équipe à même de bouleverser l'ordre établi. Pourtant, malgré nos performances en poule, nous n'avions pas cette régularité qui caractérise les très bonnes équipes. Largement favoris, nous aurions pu perdre contre Carmaux en seizième de finale. Malade depuis la veille, fiévreux, je ne tins ma place que grâce au traitement de cheval que m'administra le docteur Brouat. Je ne me sentais pas pour autant au mieux, mais malgré tout suffisamment dispo pour m'engager dans un long débordement parti de nos 22 mètres en fin de match. J'adorais ces mêlées près de nos buts qui laissaient assez d'espace pour aller jouer dans le côté fermé. Généralement, dans cette situation, on tape en touche. En choisissant de recevoir la balle de mon demi de mêlée, très à plat, en attaquant la balle « à hauteur », comme on dit dans notre jargon, je m'engageais, côté tribune « populaire » où étaient assis les supporters de Carmaux, pour une longue course en bord de touche et un essai imparable puisque je n'avais plus qu'à cadrer le dernier défenseur pour envoyer Bourgarel à l'essai. Bien revenu à mon niveau grâce à sa vitesse, « Bou-Bou » surgit sur ma gauche. Je n'avais donc pas à me préoccuper du côté droit. Mal m'en prit, je fus alors plaqué sur ma droite par un défenseur invisible, en l'occurrence un supporter de Carmaux qui avait enjambé la barrière et était venu me ceinturer alors que je m'apprêtais à fixer le dernier adversaire. Désarroi de l'arbitre, réaction immédiate de mes partenaires qui ramenèrent sans délicatesse le coupable dans les tribunes. On attendait tous avec intérêt la décision arbitrale. Ce cas de figure n'est pas réellement prévu par le règlement ! Bref, le jeu reprit par une mêlée, l'arbitre précisant que l'essai n'aurait pas forcément été marqué puisqu'il y avait encore un défenseur. Devant cette logique, en bon capitaine, j'acceptai la décision sans chercher à argumenter, ce qui nous valut par la suite un arbitrage favorable qui permit de finir le match sans souci pour préserver l'avantage d'un 14-12 peu rassurant, acquis au moment de l'incident.

Ce succès nous conduisit à retrouver Brive en huitième de finale pour la troisième fois cette saison. Brive et Béziers dominaient le rugby français. Mes anciens coéquipiers nous éliminèrent, nous ne pûmes que contester avec fougue, mais impuissance, leur suprématie. Pourtant, il était évident que cette équipe stadiste, même si elle manquait d'expérience, avait un avenir. Cette année-là, Lourdes fut sacré champion au Stadium de Toulouse dans une France en pleine révolution universitaire et sociale. Égalité après prolongation 9 à 9, Lourdes fut déclaré vainqueur au bénéfice de ses deux essais. La finale ne serait pas rejouée en raison de la date tardive de la rencontre, qui coïncidait avec le départ de l'équipe de France en Nouvelle-Zélande quelques jours plus tard. Je me rappelle un après-match houleux entre supporters toulonnais et CRS dans l'enceinte du Stadium, qui n'avait rien à voir avec le rugby mais s'inscrivait dans l'ensemble des mouvements de révolte survenus en France en mai-juin 1968. Durant ces journées troubles, j'avais rencontré des CRS dans les manifestations de toutes sortes qui fleurissaient et que tout étudiant digne de ce nom suivait logiquement en France, et bien sûr à Toulouse. Je finissais mes études en éducation physique. J'avais bien réussi à conjuguer études et rugby. Restait le concours final, le CAPES, l'aboutissement de mon projet de carrière. En ce chaud mois de mai, les actions initiées par la jeunesse étudiante gagnèrent le monde ouvrier et pratiquement toutes les catégories de population sur l'ensemble du territoire. Mon implication dans le mouvement étudiant fut relative. J'y ai apporté mon soutien. Comme beaucoup, j'ai séché les cours et assisté à quelques grandes messes dans les facs occupées. On y entendait parler de report des examens et des concours dans la période où était programmée la tournée de l'équipe de France en Nouvelle-Zélande. C'est certain, je n'aurais pas sacrifié le CAPES. Mais, l'ampleur des troubles grandissant, l'État choisit de reporter les dates des examens et concours à la rentrée. Le dilemme était apparemment résolu. Pas tout à fait en vérité, puisque les tournées ne sont pas propices à la révision d'examens. Mais bon, je me disais que je pourrais toujours plancher sur mes cours dans les moments libres. Du moins, j'essayais de m'en persuader. Jean Trillo, présent à cette tournée, était aussi dans ce cas.

Dire que j'ai pu travailler sérieusement durant la tournée serait mentir, même si je m'imposais chaque jour une plage de temps minimal pour réviser. Malgré tout, le CAPES aurait pu me passer sous le nez. Un incident survint après le dernier match de cette longue tournée. La troisième mi-temps du dernier test, joué fin août contre l'Australie à Sydney, me porta à boire un dernier verre avec quatre partenaires, deux joueurs australiens et leurs fiancées, dans le quartier chaud de la ville, dans une discothèque branchée. Nous fûmes impliqués malgré nous dans une altercation avec le personnel de l'établissement dont nous nous serions bien passés. L'arrivée à la rescousse des autres joueurs français n'arrangea pas la situation. On apprécia leur solidarité, mais dans la bagarre générale de type « Far West », digne des meilleurs westerns, je reçus un vilain coup sur la pommette. Je le sentis bien, le coup avait fait des dégâts. Informés immédiatement, les dirigeants choisirent, en accord avec les journalistes, de ne pas communiquer sur cet incident regrettable. La police australienne fit son travail et nous reçûmes des excuses de la part des autorités de Sydney.

Quelle médiatisation serait faite aujourd'hui de ce mauvais épisode de fin de tournée ? L'affaire fut classée mais pas sans conséquence pour moi. La radio décela une fracture orbitale. À l'hôpital de Sydney, on ne souhaitait pas que je rentre au pays avant des examens complémentaires. Seule une décharge des dirigeants me permit de partir avec la délégation. Jean-Claude Bourrier, le manager, et la Fédération mirent tout en œuvre pour que les examens complémentaires, que mon œil tuméfié ne permettait pas de faire à Sydney, soient réalisés à Paris dès mon arrivée. Les trente heures passées dans l'avion furent difficiles, mais par chance je fus autorisé à voyager en première classe, ce qui était mieux que la « bétaillère », expression d'Alain Plantefol, deuxième ligne, qui avait bien du mal à trouver ses aises en classe économique, puisqu'à l'époque on ne voyageait pas en classe affaires. À Paris, on me confirma la fracture et, plus gênant, un abaissement du plancher de l'orbite qui pourrait nécessiter une petite intervention. J'étais inquiet. À court terme, il m'allait être difficile de réviser. Le pire aurait été de renoncer à me présenter, si, par obligation médicale, je n'étais pas à même de pouvoir satisfaire aux épreuves physiques dont certaines dites « de contact » comme, bien sûr, le rugby, mon option en sport collectif. La faculté toulousaine me rassura partiellement. On ne jugea pas utile de faire d'intervention mais de traiter mécaniquement (par rééducation) la diplopie que la blessure avait engendrée. Autrement dit, quand mon regard se déplaçait, je voyais double. C'était sensible pour la lecture, mais peu à peu je m'en accommodai. Pour l'oral, pas de problème. Plus dramatique pour les épreuves physiques, particulièrement les sports de balle, afin d'apprécier les trajectoires. À ma grande satisfaction, le feu vert me fut donné pour passer le CAPES. On me recommanda, pour l'épreuve de rugby, de n'accepter que les contacts nécessaires. Je m'y suis employé en me contentant, au poste de demi d'ouverture, de distribuer le jeu. Je suis certain que mon statut de joueur de haut niveau a beaucoup plus prévalu dans mon évaluation que la performance réalisée en cette occasion. Je fus reçu et même plutôt bien classé. Notre tournée en Nouvelle-Zélande avait été très médiatisée en France. Lors des oraux, en fin d'interrogation, on délaissait le sujet initial et on parlait rugby, preuve que nos performances avaient suscité un réel intérêt. Dans la foulée du concours, je fus nommé en octobre à Toulouse, à l'université Paul Sabatier, où je ne restai que trois mois puisque le sursitaire que j'étais n'échappa pas au service militaire, alors obligatoire.

Cette épreuve passée, je ne fus pas autorisé à reprendre la compétition avant deux mois. Je ratai donc la tournée de novembre 1968 des Sud-Africains en France, qui gagnèrent leurs deux tests devant une équipe de France peu représentative de l'esprit de jeu qui avait été le sien en Nouvelle-Zélande. Je n'allais retrouver la sélection nationale que pour le Tournoi 1969 qui, je l'espérais, allait pérenniser et valider le jeu produit dans l'hémisphère Sud. Je ressens cette période comme un moment clé de l'évolution du jeu français qui, malheureusement, n'a pas eu lieu. Le Tournoi a été mal négocié avec trois défaites et un match nul. Soulignons que ce dernier résultat a été obtenu contre les meilleurs du moment, les Gallois, au terme d'un match superbe. Le premier match à Colombes contre l'Écosse fut mémorable pour plusieurs raisons. Les sélectionneurs avaient composé l'équipe en choisissant les joueurs à même de retrouver le style entrevu en Nouvelle-Zélande. Ce jeu avait séduit les Néo-Zélandais eux-mêmes, bien que les trois test-matchs se soient soldés par des défaites en termes de résultats, mais par la victoire du jeu en lui-même. Contre l'Écosse, peu de joueurs nouveaux, hormis Jean Gachassin à l'ouverture, dont on connaissait le penchant et le talent pour se fondre dans ce type de rugby. Ce fut le match de toutes les envies et de toutes les audaces. Des vagues bleues incessantes balayèrent le terrain tout au long du match. Pas moins de dix occasions d'essai se présentèrent et échouèrent, y compris deux fois dans l'en-but, par des ballons échappés dans le plongeon final par Benoît Dauga et notre capitaine Christian Carrère. Ce rugby n'avait pas le droit d'être perdant. Malencontreusement, il le fut. Les Écossais nous crucifièrent par un « essai de rapine », Amédée Domenech aurait dit « de voleur de poules », venu de nulle part, dans un match qui ne leur a jamais appartenu. Cette cruelle défaite a enfoui l'esprit d'un jeu né au pays des Blacks qui avait pourtant de l'avenir. L'esprit du jeu était provocateur, intelligent, référentiel, il aurait dû nous apporter une reconnaissance des capacités françaises pour proposer un rugby novateur, créatif, avec ce « flair » qui, selon les Britanniques, nous appartenait et donc ne se partageait point. Le livre de Denis Lalanne *Le Bleu des maillots et des guerres*[1] a parfaitement illustré cet esprit. Cette défaite 6 à 3 fut grotesque. Nous aurions mérité, côté français, une avalanche d'essais. Cette déconvenue cassa toute une dynamique. De ce jeu total, quand on perd, on ne retient que la défaite, et pas la forme. On ne sut préserver ni le jeu ni cette équipe et on ne put utiliser cette conjoncture pour dessiner les contours d'un jeu à la française, fortement identitaire.

1 La Table Ronde.

Ce match donna lieu à un épisode singulier. Jean Salut, sélectionné en troisème ligne, ressentit une petite gêne dans le haut de la cuisse dix minutes avant le coup d'envoi. Elle fut traitée par une piqûre qui ne procura pas l'effet attendu. On peut dire « médicalement » qu'il fût piqué là où il ne fallait pas. Elle provoqua une paralysie de la jambe qui, selon le médecin, devait s'atténuer rapidement. La marche dans le long tunnel de Colombes ne fut pas suffisante pour rendre à Salut la jambe qui lui manquait momentanément pour jouer les Écossais. Jeannot, appuyé sur l'épaule d'un partenaire, était incapable de marcher tout seul. Lâché, sans soutien, il s'affala littéralement à la sortie du tunnel, nous laissant entrer sous les applaudissement du public. L'arbitre, interpellé par l'incident, autorisa son remplacement puisque le match n'avait pas commencé. Lasserre, prénom Michel, appelé avec affection « l'Obus » pour magnifier sa capacité à faire exploser ses adversaires, habituellement pilier, faisait partie des quatre remplaçants. Il entra en deuxème ligne, ce qui fit glisser Benoît Dauga en n°8 et Walter Spanghero à l'aile de la troisième ligne. De là à dire que cet incident fut préjudiciable au rendement de ce collectif, certains ont pu effectivement le penser. Il manqua certainement, mais on ne le saura jamais, l'habileté et l'assurance de Jean Salut, ballon en main, pour transformer cette amère défaite en victoire, en faire un match référence et ainsi, peut-être, faire entrer le rugby français dans une autre histoire.

Quand j'ai travaillé pour l'IRB de 2003 à 2008, j'ai retrouvé un des héros écossais de ce match, Chris Rea, centre, qui dans une interview d'après match avait magnifié le jeu français en disant « qu'il se contentait dans l'instant d'apprécier la victoire. [Il] aurait, plus tard, tout [son] temps, pour dresser la liste des essais immanquables des Français qui auraient fait de cette victoire une humiliation. » À la rituelle question de savoir quel avait été le meilleur Français, il répondit avec humour : « Tous ceux qui n'avaient pas le ballon. » Il soulignait la qualité du jeu de passe et de soutien au porteur de balle, et par là même, l'incertitude qu'il avait rencontrée pour savoir sur quel joueur porter son attention en défense. Malgré la défaite, la volonté de cette équipe de croire en son option de jeu et dans la responsabilité de tous pour l'assumer fut remarquable tout au long du match. Quand on gagne, cette responsabilisation des acteurs du jeu devient un acte de reconnaissance et, certainement, influence les prestations à venir. Quand on perd, il est facile de transformer cette qualité et cette valeur en sentiment de culpabilité. Par la suite, malgré les échecs, en acceptant de persévérer, d'oser ce pari né dans le Sud, je suis sûr que nous aurions fini par accéder à l'efficacité recherchée qui, pour le moment, se refusait. Il aurait fallu s'engager pour préserver ce jeu, ce style. En l'occurrence, il n'y eut pas une réelle remise en cause des joueurs. L'ossature dans les matchs successifs de ce Tournoi 1969 fut toujours constituée par ceux de la tournée 1968, mais le mal-être né de cette défaite perturba tout le monde. Ce ne fut pas une fuite mais un abandon inconscient. Suffisant en tout état de cause pour perdre consécutivement contre l'Irlande à Dublin et contre l'Angleterre à Twickenham. J'explique tout de même ce moindre engagement par la non-sélection de certains d'entre nous. Un jeu collectif ne peut fonctionner que si tout le monde y adhère. Maso, Trillo, Bérot, Spanghero et Dauga étaient des pièces maîtresses dans ce jeu. Personne ne fut jamais réellement écarté, mais on ne nous donna pas souvent l'occasion de rejouer ensemble, ce qui fut préjudiciable au rendement global et surtout à la pulsion d'entreprendre que communiquent les leaders au collectif. Il faut, dans un collectif, « un clan » capable de s'approprier le jeu, de s'y engager si l'on veut qu'il existe pleinement. Ceci est capital pour fédérer une équipe et peu à peu produire le « jeu gagnant », celui que l'on loue et qui est synonyme de fête. Ne plus sélectionner ensemble les joueurs clés équivalait à casser le jouet, à désamorcer un élan spontané vers le jeu, à en déposséder les joueurs. Mais quand on n'a plus rien à perdre, que l'orgueil ressurgit et qu'avec lui le processus de responsabilisation se remet en marche le temps d'un match, on ne renonce plus. On est de nouveau vivant. Ce fut le cas contre les Gallois lors du dernier match, qui se solda par un match nul devant les meilleurs du Tournoi. Il avait un parfum de victoire puisque la manière fut aussi au rendez-vous.

Sous les drapeaux (mais pas trop)

Revenons sur cette année 1969. Début janvier, j'avais dû quitter mon poste de prof pour partir sous les drapeaux. Sursitaire, je fis mes classes dans une arme peu banale appelée le « train », avec des jeunes très heureux d'être en compagnie d'un rugbyman connu. À peine arrivé, j'étais déjà parti, puisque je venais d'être sélectionné pour le match contre l'Écosse. Reçu par le colonel commandant la base, il m'accorda toute latitude pour m'entraîner quand je le souhaitais et me permettait même de manger au mess des officiers, lesquels sont devenus ainsi de fidèles supporters. J'invitai le colonel au match de Colombes. Le lundi, en rentrant à la caserne, je lui fis cadeau de mon maillot de match. Ce mois de « classes » ne fut pas contraignant. Certes, on ne fit pas de moi un soldat exemplaire. Je fus affecté fin janvier à la caserne Caffarelli, à Toulouse. Le commandant Araud, mordu de rugby et fervent serviteur du club de Castres, me confia l'entraînement de l'équipe de rugby de la garnison. Je ne faisais qu'entraîner, mon statut d'international ne m'autorisant à jouer qu'avec la sélection nationale, le Bataillon de Joinville, qui rencontrait chaque année ses homologues anglais et roumains. Cette équipe d'une petite garnison était performante. Le bon commandant « s'arrangeait » pour récupérer tous les bons joueurs de la région faisant leur service national. Cette année-là, l'équipe remporta d'ailleurs le Championnat de France interarmées.

Affecté à la salle d'armes, j'en profitais pour m'initier à l'escrime, sous les conseils du « maître », le lieutenant Lefin, bien connu nationalement dans cette discipline. Cette pratique m'apporta beaucoup sur le plan physique, mais aussi et surtout dans mes capacités à réagir, pour lire plus rapidement le jeu de l'adversaire et déjouer ses attaques. Une formation grandement convertible au rugby. Tout aussi agréable, je devais assurer une fois par semaine une séance dite de « mise en forme » pour les femmes des officiers de la caserne, ce que je fis avec plaisir. Le courant devait bien passer puisque le nombre de dames présentes à mes séances d'entretien physique augmenta très sensiblement durant l'année. Elles ne manquèrent pas de me remercier avant mon retour à la vie civile en me conviant à une fête fort amusante. Durant ce séjour, je fis aussi la connaissance du médecin lieutenant-colonel affecté à l'infirmerie. Celle-ci était située près de la salle d'armes, je passais mon temps libre à m'exercer aux premiers secours. Je suis devenu un expert ès piqûres, les fameux trois vaccins que reçoivent tous les appelés. Ceux qui les subissaient n'ayant jamais manifesté le moindre mécontentement, j'en déduisis logiquement que tout se passait bien. Cette expérience me fut utile ensuite lorsque, responsable de la section sport études de rugby, ma capacité à diagnostiquer les blessures et à les traiter étonnait toujours mes jeunes élèves qui avaient finalement toute confiance en mon jugement.

Bien sûr, réalisée dans des conditions particulières, cette année sous les drapeaux passa vite. Grâce à ce traitement de circonstance, je garde un bon souvenir de cette parenthèse. Je n'ai pas eu l'impression, comme c'est le cas pour beaucoup d'appelés, d'avoir perdu mon temps, certainement parce qu'on a su y utiliser mes compétences et me permettre de les enrichir. Je pense avoir appréhendé positivement cette période car j'ai fait abstraction de ce que je faisais hier et de ce que je ferai demain en ne m'attachant qu'aux motivations présentes.

Finale contre Bègles

En club, cette année 1969 faillit être historique. Elle nous conduisit en finale contre Bègles. Résultat ni programmé ni attendu, mais la quatrième place obtenue au Challenge de l'offensive était significative d'une belle évolution. Pourtant, en cette fin de saison, le jeu toulousain se délitait. La fin des matchs de poules fut difficile. Paul Blanc avait remanié la composition de l'équipe, espérant une réaction d'orgueil.

En me plaçant à l'ouverture et Jean-Louis Bérot à la mêlée, il pensait que notre « complémentarité-complicité » dans la gestion du jeu allait dynamiser le collectif. Jacques Larnaudie, un jeune très doué en contre-attaque, prenait ma place à l'arrière. On ne nous accordait pas beaucoup de crédit pour être compétitif lors des phases finales d'autant que la vie collective de ce groupe avait été ébranlée par les conséquences d'un accident de voiture survenu à deux de nos coéquipiers. La blessure grave de l'un d'entre eux porta l'affaire devant les tribunaux. La bonne entente qui existait entre nous, qui est un facteur influent sur la performance dans une équipe de rugby, s'était alors un peu détériorée. Seule la victoire et le terrain peuvent ramener la cohésion dans une équipe quand, quelles qu'en soient les raisons, les distensions affectives se glissent sournoisement dans la vie d'un groupe.

Nous arrivons néanmoins à Valence, en seizième de finale contre Tulle, sur un terrain pelé comme il n'y en a plus aujourd'hui. Le match est serré et le mistral souffle. Nous sommes à égalité dans les dix dernières minutes de jeu lorsque survient une pénalité pour Toulouse à 48 mètres des poteaux adverses. Avec le vent dans le dos, un coup de pied largement dans mes cordes. Pas un partenaire ne pouvait imaginer que je n'allais pas la tenter. Mais au moment où je voulus le signifier à l'arbitre, Monsieur Filiatre, l'un des meilleurs arbitres du moment, anticipa ma décision et me glissa doucement à l'oreille : « Monsieur Villepreux, je me suis trompé, je vous ai accordé la pénalité, mais elle aurait dû être en faveur de Tulle, ce serait plutôt sympa si vous tapiez en touche. » Ce que je fis, à la surprise de mes partenaires. Nos adversaires et le public pouvaient y voir une raison tactique, celle de se rapprocher de l'en-but adverse, compte tenu de la domination que nous exercions sur nos adversaires depuis le début de la seconde mi-temps grâce à l'avantage du vent. À mes partenaires, je justifiai mon choix en disant que « je ne sentais pas très bien cette pénalité ». Je n'ai parlé de cette histoire que bien plus tard, après que Monsieur Filiatre a mis fin à sa carrière. Si j'avais communiqué sur cette requête, cela aurait certainement discrédité cet excellent arbitre. Trois raisons ont motivé ma décision : d'abord, la difficulté du coup de pied à ce moment particulier du match où, tactiquement, le choix de rechercher une touche près de la ligne de but adverse n'était pas absurde ; la teneur de la demande, qui ne m'est pas apparue comme un ordre mais plutôt comme une information, voire une invitation ; enfin, parce qu'il est rare, sur le terrain de jeu, d'entendre un arbitre dire qu'il s'est trompé. Sur la touche successive, nous avons récupéré la balle et marqué l'essai victorieux. Cet essai, arbitralement parlant, pouvait prêter à confusion, mais rien d'illicite ne fut retenu par l'arbitre. La suite me donna raison. Monsieur Filiatre, à la réception d'après-match, n'évoqua pas cet épisode. En revanche, il me demanda si nous pouvions ramener à Toulouse sa fille, alors étudiante dans la cité rose. Elle était plutôt jolie. Cette proposition s'est avérée très facile à accepter, elle reçut l'accord inconditionnel de l'équipe.

À partir de ce match, le jeu stadiste prit du volume. On avait échappé au pire en seizième, les huitièmes avaient une odeur particulière puisque nous allions rencontrer Agen, champion de France en titre. « Aucune chance », disaient les pronostiqueurs. Le match se déroulait à Biarritz, pas de vent, du soleil et une bonne pression psychologique, celle qu'il convient d'avoir quand on est donné perdant. Elle autorise l'audace et génère la chance. Ce fut du beau rugby, une belle victoire. Battre Agen à ce niveau de compétition ne pouvait que nous rassurer et apporter encore plus de confiance. Maintenant, « il fallait aller au bout de l'aventure », comme nous l'avaient souhaité sportivement les Agenais. S'ensuivirent des victoires en quart de finale contre Clermont-Ferrand et en demi contre Brive, « enfin » contre mes anciens partenaires. Pas de triomphalisme mal placé sur cette rencontre, Brive avait réalisé un match de très haut niveau. Nous avions fait preuve de courage et d'un bel opportunisme. Quelquefois, gagner sans être le meilleur peut suffire, comme ce fut le cas, mais je compris la déception des Brivistes.

On s'attendait à rencontrer en finale une autre grosse cylindrée du Championnat et ce fut Bègles. Comment est-on arrivé à sous-estimer les damiers de la banlieue bordelaise ? Je ne sais pas ! J'aurais personnellement préféré ne pas endosser le statut de favori. J'aurais aimé disputer cette finale dans le Sud-Ouest. J'avais déjà joué une finale avec Brive à Lyon et je l'avais perdue. Ce n'est pas faire offense à Lyon ni aux Lyonnais, mais à l'époque les finales jouées à Toulouse ou Bordeaux dégageaient une autre ambiance, elles généraient un souffle qui poussait à se dépasser. Je parle peut-être ainsi parce que je n'ai jamais gagné à Gerland. Peut-on mieux se sublimer dans un stade plutôt que dans un autre ? J'aurais tendance à le penser. Je ne me rappelle pas avoir senti un public enthousiaste, mais peut-être que la performance du jour des deux équipes n'en valait pas la peine. C'est idiot, mais si certains stades paraissent magiques, c'est souvent grâce à l'ambiance que le public génère, il crée les conditions favorables à une meilleure performance. D'autres éléments dérangeants étaient venus perturber notre préparation. Notre ascension vers la finale avait fait émerger quelques problèmes entre certains joueurs. La concurrence au poste d'ailier entre Bourgarel et Élie Bonal, le frère de Jean-Marie, avait créé quelques tensions. J'avais dû passer pas mal de temps à résoudre ce qui était un problème insoluble : il fallait faire entendre aux deux parties l'inexplicable. Argumenter sur les raisons du choix d'un joueur à la place d'un autre n'est pas aisé. Les faux-semblants et raisonnements ne sont pas de mise puisqu'il s'agit bien, non pas de convaincre le déçu (c'est impossible) mais de faire plus simplement accepter que c'est bien le meilleur du moment qui est choisi dans le cadre d'un raisonnement objectif. J'ai perçu mon rôle de capitaine autrement. Cette expérience, la première du genre depuis mon arrivée au club, mit en évidence les clivages cachés qui peuvent exister dans une équipe, ceux que l'on ne voit pas, que l'on ne ressent pas et qui surgissent quand on s'y attend le moins. Simples difficultés ou gros obstacles, ces tensions sont un frein pour atteindre le résultat attendu. Ce fut un épisode stressant, mais dont on se souvient surtout quand on se lance plus tard dans un travail d'entraînement.

C'est un peu facile de justifier un mauvais match et une défaite par des raisons extérieures au jeu réalisé. Cette finale (la première du Stade depuis celle mémorable en 1947 devant Agen) n'aurait pas dû nous échapper. Cette défaite fut surtout celle de la paire de demis. Les « associés », Bérot et Villepreux, furent plutôt mal inspirés et ne surent ni gérer le jeu ni utiliser le potentiel de leurs partenaires.

Une interception de Trillo nous crucifia. Le journal *L'Équipe*, dans sa rubrique hebdomadaire intitulée « Interceptions », utilisa comme illustration la photo de Trillo dérobant le ballon devant Jean-Louis Bérot avec les mains et le regard en attente d'un ballon qui ne lui arrivera jamais et qui finira derrière nos poteaux. *L'Équipe* nous rappela pendant de longues années la raison d'une finale cruellement perdue, la deuxième en ce qui me concernait. J'en ai voulu à l'arbitre, Monsieur Austruy, de refuser en fin de match à Bourgarel l'essai gagnant sur un en-avant que lui seul avait bien voulu voir ou imaginer. L'opinion ne manqua pas de faire remarquer que les frères Moga qui dirigeaient le club béglais étaient dans les petits papiers de la FFR (André en était le vice-président) et que, a contrario, Toulouse se situait dans « l'opposition ». Pour l'anecdote, Monsieur Austry devint un des arbitres du Tournoi la saison suivante. Puérile, l'opinion en tira les conséquences utiles.

Que dire ? Dommage ? Non ! C'était plutôt « bien fait pour nous ». Déçus et conscients de notre piètre performance, on ne refusa pas pour autant une haie d'honneur aux champions sur le parvis de la mairie de Lyon où nous accueillit le premier magistrat de la ville. On prit une revanche dérisoire contre ces mêmes Béglais, une semaine plus tard, pour la finale du Challenge Béguerre, appelé aussi « le challenge du pauvre » parce qu'il réunissait les équipes qui n'avaient rien gagné dans la saison. Blessé lors de la finale sur un plaquage illicite (un coup de tête involontaire de Jean Trillo qui est mon ami), je n'ai pas pu participer à ce deuxième match au Stadium de Toulouse. Mes partenaires jouèrent comme on aurait dû jouer la finale. Le public venu nombreux apprécia le spectacle. Au repas d'après-match qui suivit, les chants des Béglais surent nous rappeler que c'était bien eux les champions. Je pense qu'aucun des Stadistes participant à ce match ne l'a oublié. Durant les années suivantes, jusqu'en 1974, le Stade obtint de bons résultats, resta dans le gotha des clubs français, mais n'atteignit pas la finale. Nous n'obtiendrions aucun titre, à l'exception du fameux Béguerre dont le trophée, inamovible au milieu du club-house, était devenu une source de plaisanteries.

Des saisons inachevées

La saison 1969-70 fut rugbystiquement l'une des plus accomplies en termes de qualité de jeu. On faisait de nous les favoris du Championnat. On expédia lourdement Mont-de-Marsan en seizième, ce fut le dernier match d'André Boniface, revenu au poste d'ouvreur aider ses équipiers montois. Ce club ne retrouvera jamais plus le standing qui avait été le sien. André n'était pas vraiment fâché, il appréciait tellement le beau jeu. Ses compliments et commentaires d'après-match confortaient notre rugby. On enchaîna par une belle victoire contre Biarritz en huitième, confirmant ainsi nos ambitions. Et pourtant… encore une fois, nous ne fûmes pas à la hauteur devant Grenoble, contre qui la leçon de Bègles n'avait pas été retenue. Nous avons encore trop subi le jeu adverse. La rébellion est intervenue dans les quinze dernières minutes. L'odeur de la défaite nous incommoda. Vexés, nos soudaines intentions de jeu retrouvées ont traversé le collectif. Cela n'a pas suffi. Les Grenoblois, acculés, résistèrent et nous envoyèrent en enfer. On pouvait regretter les précédents échecs. Cette défaite laissa des traces dans les esprits. Ces deux échecs successifs, pratiquement pour les mêmes raisons, imposaient une réflexion sur les causes de cette apathie collective qui nous touchait dans certains matchs et pas dans d'autres. J'ai vécu comme joueur, et subi comme entraîneur, ces matchs perdus que l'on n'avait jamais commencés, ou bien trop tard. Attendre que le score défavorable provoque cette excitation ne suffit pas. J'ai retenu la leçon. Mon discours d'avant-match, avec les équipes que j'ai entraînées plus tard, quel que soit leur niveau, a toujours mis en avant la nécessité de provoquer le jeu dès la première minute, sans attendre. Cette envie collective ne se décrète pas à la demande ou ponctuellement pour un match, elle doit s'ancrer dans l'esprit des joueurs grâce à l'insistance de l'entraîneur. Message qu'il ne s'agit ni d'interpréter ni de négocier. J'ai réfléchi dans ma carrière d'entraîneur à la façon d'amener une équipe à dépasser ces phénomènes réactionnels ou cette excitation pour les transformer en une manière de vivre le rugby et de s'engager dans sa réalisation. Il s'agit bien d'aboutir à un style que l'on s'impose. Il a forcément un coût pour tous. Mais il a un coût aussi pour les adversaires quand on gagne avec le jeu que l'on a choisi.

Cette saison 1969-1970 aurait dû être la bonne. Les favoris avaient chuté, la voie royale nous tendait les bras. Battre Clermont-Ferrand en demi-finale et jouer la finale « à la maison », puisque celle-ci était programmée au Stadium toulousain, et cette fois, c'est sûr, le public aurait répondu présent. La fête finale opposa Clermont à La Voulte. Un match cadenassé qui sacra La Voulte par un 3 à 0 significatif de non-jeu. Dommage, mille fois dommage. Ce match ne fit qu'aviver mes regrets et ceux de mes partenaires. Un titre de champion manquait à la ville rose qui ne demandait qu'à s'enflammer pour le rugby, mais pas n'importe lequel. Un titre nous aurait permis de passer un cap. Malgré les bons résultats, il manquait un levier pour fédérer le club et les Toulousains. La place de finaliste ne pouvait suffire. Un titre de champion, si possible avec la manière, aurait fait prendre conscience de la nécessité de ne pas se reposer sur le passé. Le moment était idéal pour faire évoluer l'héritage, pour faire ce bond qualitatif, celui qu'imposent les bons résultats pour rompre avec ce qui avait existé.

Les saisons successives, jusqu'en 1974, apportèrent leur lot d'espoir et de déconvenues. 1970-1971 ne fut pas, loin s'en faut, un mauvais cru. On tomba en quart de finale contre le Toulon d'Herrero, celui d'André, pas de Daniel. André, le « baroudeur », n'avait pas son pareil pour faire déjouer l'adversaire. Il nous fit toucher nos limites dans l'esprit de combat qu'il convenait d'avoir dans certains matchs pour les gagner. Les défaites dans le combat par manque d'engagement sont plus difficiles à digérer. Aux yeux des autres, ce manque de vertus guerrières nous classa parmi les bonnes équipes, les « joueuses », mais pas dans la catégorie des « invincibles ». À partir de là, la stratégie adverse pour nous battre était logique. De là à dire que nous manquions de courage et d'agressivité, il n'y avait qu'un pas que nos adversaires franchirent allègrement. Ce n'était pourtant pas la réalité. Nous étions capables d'agressivité, y compris dans le mauvais sens du terme, quand l'adversaire nous y contraignait, mais cette rébellion se faisait au détriment de la qualité de notre jeu qui s'altérait irrémédiablement. Dans les matchs tendus, nous perdions ce qui faisait notre force et devenions « prenables », y compris face à des équipes a priori plus faibles. Nous fallait-il des conditions idéales pour pouvoir nous exprimer de façon optimale ? Sans doute.

Cette défaite a mis fin à la mission de Paul Blanc comme entraîneur. Elle n'était pas la cause de son départ, qu'il avait décidé quoi qu'il arrive. C'est en début de saison que nous avons pris conscience du vide qu'il laissait. On ne passe pas cinq ans sans s'attacher tout à la fois à l'entraîneur et à l'homme. On comprit qu'on était au bout d'une aventure, l'expérience peu à peu acquise avait remplacé l'insouciance de la jeunesse. Je remercie cet entraîneur autodidacte, comme tous ou presque de l'époque, de m'avoir fait réfléchir sur le jeu et les moyens qu'il faut mettre en œuvre pour sa réussite. La réussite d'un style de jeu est bien la conséquence de la qualité de ce jeu, qualité qui valorise les acteurs. Il m'a également ouvert les yeux sur la gestion des hommes. Ceux qui peuvent être « engueulés » parce qu'ils vont en tirer profit sans en vouloir à « l'engueuleur » et ceux qu'il faut ménager et amadouer, pour les mêmes raisons. Enfin, il m'a convaincu qu'il fallait préserver les valeurs du rugby, l'équilibre social et humain existant au sein d'une équipe.

Le centenaire de la Rose

En cette année 1971, la bonne surprise arriva d'Angleterre. La Rugby Football Union fêtait son centenaire. La FFR me communiqua l'inoubliable et incroyable invitation qui m'était faite de rejoindre, avec quatre autres Français, cinq Néo-Zélandais, cinq Sud-

Africains, cinq Australiens et deux Fidjiens pour composer une sélection mondiale. Jo Maso, Élie Cester, Christian Carrère, alors capitaine de l'équipe de France, et un jeunot qui avait brillé lors de son premier Tournoi, Roland Bertranne le Bagnérais, étaient convoqués. En pleine saison, nous avons donc délaissé les clubs et le Championnat pour trois semaines et trois matchs, dont le dernier serait le test contre l'équipe nationale anglaise à Twickenham. C'est en arrivant à Londres que je pris conscience des personnages qui allaient être mes compagnons de jeu pendant trois semaines. Ils avaient pour noms, parmi les plus célèbres, les All Blacks Brian Lochore, intronisé à la fois capitaine et entraîneur de cette « World team », Colin Meads, Ian Kirkpatrick, Brian Williams, Sid Going. Côté sud-africain, on pouvait compter sur Frik du Preez, Dawie de Villiers et Joggie Jansen, centre précurseur des gabarits actuels, tous des stars dans leur pays. L'Australie était représentée surtout par le capitaine de leur équipe nationale, Greg Davis, les autres étaient moins connus. Il faut dire qu'à l'époque, cette nation ne faisait pas partie des meilleures mondiales comme c'est le cas aujourd'hui. En fait, nous constituions une équipe en tournée. Il s'agissait de gagner sa place dans les deux matchs de préparation joués contre des sélections du Nord et du Sud de l'Angleterre pour espérer jouer le test contre l'équipe nationale anglaise. Au poste d'arrière, j'étais en concurrence avec le Springbok Ian McCallum. Je jouais le premier match avec un peu de pression puisque, logiquement, le second allait lui être attribué. Je n'aurais donc pas d'autre occasion pour rattraper éventuellement une mauvaise performance. J'eus la chance de pouvoir jouer ce match avec Jo Maso. Il était plus facile à deux de s'adapter au jeu de nos partenaires des lignes arrière, quelquefois rigides et stressés dans l'approche d'un rugby moins organisé, où l'adaptation primait. Élie Cester avait été choisi en deuxième ligne. Il fit un match remarquable dans le combat, comme il savait les faire, comme les Britanniques aiment voir jouer un avant, et je ne doutais pas un instant qu'il avait largement gagné sa place.

Ce premier match a été remporté avec cinq essais. J'en marquai trois et Bryan Williams s'appropria les deux autres. Avec Jo, le jeu sans restriction proposé par notre capitaine All Black nous convenait parfaitement et je pense que nous avons réussi à utiliser les compétences physiques et techniques de nos partenaires malgré le manque de repères et d'automatismes. On comprit vite qu'il n'y avait aucun interdit, à condition que les initiatives prises soient efficaces. Dit autrement : « Faites dans le jeu ce que vous voulez, mais ne vous trompez pas. » Ces trois essais réalisés par un arrière avaient interpellé la presse anglaise, mais surtout le public peu habitué à voir à ce poste un joueur contre-attaquer, s'intercaler sur toutes les attaques, participer au jeu offensif, c'est-à-dire autrement qu'en attendant que le ballon lui arrive et qu'il le renvoie en touche le plus loin possible. De tels comportements étaient même à ce poste, d'après un spectateur rencontré en fin de match, « *indecent* » que l'on peut traduire par « inconcevable ». Il me demanda si je savais taper dans un ballon. Je répondis que oui puisque j'avais réussi trois transformations. Pas convaincu, il me répliqua qu'un bon arrière en aurait réussi cinq. Son jugement sans concession ne fut pas partagé par notre manager puisque, avec Jo, nous fûmes choisis pour jouer le test. Les autres Français, Christian, Élie et Rolland, impliqués dans le deuxième match de préparation, n'ont pas été retenus. Rolland, blessé, fut logiquement écarté, mais les prestations de Christian et Élie auraient aussi mérité l'honneur de jouer à Twickenham même si la concurrence était rude à leur poste. Dommage car ce fut un match superbe avec cinq essais à la clé, mais je n'en marquai pas. Un me fut refusé, je n'avais pourtant pas eu l'impression d'avoir reçu la passe en avant. Cette fois, je réussis les cinq transformations. Un match devant un public venu pour le jeu et rien d'autre, c'est la panacée pour tout joueur qui aime jouer avec un grand J. L'événement était fastueux au point que nous fûmes présentés à la reine d'Angleterre, un honneur apprécié à sa juste valeur.

Avant le match, en guise de speech mobilisateur, le capitaine Brian Lochore nous gratifia d'un discours réaliste vu le contexte. Entre autres : « Nous ne sommes pas là pour démontrer individuellement quoi que ce soit, mais bien pour rendre par la qualité de notre jeu collectif un hommage à tous ceux qui ont pratiqué ce sport avant nous et au public. » Il eut un mot pour son jeune mais célèbre coéquipier Brian Williams, afin de lui signifier qu'il n'avait pas honoré sa sélection lors du premier match, il attendait de lui une autre performance. Brian marqua trois essais. Le manager de l'équipe s'appelait Michael Steele-Bodger ; on l'appelait « Micky ». Vétérinaire, ex-international anglais, il était le président des Barbarians britanniques. Il sut créer l'ambiance idéale pour que cette tournée soit comprise comme un défi sportif, et pour qu'elle soit tout autant porteuse de partage, de convivialité et, à terme, d'amitié et de souvenirs. Transformer cette équipe multiculturelle en une véritable équipe n'était pas simple. Or, cela fonctionna parfaitement dans la vie en commun, mais aussi dans le jeu lui-même. Il fit ce qu'il faut pour que nous apprenions à mieux nous connaître et accepter notre diversité. Chaque changement d'hôtel donnait lieu à une nouvelle répartition des chambres. À cette époque où l'apartheid sévissait en Afrique du Sud, il n'était pas si facile de légitimer ce type de fonctionnement en amenant sans remous Sud-Africains et Fidjiens à faire chambre commune. Cette façon de faire accepter les différences a contribué à la bonne atmosphère de la tournée. Les originalités et modes de fonctionnement des uns et des autres ont engendré une grande sympathie entre nous, il aurait été impossible d'y noter des comportements neutres ou irrespectueux. Nous, les Français, étions les trublions de la bande, toujours « chambrés » parce que souvent en retard, mais toujours disponibles pour animer la vie commune en dehors du rugby, qui restait la composante sérieuse sur laquelle on ne négociait pas. Les entraînements de Brian Lochore étaient d'une rare intensité physique. J'ai le souvenir des échauffements. Les uns derrière les autres, à la queue leu leu, nous courions autour du terrain en nous passant le ballon qui, une fois en bout de ligne, devait être ramené au joueur en tête de file. Une file de vingt-deux joueurs, à allure « footing », contraignant le remonteur de file et porteur du ballon à courir à vitesse maximale sur 200 mètres. Nous répétions ces sprints sans réelle récupération. Les Français n'aimaient pas du tout ces échauffements. Christian Carrère trouvait l'exercice satanique. Il l'avait nommé « le petit train ». Chaque matin, au « breakfast » avant l'entraînement, Christian interpellait Lochore : « *Good morning Brian, please, slowly, the little train.* » Ou encore : « *You are not lucky Brian, today english trains are on strike.* » Tous les matins au petit déjeuner, tous étaient en attente des commentaires de Christian. C'était devenu un jeu, fédérateur et drôle.

La présentation des maillots donna lieu à une cérémonie particulière. Micky, levant le maillot à bout de bras, expliqua les motifs à gros damiers de celui-ci. Cinq pays étaient honorés (le bleu français, le noir all black, le vert des Springboks, l'orange des Wallabies et le blanc des Fidjiens). Ce maillot fut bien sûr apprécié par tous. Micky semblait très fier de l'harmonisation des couleurs et la question fusa : « Comment le trouvez-vous ? » Je répondis enthousiaste qu'il était « terrible », ce qui en français est synonyme de « super ». Mais en anglais, le mot « *terrible* » veut dire « affreux ». À la tête de Micky, je compris que ma réponse et le rire qu'elle suscita de la part de mes partenaires de langue anglaise pouvaient l'avoir un peu froissé. Le quiproquo fut vite oublié. Micky remit deux maillots à chacun et quand il se présenta devant moi, il ne m'en remit qu'un, précisant en riant que « je ne méritais pas le deuxième ».

Cette tournée se termina par le grand banquet traditionnel dans les salons du London Hilton. Le discours du Prince Philip fit un tabac. Je dois dire que l'humour britannique n'est pas facilement accessible et il convenait de bien maîtriser la langue de Shakespeare pour accéder pleinement aux finesses de l'intervention. Qu'importe ! La soirée fut grandiose. Ce centenaire de la RFU, maison mère du rugby, du nom de la même ville (on n'échappa pas à la visite du collège, celui des inventeurs du jeu), nous a permis de partager des moments d'exception. De ceux qui, plus tard, comptent. Le rugby, c'est plus marquant que pour d'autres sports, apporte dans le jeu et en dehors du jeu une complicité, du respect et des amitiés. C'est encore plus vrai au terme d'une tournée victorieuse. J'ai eu l'occasion par la suite de revoir certains de mes coéquipiers dans leurs pays respectifs. Nos retrouvailles ont toujours eu une saveur particulière, celle que l'on ressent parce qu'on a partagé une toute petite tranche de vie sportive, en acceptant les valeurs acquises et drainées depuis plus d'un siècle par tous ceux qui ont pratiqué le rugby.

Nous nous sommes retrouvés, après le dernier match, pour un petit pot d'adieu dans la suite de Micky. Dans le discours de chacun, il y avait toujours un brin d'émotion, celle que l'on ressent quand on se quitte. Personnellement, je me rappelle avoir exprimé ma satisfaction puis, me tournant vers Micky, je lui suggérai « surtout de ne pas manquer de m'inviter pour le prochain centenaire, celui de 2071 ». Cet humour très british déclencha un éclat de rire général, celui qui a présidé pendant trois semaines aux relations de cette équipe particulière. Ce fut un véritable challenge, celui de produire une performance non réductible, un rugby gagnant, haut de gamme, ambitieux, voire novateur, porteur des valeurs non galvaudées de ce jeu. Nous avons tous compris le privilège d'avoir été conviés à ce centenaire.

Cette saison 1971, valorisée par cet événement, a certainement été la meilleure de ma carrière. Comment ne pas accepter, quand on est joueur, le bien beau compliment fait par le journaliste anglais Roy McKelvie : « Quand n'importe quel arrière au monde s'avance dans l'attaque, on le voit venir de loin. Villepreux, on ne le voit jamais, il surgit (*like a ghost*) comme un fantôme » ? En valorisant un joueur, un facteur particulier de son jeu, il magnifiait un rugby qui consacra cette époque et qui n'a eu la chance d'exister que grâce aux bonnes passes que m'ont distillées les précédents porteurs de balle. L'archétype du quinzième attaquant n'a de sens que par la qualité du jeu des partenaires. Cette saison s'acheva par une tournée en Afrique du Sud qui comptait beaucoup pour moi et sur laquelle je reviendrai.

Fin d'une époque au Stade Toulousain

Dans la foulée de ce centenaire, de retour au Stade Toulousain en ce début de saison 1971-1972, il convenait de passer à autre chose. Les joueurs, certes, étaient les mêmes, mais quelque chose s'était cassé. Pourquoi ? Personne ne le savait réellement et encore moins les dirigeants un peu empêtrés dans des querelles personnelles. L'état d'esprit du début que nous avions su préserver sans effort au-delà des résultats en fut-il indirectement affecté ? J'aurais tendance à l'affirmer. La solution au remplacement de l'entraîneur, Paul Blanc, fut trouvée en interne. On confia cette responsabilité à Claude Labatut qui, du même coup, mettait fin à sa carrière de joueur. Il laissa son poste en troisième ligne à Jean-Claude Skrela, à peine 21 ans, arrivé d'Auch, et à qui on prédisait un grand avenir, ce qui ne manqua pas de se confirmer. Je continuerais à entraîner les lignes arrière. Pas de crise, mais bien une remise en cause, surtout pour moi puisque les joueurs eux-mêmes demandèrent de voter pour choisir un autre capitaine. Je n'avais pas l'impression d'avoir failli dans cette tâche, mais je n'en avais peut-être pas mesuré les contraintes ni les devoirs. Surtout, je n'avais pas dû répondre à leurs attentes. Il y avait de quoi être surpris. Pour moi, la fonction de capitaine était restée celle que j'ai exprimée quand on me l'a confiée, celle d'une reconnaissance qui consistait à faire partager une vision collective du jeu, une manière de jouer. Je n'étais pas « le capitaine » au sens plein du terme, en tout cas pas celui capable de s'attacher à résoudre les conflits ni à assurer une communication sans faille, celle qui est censée créer l'harmonie et le bien vivre entre les uns et les autres. Cette remise en cause sanctionnait mes limites et me les fit mesurer. Je laissais donc la place à mon associé Jean-Louis Bérot qui l'emporta d'une voix. Il assura la fonction avec tout son enthousiasme durant la saison, à l'issue de laquelle il partit rejoindre son club et sa ville d'origine, Dax. Il me rendit mes galons de capitaine, mais me laissa un peu orphelin d'un jeu qui avait fait beaucoup pour nous réunir et nous apprécier mutuellement.

Côté entraînement, pas de changement majeur puisque Claude continua, dans la forme et le fond, l'œuvre de Paul Blanc. Les résultats n'en furent pas pour autant transformés et ce n'est pas de sa faute. Certes, son caractère entier et exigeant ne plaisait pas à tout le monde. J'aurais aimé l'aider davantage. Il était encore plus joueur qu'entraîneur. Entraîner quelqu'un avec qui l'on a joué n'est jamais évident, surtout quand les mots qu'il employait envers nous dépassaient sa pensée. Toutefois, il préféra rester dans ce type de relation avec nous. En début de saison 1973, une altercation avec l'un des joueurs entraîna sa démission. Il fut remplacé par Jean Gajan, alors cadre technique en Midi-Pyrénées. Jean récupéra une situation très compliquée, mais le pédagogue qu'il était sut faire avec. Il apporta une dynamique nouvelle dans les formes d'entraînement et dans la manière de gérer les hommes, mais il n'était pas du sérail et eut un peu de mal à pénétrer la culture toulousaine.

Les trois dernières saisons, jusqu'en 1973, n'eurent donc pas la même saveur et les résultats ont été moins convaincants. Cette incapacité récurrente à rester dans l'excellence et cette tendance à alterner bonnes et mauvaises performances m'ont amené plus tard, comme entraîneur, à me pencher sur les facteurs et leviers à utiliser dans le management des joueurs pour construire un jeu référence sans qu'il se dénature, quels que soient l'esprit et les contextes les plus favorables (c'est facile), comme les plus difficiles (ça l'est moins). Comment construire d'authentiques défis avec les joueurs ? Comment les impliquer dans l'évaluation objective de leur performance et comment les sortir de la subjectivité des analyses qui émergent chaque fois que l'on perd un match ? C'est cette objectivité qu'il s'agit bien de construire en même temps que le style de jeu choisi. L'enjeu de formation est de taille puisqu'il convient de changer la réflexion des uns et des autres sur les points d'achoppement et des différences existantes. Un tel cheminement mental, quand il est accepté, génère de la confiance, celle qu'il faut pour être soi-même en développant en jeu tout ce que l'on sait faire, quelles que soient les circonstances. Les potentialités de réflexion qui étaient les nôtres sont restées, à cette période, enfouies et remplacées par d'autres explications plus subjectives qui rassuraient et, peut-être, ne demandaient pas un surcroît d'implication et de travail.

Le regret profond, au cours de cette période où j'étais joueur, est de ne pas avoir ramené le fameux Bouclier au moins une fois. Mais si nous n'étions jamais très loin de la consécration, c'est certainement qu'il nous manquait cet ingrédient, ce petit rien qui fait basculer une bonne équipe pour en devenir une très grande, capable de se surpasser et pas seulement quand elle rencontre des adversaires de taille. Les défaites contre des plus faibles ont entretenu auprès de nos adversaires l'image d'une vulnérabilité. L'inverse se produisit à Béziers qui, dans la même période, sut imposer le pouvoir d'un jeu plus pragmatique, mais terriblement efficace. J'ai déjà parlé des dirigeants, de leur charisme. Ces dix années passées à Toulouse comme joueur me permirent de vivre ma passion du jeu avec des joueurs d'exception. Tout comme pour moi, jouer dans ce club favorisa leur carrière au plus haut niveau. J'ai parlé de Jean-Louis Bérot, mais je voudrais aussi mettre en avant Jean-Marie Bonal, Roger Bourgarel, Michel Billière et, à leur suite, Jean-Claude Skrela, Max Barrau, Jean-Pierre Rives et enfin Jean Salut. J'ai regretté que Jack Cantoni ait rejoint trop tôt Béziers. Son excentricité créatrice aurait été un plus pour le jeu stadiste.

Les petits nouveaux

Jean-Pierre Rives, joueur du TOEC (Toulouse Olympique Employés Club) puis de Beaumont de Lomagne, essayait de se trouver une vocation à l'université Paul Sabatier où j'enseignais. « Le blond », malgré mes sollicitations, ne se voyait pas venir jouer au Stade où, disait-il, « je n'aurai pas ma place ». Je crois qu'il aurait pu se satisfaire de jouer dans un club moins performant avec le risque de passer à côté de la carrière que l'on sait. Sans l'insistance de sa mère – il ne résista pas à sa volonté –, il aurait sans doute fini sa carrière à Beaumont. Ayant appris dans le cadre universitaire à mieux connaître Jean-Pierre, je compris qu'il fallait casser l'image qu'il avait ou qu'on lui avait donnée du Stade, un club pas toujours bien perçu à l'extérieur, à tort. Une bouteille de champagne cacheta la signature de Jean-Pierre chez les Rouge et Noir. Un transfert plutôt sympa qui eut financièrement le mérite de la plus grande transparence.

L'arrivée de Jean Salut fut franchement cocasse. Contrairement à Jean-Pierre, personne ne l'avait sollicité pour muter au Stade. Quand il se présenta au secrétariat du club, Robert Trézy, ancien joueur, icône stadiste, alors secrétaire depuis de longues années, l'accueillit sans considération particulière. Il signa sa demande de mutation pour le club rival dans l'anonymat le plus total. Robert Trézy lui précisa simplement que les entraînements commenceraient fin août et qu'il était conseillé d'être présent dès cette date pour gagner sa place. Jean m'expliqua, après quelques mois passés avec nous, combien il avait été surpris de voir que les joueurs du Stade n'évoquaient jamais le TOEC, et encore moins ce qui s'y passait et n'avaient aucun avis sur le club « voisin ». Inversement, au TOEC, tout ce qui se passait chez les Rouge et Noir donnait lieu à des jugements plutôt désobligeants. J'ai pu effectivement remarquer combien le club Rouge et Noir était jalousé. De manière contradictoire, cela révélait le caractère attrayant que ce club différent des autres suscitait dans le monde rugbystique. Je crois que c'est encore bien plus vrai aujourd'hui, mais pour d'autres raisons.

Ce club a pourtant toujours été ouvert à tous. L'arrivée d'un ex-All Black, Mike O'Callaghan, s'est inscrit dans cette volonté d'ouverture vers d'autres cultures. Mike, je l'avais rencontré en 1968 en Nouvelle-Zélande lors de la tournée de l'équipe de France.

Il poursuivit à l'École vétérinaire son cursus universitaire. Il nous apporta sa rigueur dans sa quête permanente d'excellence. Ce degré d'exigence qu'il avait durant les entraînements fut pour nous un exemple et un moteur qui nous poussèrent à accepter des contraintes supplémentaires. Il s'intégra totalement à la vie toulousaine, je dirais même avec facilité puisque sa femme parlait un français parfait. Spécialisée dans notre langue, elle avait une connaissance de notre littérature qui nous époustouflait toujours. Dans le même ordre d'idée, on accueillit un Gallois, Mike Griffiths, pas aussi bon joueur que Mike O'Callaghan, mais l'objectif de performance rugbystique n'était alors pas prioritaire dans ce type d'échange. Le rugby était le support, la base d'autres échanges qui conduisaient ces expatriés à vouloir dépasser leur style de vie et de pensée. Entrer dans un cadre culturel divergent, ni établi ni imposé, leur permettait ainsi de s'adapter à la vie sportive et quotidienne. Autant de dispositions qui s'acquièrent dans « le vouloir apprendre et le savoir désapprendre », mais curieusement le mécanisme était à double effet et nous touchait tout autant. C'était même peut-être encore plus vrai pour nous qui accueillions ces joueurs étrangers.

L'hommage au jeu gallois

Depuis 1968, j'avais joué régulièrement avec l'équipe de France. Au gré des matchs et sélections dans ce Tournoi mythique, il y a les bons et les mauvais souvenirs. Mais ce ne sont pas forcément les victoires qui m'ont le plus marqué, même si après le Grand

Chelem de 1968, les résultats furent plutôt bons, sauf en 1969. On remporta le Tournoi en 1970 et on resta compétitifs dans les éditions suivantes. J'ai toujours analysé les résultats par rapport à la qualité du jeu et au plaisir pris dans la réalisation d'un rugby où il s'agit bien de défier, pour ne pas dire provoquer les adversaires. Un tel esprit n'a de sens que si l'engagement de tout le collectif est sans faille. Perdre avec panache génère regrets et espoirs, gagner de manière insipide me troublait davantage. La remise en cause n'a pas la même saveur. Clairement, contre les Gallois, on ne passait jamais à côté du match. Les Diables Rouges dominaient alors le rugby européen et mondial. Ils étaient majoritaires dans la sélection des Lions (la sélection de Grande-Bretagne). Ces derniers rentrèrent victorieux des All Blacks et, dans la foulée, terrassèrent les Sud-Africains. Face à ce rugby innovant et performant, être challengers nous motivait. Les Gallois le savaient et appréciaient tout autant que nous nos confrontations. Il faut dire que nos oppositions dépassaient la seule confrontation collective. Les duels, nous les livrions par postes interposés. Le « classement » que les médias attribuaient aux uns et aux autres reste dérisoire en sport collectif, mais cela nous poussait quand même à rechercher l'excellence. Ainsi, à propos de JPR Williams, mon homologue gallois, comment ne pas admirer les qualités d'un joueur qui a su utiliser son potentiel physique comme une arme redoutable ? Tactiquement, il savait parfaitement se mettre à disposition de ses partenaires et particulièrement de ses avants. Ses remontées de ballon par le plus court chemin apportèrent au jeu une autre richesse et d'autres options tactiques, là où nous, Français, recherchions espace et fluidité. Avec lui, et les John Dawes,

Gerald Davies, les demis Barry John et Gareth Edwards, mais aussi des avants coureurs et combatifs, les Gallois des seventies ont marqué leur époque. Encore aujourd'hui, si vous demandez aux supporters des Diables Rouges quelle est l'équipe qui les a le plus marqués dans le temps, la réponse est sans détour : « Gareth Edwards' Team », identifiant ainsi l'excellence de cette équipe par le nom du plus talentueux d'entre eux. Un petit mot pour Gareth. Certainement le demi de mêlée le plus performant que j'aie été amené à rencontrer. S'il jouait aujourd'hui, il serait encore le plus grand. Il y avait le joueur, mais aussi l'homme. Le respect qu'il savait gagner sur le terrain se diffusait en dehors du terrain, sans effort. Il était attirant dans le jeu comme dans la vie. Il était porteur de valeurs humaines qu'il dévoilait avec un grand naturel. J'ai toujours eu globalement de bonnes relations avec les joueurs étrangers. Ceux qui m'ont le plus marqué ont toujours exprimé ces dispositions relationnelles sur et hors du terrain. Un adversaire qui jouait bien m'a toujours donné envie de l'applaudir, ça ne se fait pas, mais le regard admiratif porté suffit et vaut tous les applaudissements.

Quand j'évoque les Gallois, j'ai toujours une petite pensée pour l'Arms Park. Tout a été dit et écrit pour caractériser la communion qui s'est installée entre le public et son équipe au fil du temps. Les Gallois n'ont pas un esprit sportif supérieur aux autres publics, mais ils approchent la performance rugbystique autrement. Les joueurs ne rentrent dans l'Arms Park que pour y obtenir un résultat. Dans ce stade, on ne chante pas quand le match n'est pas à la hauteur. Pour s'enflammer, il faut que l'affrontement proposé sur le terrain soit à la hauteur des espérances de jeu. C'est quand la dramaturgie des actions et l'esthétisme qui y préside se combinent que les chants donnent leur vrai sens au spectacle. Du même coup, tous les acteurs sont stimulés et poussés à plus et mieux s'investir. Les Gallois chantent moins aujourd'hui. J'ai fait récemment cette remarque à un supporter. Sa réponse : « Un Gallois assis ne chante pas. » Il est vrai que le vétuste stade de Cardiff des années 1970, à l'inverse du Millenium, ne présentait pas le confort actuel où toutes les places sont assises. La majorité du public était alors debout.

On gagna le Tournoi en 1970 après un match qualitativement accompli à Cardiff dans un stade en pleine reconstruction. On fit une bonne performance en 1971, mais un de mes grands regrets est de n'avoir pas joué plus souvent avec les joueurs avec qui je partageais le goût du jeu, son esprit, en y apportant cette part d'audace qui n'est pas à risque, contrairement à ce que l'on dit souvent. Je sollicite Jean Cocteau, « le tact de l'audace, c'est de savoir jusqu'où on peut aller », pour mieux citer Jo Maso, Jean Trillo et Jean-Louis Bérot. Nous avons eu peu d'occasions de nous exprimer ensemble. Ce qui, à mon avis, est dommage. Je conçois que le choix des joueurs sélectionnés ne se fait pas sur l'empathie qui peut les lier, mais quand on a la même philosophie et que l'on ressent les mêmes émotions de jeu, on devient plus efficaces ensemble. Il n'est pas question dans mon esprit de dévaloriser ceux avec qui j'ai joué et de nier leur valeur, mais simplement de penser qu'il est plutôt bon d'avoir dans une équipe des joueurs capables de se mobiliser, de s'engager, « d'être responsables », avec toute la complicité qu'il faut pour aller vers un jeu résolument offensif et ambitieux, qui aurait pu devenir une référence, un jeu « à la française » que les autres nations avouaient ne pas pouvoir décoder.

Préparer sa révérence en Bleu

Le choix des hommes est lié au jeu que l'on veut produire. Déjà, à l'époque, s'opposaient chez les Bleus des « écoles de jeu ». Et les sélectionneurs avaient peu d'idées sur le jeu à pratiquer. Il leur était difficile de faire le choix de joueurs profilés pour un style choisi. Les formations d'équipe variaient incessamment. Les assemblages de joueurs obtenaient de temps en temps des résultats marquants. Mais là où il aurait fallu une ossature régulière de joueurs ayant les capacités et compétences (ils existaient, devant comme derrière) pour rentrer dans le jeu de mouvement et obtenir la consistance des grandes équipes, on sélectionnait des joueurs avec des profils différents, avec d'autres compétences, pas forcément à même de jouer sur la même longueur d'onde, ce qui nous convenait moins. Comme exemple marquant de cette incohérence, en six années en Bleu, j'ai joué avec dix demis de mêlée différents là où les Gallois conservaient toujours les mêmes joueurs aux postes clés. La non-sélection de Jo Maso avait à l'époque défrayé la chronique. C'était le prix à payer pour les joueurs talentueux, comme cela avait été le cas précédemment pour les frères Boniface et pour Gachassin. Certains avants ont eux aussi été confrontés à ces incohérences. Peut-être cela n'aurait-il rien changé, difficile de le savoir. Nous ne fûmes associés qu'une fois en test-match, contre la Nouvelle-Zélande en 1968. Jean-Louis Bérot jouait à là mêlée, Maso à l'ouverture et le jeu qui nous a réunis plus tard était en gestation. Ce match est resté pourtant offensivement un match référence contre les All Blacks.

Ma dernière saison en tricolore en 1972 ne fut pas une grande cuvée, même si une superbe victoire (37 à 12) contre les Anglais nous réconcilia avec le rugby, son public et les médias. Cette fois, nous étions là tous les trois : Bérot, Maso et moi. Je garde en mémoire cette envie de jeu qui nous animait. Cette prestation mérita les meilleurs qualificatifs dans la presse, y compris les tabloïds britanniques. Six essais, dont certains venus de très loin. Avant le match, les trois Mousquetaires, puisque le quatrième manquait, confièrent au capitaine Spanghero que nous allions jouer tous les ballons, y compris depuis l'en-but. Il tenta, sans succès, de nous en dissuader.

Je décidai d'arrêter ma carrière à la fin de cette saison 1971-1972. Il restait encore un match à jouer au Pays de Galles et une tournée d'un mois et deux tests en Australie. Pourquoi cette décision alors que je n'avais que 29 ans ? J'aurais pu sans souci être compétitif une ou deux saisons de plus. Mais cette dernière saison, mes prestations ne m'avaient pas satisfait. J'étais moins présent dans le jeu défensif. Moins envie de me faire mal ? Cela me persuadait en tout cas qu'il était temps de quitter le haut niveau avant d'être invité à le faire. Les blessures subies tout au long de ma carrière étaient-elles la cause de ce moindre engagement ? Peut-être. Pour avoir toujours tout donné au jeu, je me voyais mal en refuser les contraintes d'autant que les exigences du haut niveau devenaient de plus en plus grandes. Une moindre implication en sport collectif, même minime, équivaut à devenir calculateur. Poursuivre, c'était aussi, dans mon esprit, voler la confiance et les attentes de mes partenaires. Somme toute, je trouvais plutôt bien de jouer mon dernier match du Tournoi à Cardiff, d'abord pour l'admiration que j'avais pour le jeu gallois, ensuite parce que notre performance contre l'Angleterre quinze jours plus tôt nous avait rassurés quant à nos possibilités de faire une « perf » à l'Arms Park. Jouer mon dernier match à Cardiff était symbolique, d'autant plus que l'on me confia la responsabilité du capitanat. Suite à une blessure de Spanghero, on se tourna vers moi. Ce choix visait aussi certainement à me remercier pour mes services. J'eus une semaine pour ruminer, jouer cent fois ce match en l'espérant beau et grand. Tout s'y prêtait. En cette année 1972, le Tournoi avait été saboté par la décision des Gallois et de l'Écosse de ne pas se rendre à Dublin dans une Irlande agitée pour des raisons politiques. L'enjeu étant absent (il n'y eut pas de vainqueur déclaré dans ce Tournoi), on pouvait donc espérer le jeu. Je pouvais compter sur Bérot et Maso pour m'y aider. Pour ce premier et unique capitanat, je sacrifiais au rituel du discours d'avant-match, auquel, comme joueur, je n'ai jamais vraiment porté une grande importance. Qu'est-ce que j'allais bien pouvoir raconter à mes partenaires ? Transcender les têtes n'était pas dans mon style, j'ai fait dans la simplicité en mettant en avant « l'esprit qu'il fallait avoir pour battre les meilleurs du moment, celui qui nous avait transcendés devant les Anglais ». C'était ce style qui me convenait le mieux et qui aurait le mieux convenu à mes adieux. Je voulais partir en jouant le jeu que j'aime. Nous n'avons pas réussi à surprendre nos adversaires, une équipe galloise au sommet de son art. Je réussis cependant deux énormes pénalités de plus de 50 mètres, presque coup sur coup. Moi, le fou de l'attaque sous toutes ses formes, celles d'un rugby aventureux, je terminai ma carrière battu par des Gallois pratiquant ce jour-là un rugby plus structuré, plus pragmatique. Un match qui manqua de clinquant et dont l'issue fut vite oubliée dans le lot des félicitations, hommages et gestes traditionnels d'affection que l'on reçoit quand s'achève une aventure. Bien sûr, il y eut les mots de circonstance et les autres, les sincères, souvent plus anodins, peu remarqués, mais si lisibles. Barry John m'embrassa et me remit son maillot. Même si c'était le dernier, je ne pouvais lui refuser le mien. Ce maillot de Barry prit d'autant plus de valeur qu'il allait lui aussi se retirer de la scène internationale. Il avait 27 ans. Il partit en pleine gloire, presque en cachette.

J'ai écrit quelques jours plus tard, dans le mensuel *L'Équipe Rugby magazine*, un article pour évoquer mon départ. Tout le journal m'était consacré. Une reconnaissance à laquelle on ne peut qu'être sensible. J'y évoquais mes sentiments de fin de carrière et du vide qui ne manquerait pas de m'envahir quand je regarderais mes partenaires défendre le maillot tricolore. Joueurs et journalistes, français et étrangers, me rendirent un bien bel hommage. Je remercie ceux qui s'y sont exprimés, j'y ai apprécié leur sincérité, pas celle de convenance, mais celle qui se conjugue avec le respect. Curieusement, je retrouvai les Gallois une semaine plus tard. Je fus invité par les Barbarians britanniques pour participer à la traditionnelle tournée de Pâques effectuée chaque année en terre galloise pour quatre matchs en cinq jours. À l'époque, une invitation pour jouer avec les Barbarians n'était pas donnée à tout le monde. Peu de Français avaient reçu cet honneur (Pomathios, Gachassin, Lacaze et... j'en oublie peut-être un). Dans ce club peu ordinaire, on développe un concept fort, celui de l'amateurisme à tous crins, celui d'un jeu libéré (pas d'entraînement avant les matchs) dans un cadre très décontracté, ce qui ne veut pas dire que l'on jouait les matchs pour les perdre. Mais la définition des Barbarians est en soi suffisamment éloquente : « Les Baa-Baas, sans terrain ni domicile, ni vestiaires ni club-house, jouent dans un maillot noir et blanc (et conservent traditionnellement les chaussettes de leur club, province ou sélection d'origine). Ils jouent un rugby ouvert, offensif, fait de spontanéité et de risque, avec beaucoup d'essais où la victoire, bien que recherchée, n'est pas une finalité. »

Pour le premier match, je retrouvais l'Arms Park. Pas le terrain d'honneur mais le petit stade qui le jouxte, celui du club de Cardiff. Les deux coups de pied réussis le samedi précédent étaient présents dans les têtes des spectateurs. Je compris qu'il ne fallait pas les décevoir dans cet exercice, comme s'ils attendaient une confirmation de ma réussite précédente. Deux à tenter, deux réussis. Pas aussi longs, mais presque. Chaque fois que je me rends à Cardiff, les plus anciens évoquent ces coups de pied. Les Barbarians me firent l'honneur de deux autres invitations. Cet esprit des Baa-Baas me séduisait. Avec eux, je découvris le golf, sport que j'ai par la suite adopté. Dans le monde entier, avec d'autres noms, les clubs de Barbarians se sont multipliés, toujours en essayant de perpétuer l'esprit qui présida en Angleterre à sa création.

Plus tard, en 1979, les Barbarians français ont vu le jour. Je me permets de regretter que cette filiale, créée à l'initiative de la FFR, n'ait pas eu le bon goût d'associer à ce moment-là, comme membres d'honneur, les Français qui avaient porté ce maillot avec les Britanniques auparavant. Le prix à payer n'était pas élevé puisque nous n'étions pas nombreux. Il aura fallu attendre près de trente ans pour que cet oubli soit réparé. Une excellente initiative qui permet de regrouper autour du jeu, tel que je le conçois, des générations de rugbymen.

Mais à l'heure du bilan de six années en équipe de France, seules les blessures auront contrarié une série continue de sélections (35 en tout) dans les matchs du Tournoi ou lors des tournées. Au total, j'aurai participé à celles en Afrique du Sud en 1967 et 1971, en Nouvelle-Zélande et Australie en 1968 et enfin à la dernière, en Australie en 1972. Il faut préciser que l'on ne jouait pas beaucoup de matchs par an, et seules les rencontres officielles contre les nations britanniques et les trois pays de l'hémisphère Sud donnaient lieu à des « capes ». Je n'ai marqué qu'un seul essai, j'aurais pu en inscrire beaucoup plus. Mon souci du jeu collectif m'a toujours fait privilégier la passe au partenaire mieux placé. Aujourd'hui, on valorise à juste raison les passes décisives, celles qui permettent la réussite d'une action collective. Ne pas marquer n'est pas une frustration. Au contraire, cette offrande par la passe est un moment rare et fort. Faite au bon moment et avec la juste technicité, elle relève de l'art et valorise son auteur. Ce seul essai, je l'ai toujours en tête malgré tout, un modèle de jeu juste, à quatre, qui cette fois m'a conduit dans l'en-but sans avoir à chercher un soutien

Comme buteur, la réussite m'a parfois fui. J'étais plus inquiet sur les coups de pied faciles que sur les plus difficiles. Buter doit être un plaisir. C'est un art difficile, un défi qu'il faut accepter de se lancer pour y acquérir la confiance sans laquelle rien n'est possible, mais aussi la confiance des partenaires qui, quand elle est défaillante, fragilise le buteur. J'ai marqué 160 points comme buteur, dont certains mémorables. On était moins sollicité dans cet exercice que dans le rugby actuel. Il était rare de dépasser 15 points dans un match. Pourtant, ma réputation alla au-delà des frontières. J'ai même reçu la visite d'un manager de football américain. Il me proposa de faire un essai de trois mois avec les 49es de San Francisco. J'ai refusé. Motif : mes études universitaires que je devais terminer. Je reconnais que l'expérience aurait pu m'intéresser, même si le rôle de buteur en football américain n'est pas particulièrement ludique. La proposition serait venue après ma carrière internationale, j'y aurais peut-être donné une suite favorable.

En décidant de me retirer, j'ai pu mesurer en ce début de saison 1972-1973 combien le haut niveau et ses lumières allaient me manquer. Ce choix m'a-t-il amené à une baisse de performance au niveau du club ? J'aurais tendance à le croire. En tout cas, les deux saisons qui suivirent furent moins convaincantes et la défaite en seizième de finale en 1974 contre Albi scella la fin d'une époque. On vit arriver au club des jeunes joueurs avec qui j'allais pourtant faire un bout de chemin plus tard, nous y reviendrons.

De cette longue période et de ce club qui est devenu le mien, même si tout n'était pas parfait, même si nous n'avons pas accompli des miracles, je retiens une empathie générale entre joueurs et dirigeants qui généra solidarité et amitiés. On allait toujours s'entraîner avec joie, même si le mythique stade Ernest-Wallon, désuet à souhait, n'était pas le lieu le plus approprié pour se surpasser. Nous avions redonné une âme au club et une vie à son vétuste club-house. Le jeu, pas n'importe lequel, avait su nous réunir à notre insu, et c'est ce même jeu qui a créé des valeurs. Elles nous ont permis de faire de Toulouse une place forte où il devenait difficile de gagner. Cette culture du beau jeu, pas toujours réussi mais toujours recherché, ne s'est pas démentie au fil du temps et témoigne encore aujourd'hui de la façon dont s'est construit le Stade Toulousain. Le Stade a toujours été un club de novation et de réflexion. Le club organisa dans cette période les Boucliers d'automne, compétition qui réunissait les sept meilleurs clubs du Championnat et le Stade pour une série de trois matchs en nocturne au Stadium, préfiguration de ce que pouvait être une compétition de haut niveau et de la nécessité de spectacle qu'elle engendrait. Le public répondait présent à ces rendez-vous en nocturne. Cette compétition a renforcé nationalement l'image de marque du club. Les Boucliers d'automne, c'est évident, engageaient le rugby national dans une vision nouvelle de la compétition. Cette contribution du Stade Toulousain à l'évolution du rugby et à sa visibilité caractérise en partie une époque, mais cette volonté de prospection des dirigeants et des entraîneurs successifs a toujours été présente au fil du temps. L'histoire n'a jamais été reniée et chacun à son niveau a eu l'ambition légitime de faire évoluer l'héritage.

- 4 -
JOUER ET VOYAGER

L'esprit des tournées

Les tournées de l'équipe de France nous faisaient passer pratiquement plus de deux mois dans l'hémisphère Sud, en Afrique du Sud, Nouvelle-Zélande ou en Australie. Une aubaine que de pouvoir découvrir des pays à l'époque inaccessibles si le rugby ne nous en avait pas donné l'opportunité. Comment, en effet, ne pas s'enthousiasmer ? Je pouvais satisfaire à la fois ma passion sportive et la découverte de pays rugbystiquement mythiques. Bien sûr, nous n'allions pas faire du tourisme. Une tournée n'est pas faite pour satisfaire un quelconque besoin de découverte ou d'aventure. Au contraire, tout est prévu et programmé selon un rythme immuable qui enchaîne entraînements et matchs, ce qui peut laisser penser que le temps disponible limitait les éventuelles occasions de visites touristiques et de rencontres. La connaissance et les représentations que j'avais de ces pays et de leurs peuples étaient imparfaites. Elles étaient essentiellement liées à ce qui avait été dit et écrit sur les exploits des deux équipes de France qui avaient précédemment rendu visite aux célèbres All Blacks, Springboks et autres Wallabies. Alors que j'étais adolescent, les prouesses de la bande de Lucien Mias en Afrique du Sud, en 1958, et le respect qu'avait suscité le jeu de l'équipe de François Moncla lors de la première tournée française en Nouvelle-Zélande étaient encore dans mon esprit. Je mesurais l'honneur et le privilège qui m'étaient donnés d'aller me confronter à ce rugby présenté comme redoutable. Les quelques images de comportements marquants et d'anecdotes de jeu, certainement enjolivées au fil du temps, des tournées précédentes ne réussissaient pas à me rassurer sur nos chances d'être compétitifs et de rivaliser.

D'un côté, il s'agissait d'accomplir une performance sportive puisque l'occasion nous était donnée pendant deux mois de ne penser qu'au rugby, en se préparant comme des professionnels. De l'autre, malgré tout, il y avait l'espoir d'en profiter pour découvrir le monde et d'autres modes de vie. Peut-on vraiment le faire quand on est placé dans le confort douillet d'une vie quotidienne qui vise à protéger les objectifs sportifs, et ne favorise pas en conséquence les initiatives qui auraient permis de se confronter aux différences culturelles ? Nous pouvions légitimement penser que nous passions à côté de quelque chose d'essentiel. Personnellement, je percevais les obligations sportives non pas comme une contrainte, mais plutôt comme une ressource. Le biais du rugby nous procurait la possibilité d'aller à la rencontre de gens qui étaient eux aussi demandeurs, curieux d'établir le contact. Il se crée inévitablement, dans un tel contexte, une relation différente de celle que l'on rencontre dans la vie ordinaire où la routine empêche souvent de faire le premier pas. En rugby, il faut être prêt à échanger et ma disponibilité, mon enthousiasme n'ont jamais tiédi. Il s'agit bien d'être accessible et, pour qu'il en soit ainsi, comme dans les auberges espagnoles, il est préférable « d'apporter d'abord, si l'on veut y trouver quelque chose ensuite », même si, dans les situations qui se présentent, on ne rencontre pas chaque fois l'intérêt ou l'originalité attendus.

Les tournées étaient programmées de juin à août, en continuité de la saison domestique. Les vingt matchs prévus venaient s'ajouter à ceux de la saison régulière de notre Championnat. Ceci ne nous semblait pas pour autant être une contrainte perturbante. Au contraire, puisque nous allions vivre dans un rythme entraînement/matchs qui contrastait avec nos deux entraînements hebdomadaires en club. Ce faible volume de préparation, comparé à celui du rugby professionnel d'aujourd'hui, justifiait le statut d'amateur qui était le nôtre. En tournée, on bénéficiait des meilleures conditions pour se préparer aux matchs successifs. Le volume d'entraînements et de compétitions avait des effets bénéfiques, dans la continuité, qui nous rendaient de plus en plus compétitifs dans toutes les dimensions du jeu et cela nous conduisait à avoir un autre regard sur les objectifs sportivement attendus. On restait quand même des amateurs au sens noble du terme puisque nous ne bénéficions pas des avantages financiers qui sont liés à la pratique professionnelle. On ne peut pas dire que c'était la modique somme d'argent reçue chaque semaine (l'équivalent de 60 euros, si j'ai un bon souvenir) qui pouvait nous amener à une implication supérieure à celle qui nous animait. Ce maigre pécule nous permettait de faire face en partie à nos frais personnels, particulièrement l'achat des cartes postales et timbres. C'était mieux que rien. Pour l'anecdote, on organisait des séances collectives de signatures plutôt sympas. En fin de séance, le contrôle de ces cartes était nécessaire pour vérifier que certaines signatures du type « Zorro » ou « Thierry La Fronde » ne venaient pas se glisser parmi les autres.

La cadence des matchs (deux par semaine), des entraînements (souvent deux par jour sauf le jour des matchs), les déplacements d'une ville à une autre rythmaient notre quotidien. Il nous restait quand même du temps pour sortir de l'ordinaire, pour visiter, se balader, rencontrer des gens, répondre aux invitations diverses. Nous étions régulièrement invités dans les écoles. La tournée était une occasion pour l'enseignant de faire découvrir la France à ses élèves. J'aimais ces rencontres avec les gosses. J'adorais leurs questionnements, leurs demandes naïves et parfois impertinentes. Il faut aimer ce duel qui ordonne de satisfaire leur curiosité. Si on n'entre pas dans ce jeu, je ne suis pas certain que l'on apprécie la teneur et la richesse de l'échange. Il n'y a rien de mieux que les enfants pour accéder à la profondeur d'une culture et à ses contradictions. Vivre à l'étranger, au sein du groupe France, m'a aussi permis de mieux comprendre les facettes variées – paradoxales – de la nature française. L'enjeu sportif commun devrait logiquement être source de cohésion collective. La cohésion et la consistance d'une équipe en tournée devraient s'exprimer dans le jeu lui-même et dans la vie collective du groupe hors terrain. Or, la vie communautaire ne suffit pas pour fédérer, concilier les deux aspects. Entre les moments de mécontentement, les brouilles, puis les fâcheries, j'ai compris qu'il est utopique de penser pouvoir gérer pendant deux mois le jeu, ses contraintes et l'ambiance nécessaire pour le mettre en place. Généralement, la fédération d'accueil faisait de son mieux pour prendre en compte nos repères et notre mode de vie « franchouillards », et ainsi ne pas fragiliser la dynamique du groupe nécessaire à la quête des résultats sportifs espérés.

La découverte de la beauté et de la nouveauté des débuts de tournée ne durait qu'un temps. Il s'y succédait des moments de « déprime » plus ou moins avoués. Rien de bien grave, mais ces moments d'abattement passager se glissaient insidieusement dans le rythme de la vie quotidienne. Communiquer avec la France n'était pas facile. Le téléphone était cher, la lenteur d'acheminement du courrier énervait ceux qui attendaient des nouvelles du pays et de leur famille. Les informations les plus fraîches en provenance de France étaient données par les journalistes (peu nombreux à l'époque). Ce manque de contact palpable avec les proches devenait à la longue source de contrariété, voire de déplaisir.

Titulaires, remplaçants

Les premiers matchs permettaient à tous de jouer et de faire preuve ainsi de compétitivité pour gagner sa sélection pour le test-match. Les insatisfactions surgissaient quand était annoncée la première composition d'équipe pour le premier test-match. Pour tous, l'objectif était de jouer au moins un test contre l'équipe nationale hôte. C'était le gage d'une tournée individuellement réussie. On pouvait rentrer la tête haute au pays. Certains d'entre nous étaient parfaitement en phase avec les objectifs. Leur bon état d'esprit était communicatif pour convaincre les « contrariés » de voir de façon positive les raisons de leur présence, et donc d'assumer leurs devoirs. Pour les plus « fâchés », et quelquefois ceux-ci n'avaient pas complètement tort, c'était plus compliqué. Les meilleures explications n'étaient pas persuasives. Évincé lors d'un test, le capitaine de l'équipe justifia auprès de la presse sa non-sélection par une blessure diplomatique. Il entra dans l'opposition et en oublia par la suite de jouer son rôle. Quand des joueurs a priori incontournables étaient confrontés à ce problème, la blessure d'amour-propre dominait le bon sens et ils refusaient toute remise en cause. Il aurait été préférable que tout cela soit décidé dès le départ, mais ce n'était pas le cas. Les relations entre joueurs et dirigeants étaient de nature amicale, voire conviviale, peu axées sur le jeu, encore moins sur une logique de progression individuelle et collective. Il s'agissait pour le groupe de bien vivre ensemble, les performances en seraient la conséquence. On était loin d'une gestion mobilisatrice mise en place et en forme avant le départ, dans laquelle tout le monde aurait dû se sentir concerné. L'idée générale était celle-ci : « Il sera toujours temps de s'adapter aux événements », le capitaine, par son charisme, étant censé résoudre les problèmes quand ils se présentaient…

Aujourd'hui, le règlement permet aux remplaçants de se sentir « dans l'équipe », et donc naturellement impliqués. Être remplaçant ne semble plus être perçu négativement. « On est dans le groupe », disent-ils. Quelquefois, cela aide bien l'entraîneur, la pilule est plus facile à avaler pour ceux qui ne sont pas titulaires. À mon époque, on jouait donc avec quinze joueurs. Il y avait bien deux remplaçants, mais ils ne pouvaient rentrer que si la blessure était jugée « grave » par le médecin local. Le verdict traînait souvent en longueur. Il fallait vraiment une blessure très sérieuse pour que le remplacement soit accepté. Mal vécue, la non-sélection en test se traduisait surtout dans les entraînements par une moindre implication et par un manque de participation dans la vie collective. Le défi sportif lancé à nos adversaires ne suffisait plus et n'était fédérateur que pour ceux qui jouaient. Le relationnel, qui aurait dû unir dans ces longues tournées l'individu et le collectif, devenait alors plus vague et parfois ambigu. Il devenait difficile pour les responsables, le manager de la tournée mais aussi le capitaine, de provoquer un nouvel investissement, une pulsion porteuse de solidarité. La composition de l'équipe du premier test engendrait, ipso facto, un lot de satisfaits et un autre d'insatisfaits. 15 contents, 15 mécontents. De plus, la sélection pour le premier test garantissait en partie à un groupe de jouer les matchs importants, ceux du samedi (les tests matchs), et il devenait logique que le reste de l'équipe soit chargé de disputer les matchs de la semaine contre des équipes a priori de moindre niveau.

Bien sûr, dans l'esprit de notre encadrement et dans les discours, tous les matchs avaient la même valeur et devaient être pris en compte pour gagner sa place dans le groupe des tests. Mais cela n'était pas perçu ainsi. Pour ceux qui étaient écartés des tests, ils ressentaient moins un sentiment d'exclusion qu'une grande frustration, celle qui émerge quand on n'a pas l'opportunité de démontrer que l'on vaut « mieux que ça ». Pour certains, les dés semblaient pipés. Curieux sentiment qui instillait le mal-être, entraînant des attitudes hostiles à l'encontre des responsables. Même si ceux qui jouent les tests ne se sentent pas concernés, la vie collective en est un peu polluée. Le lien fédérateur qu'elle est censée jouer est alors brisé, puisque tous ne convergent plus avec la même chaleur vers le même objectif. Quand elle est perçue comme un désenchantement, la non-sélection altère le degré de disponibilité utile pour avancer quoi qu'il arrive. Le regard que l'on porte sur ses obligations et ses devoirs devient tout d'un coup sujet à critiques et rejet. Il s'ensuit un appauvrissement progressif des échanges en interne, et pas n'importe lesquels, ceux qui se créeent entre joueurs. Pourtant, ils comptent plus que ceux avec les responsables. Sur une longue période de vie en communauté, que ce soit comme joueur ou comme entraîneur, je n'ai jamais trouvé une équipe de France qui ait réussi à allier idéalement l'excellence de la vie collective et de la vie sportive.

Quand la reconnaissance sportive vient à manquer, tout se mélange et devient sujet de fragilisation. Pêle-mêle, tout devient sujet de mécontentement : l'obstacle de la langue, le déracinement, le manque de communication avec les siens. Même l'acceptation des coutumes locales, au départ jugées originales, devenait pesante. L'obligation de satisfaire aux invitations officielles avant les tests incombait à ceux qui ne jouaient pas et cela devenait un sujet de dérision. De manière caricaturale mais pas totalement fausse, « l'équipe des réceptions » assurait la représentativité de la France dans les invitations, l'autre équipe garantissait sur le terrain la reconnaissance sportive. J'ai été confronté à ces deux situations lors de ma première tournée en 1967 en Afrique du Sud. Je ne l'ai pas mal vécu. J'étais déjà comblé d'être là, même si cela devait se faire dans « l'équipe des réceptions ».

La gestion devient encore plus complexe si les responsables attendent passivement, comme je l'ai évoqué, que tout s'arrange avec le temps. Malheureusement, trop souvent, quand la réaction intervient, il est déjà trop tard. On peut éteindre l'incendie, mais il reste des braises. Ce vécu n'est pas inutile pour ceux qui, par la suite, se sont engagés dans l'entraînement comme ce fut mon cas. Quand on a vécu ce type d'expérience, on est mieux armé pour entrer dans un processus de partage avant que les relations ne se détériorent. Savoir favoriser la communication avant d'arriver au conflit ne suffit pas toujours, mais cela préserve l'essentiel, une adhésion, du moins une certaine neutralité. Cependant, il ne s'agit pas de croire que ce type de problème pouvait entraîner une dérégulation totale. La vie sportive ne se délitait pas pour autant et les états d'âme des uns et des autres se diluaient dans la réalité au fil des matchs, des performances et des résultats de l'équipe. Dans ces tournées, il n'y avait pas de petits matchs. Quelle que soit leur valeur présumée, je n'ai jamais senti de démotivation coupable chez ceux qui avaient été choisis. Leur fierté leur permettait de « sortir du trou », la mobilisation générée par les leaders avant chaque match faisait le reste. Les joueurs français de cette époque se nourrissaient facilement d'émotions. Il convenait de savoir les faire émerger quand les événements ne suffisaient pas à les générer d'eux-mêmes. Le défi du jeu, l'émotion suscitée, la mutualisation des compétences, l'influence de certains leaders apportaient consistance et compétitivité. Dans les quatre tournées que j'ai faites, nous avons perdu des tests, mais rarement les matchs de province, preuve que derrière les incompréhensions, l'orgueil de chacun ressurgissait simplement en se centrant sur l'essentiel. Momentanément, cela pouvait donner l'illusion que tout allait bien. Malheureusement, la dynamique et l'alchimie souhaitables pour performer ensemble se limitaient trop souvent au seul match et ne rejaillissaient pas dans la vie commune, ou alors de manière artificielle. C'est le coût à payer pour aller vers un rugby plus performant qui serait celui de tous, ceux qui sont sur le terrain et les autres. Aller vers plus d'excellence aurait nécessité une meilleure formation des joueurs et des responsables. La professionnalisation du rugby a bien permis de créer en partie un autre état d'esprit, mais les effets pervers que l'arrivée de l'argent a engendrés ont fait naître d'autres soucis et n'ont pas amené pour autant la sérénité et la cohésion souhaitées. L'argent laisse plus de liberté aux entraîneurs et managers pour prendre des mesures qui auraient été difficilement tolérées à l'époque mais, en conséquence, il soumet davantage le joueur.

Mon ambition (je n'avais alors que deux sélections en équipe de France lors desquelles je n'avais pas totalement convaincu), c'était d'être à la hauteur et de profiter de cette épopée africaine pour me faire une place dans le groupe, car la saison suivante s'avérait intéressante avec la venue des All Blacks en France avant le Tournoi et une nouvelle tournée chez eux justement. Sur les quatre tests de la tournée 1967 en Afrique du Sud, je n'en ai joué qu'un et nous l'avons perdu. Je marquais les trois seuls points de la France face aux

16 de nos adversaires. Je me rappelle comment Jannie Engelbrecht, l'ailier Springbok, m'avait proprement crucifié dans un un contre un. Son cadrage débordement ne me laissa aucune chance, ce qui est aussi une façon de prendre conscience de ses lacunes. Me construire dans le temps m'a toujours convenu et réussi. Peut-être parce que la demande de performance immédiate me faisait peur. Je n'ai d'ailleurs jamais eu à regretter cette attitude, même si le risque de ne plus être convié existait. Faible capacité d'adaptation ou manque de confiance dans mes moyens ? Certainement un peu les deux. En tout cas, durant les autres tournées successives, je n'ai plus fait partie de l'équipe des réceptions.

J'ai compris que ce n'était pas en restant dans la moins bonne équipe que l'on a des chances d'aller de l'avant et que les bonnes réponses n'étaient pas à rechercher par des conduites issues d'une quelconque frustration. Il fallait savoir dépasser le cadre des éventuelles contrariétés et adopter une « attitude positive », comme on le dit aujourd'hui. Rien n'est insurmontable surtout quand le domaine d'évolution concerne une activité sportive, que celle-ci a été choisie par plaisir et qu'il s'agit bien de savoir maintenir, voire d'intensifier, celui-ci. Savoir échouer précède la réussite. En ce sens, avoir été confronté à ces petits conflits de concurrence et rivalités diverses m'a par la suite été très profitable dans ma carrière d'entraîneur pour gérer la relation entraîneur/joueurs. Sincèrement, je peux témoigner que chacune des tournées que j'ai pu faire a mis en évidence ce que l'on peut accepter comme des faiblesses humaines et comme un management certainement imparfait. J'ai connu des équipes scindées en deux. Et alors ? Est-ce si grave ?

Faut-il chercher à résoudre les problèmes affectifs de toutes sortes quand les priorités sont ailleurs, en particulier pour les joueurs ? J'ai compris que « se lamenter » et traîner des pieds ne menait à rien ou à peu. Au contraire, engager toutes ses ressources et compétences, chercher à en acquérir d'autres et montrer son enthousiasme dans le cadre d'un plaisir partagé permet de traverser toutes les difficultés rencontrées. Cependant, pour qu'il en soit ainsi, il faut aussi pouvoir s'appuyer sur un encadrement technique préparé et compétent. Ce ne fut pas toujours le cas, surtout lors des deux premières tournées en Afrique du Sud en 1967 et en Nouvelle-Zélande en 1968.

Le président de Montauban, André Garrigues, dirigeant fédéral nommé directeur de tournée (manager), ne pouvait compenser les manques qui étaient les siens comme technicien. En plus de ses deux premières fonctions, il était aussi homme de terrain… C'était un humaniste, un homme bien, mais son rôle consistait essentiellement à suivre les entraînements dirigés par les joueurs eux-mêmes et à assumer la sélection et la composition de l'équipe. Somme toute, donner aux joueurs, particulièrement au capitaine, la charge de conduire l'entraînement n'était pas mal perçu. Il s'agissait d'une forme d'autogestion. On confiait aux joueurs, profs ou étudiants en EPS, le soin de mener les séances… Les échauffements, le travail purement technique, les exercices séparés entre avants et lignes arrière, la préparation physique nous incombaient à tour de rôle. Le capitaine prenait en main la dernière partie réalisée collectivement en fin de séance, reproduction de ce que l'on appelle aujourd'hui « l'entraînement du capitaine », qui se fait maintenant une fois par semaine, le jour avant le match, séance à laquelle ne participent pas, ou peu, les entraîneurs. Ce n'est pas chose aisée de mener de front l'entraînement et les tâches et actions que l'on propose. Tout le monde s'en accommodait, mais cette délégation de pouvoir avait des limites, celles de remettre en cause la qualité du travail demandé. En tant que joueurs, il nous était difficile d'élever le niveau d'exigence. Nous étions toujours centrés plus sur la valorisation individuelle ou collective en exploitant les bonnes exécutions. Le manque d'autorité aurait dû être comblé par un entraîneur. Cette autorité est liée au sentiment de compétence et, dans ce domaine, il y avait un vide certain que les valeurs d'exemplarité dans les règles de vie ne pouvaient totalement remplacer.

Personnellement, cette opportunité m'obligea à réfléchir sur la mission d'entraîneur et sur les exigences que cette fonction réclame. Je fus amené à porter un regard différent et plus attentif sur le fonctionnement des groupes et sur les bienfaits du partage. J'ai pu observer combien les joueurs « déçus » avaient du mal à se mobiliser sur l'essentiel, sur la raison de leur présence. Quand on vit cette situation en tournée, on peut même arriver à ce paradoxe : les joueurs en tribunes, par dépit, peuvent souhaiter la défaite de leur équipe sans pour autant en vouloir personnellement à ceux qui sont sur le terrain. J'ai eu la chance de ne pas ressentir cette exclusion, ni en club ni en équipe de France. J'ai toujours, sauf blessure, joué de manière régulière. Je comprends que cet état d'esprit s'installe de manière insidieuse, mais la force d'un bon joueur est de savoir se mobiliser sur l'essentiel et de profiter du contexte pour aller vers d'autres compétences. J'ai pris conscience que le perfectionnement n'a pas de limites, qu'il n'a de chance d'être visible que si on accepte une double contrainte : l'analyse sans concession de sa propre production, et l'analyse faite par les autres, ceux qui ont les compétences pour le faire, comme ceux qui n'en ont pas. Pour autant, je me sentais bien dans ces tournées. Elles ne m'ont jamais paru ni fastidieuses ni longues. J'ai apprécié, à des degrés divers, selon les pays, la chaleur de cet accueil qui est à la mesure des différences culturelles et des traditions. Certainement que ma connaissance de l'anglais, même imparfaite, favorisait les échanges et créait une relation particulière qui a parfois permis de dépasser le cadre ponctuel d'une rencontre. J'ai toujours gardé des relations, épisodiques mais sincères, avec certains résidents de ces pays.

L'Afrique du Sud de 1969 et 1971

En 1967, en plein apartheid, la première tournée me permit de mesurer la difficile cohabitation qui existait entre Blancs et Noirs, entre communautés et ethnies. La politique de ségrégation raciale dans ce pays ne pouvait engendrer à terme que le désordre et la révolte des soumis. Vu de France, je n'avais pas évalué l'ampleur des différences, y compris entre Blancs, avec d'un côté les Afrikanders, radicalement opposés à toute évolution et de l'autre les Britanniques, beaucoup plus tolérants. Les Blancs se partageaient le rugby d'où les Noirs étaient exclus, non seulement dans la pratique mais aussi dans les tribunes. Lors de certains matchs, on leur accordait une petite place derrière les poteaux. Du coup, ils devenaient des supporters inconditionnels des Français. À cette époque, les tournées dans ce pays n'étaient pas perçues favorablement par une partie de l'opinion publique française et nous étions sollicités pour ne pas nous rendre en Afrique du Sud afin de ne pas cautionner ce régime.

En 1971, le président Albert Ferrasse imposa, sous peine d'annuler la tournée, la présence dans la sélection française d'un joueur antillais toulousain : Roger Bourgarel. Suite à ce que j'avais pu entrevoir en 1967, je n'ai pu qu'approuver, tout comme mes camarades. Ferrasse justifiait sa prise de position en disant que sa présence était due à sa valeur de joueur, en aucun cas à sa couleur de peau. Il n'y avait, contrairement à ce qui a pu être dit à l'époque, ni provocation ni aucune instrumentalisation quelconque dans cette sélection. Je prétends que sa présence et ses performances sur les terrains sud-africains ont permis une visibilité qui a grandement aidé la cause des Noirs dans ce pays. Autant, sportivement, la tournée de 1967 fut pour moi une expérience enrichissante, autant en 1971 j'arrivais avec une notoriété liée à quatre années de haut niveau dans le Tournoi. Mais, surtout, les médias avaient envie de voir celui qui avait « chipé » la place de Ian McCallum, le célèbre arrière des Springboks, dans la sélection mondiale qui participa au centenaire de la Fédération anglaise. Mais le duel attendu n'eut pas lieu. Au mieux de ma forme, je fis un excellent début de tournée, mais j'ai vite été gravement blessé et je ne pus participer à aucun des deux tests. C'était au Cap, contre la réputée équipe de la Western Province, justement celle de McCalum. C'était une belle occasion de se défier juste avant le premier test. Engelbrecht, encore lui, est venu se rappeler à mon bon souvenir quatre ans après. Sur une attaque au large gagnante, il anticipa la passe que Jo Maso m'adressait. Il me percuta illicitement alors que je n'avais pas le ballon. Surpris par le choc, la douleur au niveau lombaire fut violente. Civière, hôpital, tournée terminée. Ce fut une énorme déception, à la mesure du plaisir que je prenais de jouer avec Jean-Louis Bérot, Jo Maso et Jean Trillo. Nous étions tous les quatre animés par une conception identique du jeu d'attaque. Cette tournée tombait à pic, à un moment où l'expérience acquise depuis un certain temps au plus haut niveau permet de s'exprimer de façon optimale. J'ai donc suivi le parcours de mes partenaires depuis l'hôpital où j'avais été admis. Le premier test fut perdu, mais le match nul au second permit de sortir la tête haute de cette tournée puisque tous les matchs de province avaient été gagnés, le plus souvent avec la manière. Ce deuxième test, je l'ai suivi depuis les tribunes puisque j'avais rejoint le groupe après quinze jours d'hôpital. Les deux équipes nous proposèrent une grande et laide bagarre générale. Du jamais vu au niveau international. Les sifflets et grondements du public, fustigeant le comportement des deux équipes, furent entendus. Les deux capitaines, Dauga et Bedford, après ce long et dégradant incident, décidèrent d'un commun accord que l'on oubliait tout et que le jeu devait reprendre ses droits. Ce qui fut fait et bien. Qualité de jeu et engagement se jumelèrent. L'essai français après un exploit de Cantoni, pour un nul mérité, enthousiasma le public. Le public sud-africain aime plus que tout autre le combat des hommes que procure le rugby, à condition que la violence qui y préside s'inscrive dans le respect des règles. Mais il est aussi demandeur de ces moments d'art et d'esthétisme qui faisaient la réputation du style français.

Un autre temps fort de ce match résida dans la confrontation qui opposa le colosse springbok Frik du Preez, symbole de la force physique du rugby sud-africain, à Roger Bourgarel lors d'une action de jeu. Le joueur sud-africain en possession du ballon, avec beaucoup d'espace devant lui, déclencha la rumeur des tribunes indiquant qu'il allait se passer quelque chose puisque le « colosse blanc » avait justement en face de lui le « petit joueur noir ». Un défi qui, en Afrique du Sud, représentait forcément beaucoup plus que la simple opposition de deux joueurs de taille et puissance différentes. Manifestement, du Preez n'avait pas l'intention d'éviter la collision. Elle n'eut pas lieu car, plus vif, « Boubou » contourna son agresseur et lui sauta sur le dos. Du coup, le déséquilibre initial se transforma en un équilibre plus équitable. Surpris, du Preez résista un moment, continua à avancer, mais plus lourdement. La foule percevait que son champion allait mettre un genou à terre et elle dissimula sa déception en devenant de plus en plus silencieuse. Le silence était total quand les deux antagonistes se retrouvèrent au sol. Le jeu continuait, mais le match semblait s'être arrêté. Belle morale sportive et humaine dans ce pays des pires différences que de démontrer qu'un homme en vaut un autre. Un tel exploit réalisé plus tard aurait sûrement permis à « Boubou », premier joueur de couleur à affronter les Springboks, de rencontrer Nelson Mandela, ce qui reste toujours l'un de ses rêves.

Des dix jours passés à l'hôpital de Cap Town, outre les compétences des médecins, j'ai retenu l'insistance de mes nombreux visiteurs à m'apporter des bouteilles de vin, croyance, bien diffusée médiatiquement, qui leur faisait penser que nous buvions du vin le midi et le soir, voire au petit déjeuner. J'ai été aussi surpris par leur questionnement toujours surprenant sur l'intégration de Bourgarel au sein de notre groupe. Enfin, j'aurais aimé pouvoir partager plus librement la gentillesse et la bonne humeur des infirmières noires. Elles, si coincées quand il y avait du monde dans ma chambre, se révélaient tellement épanouies quand je me retrouvais seul avec elles.

J'ai fait d'autres visites en Afrique du Sud mais malgré l'évolution, et elle est grande, la culture, les traditions, les langues, les religions continuent de biaiser les échanges et hypothèquent les relations que l'on pourrait avoir avec les diverses communautés. Le relationnel, que l'on pourrait entretenir en interne avec la société du rugby dont on devrait pourtant se sentir plus proche, s'en trouve également affecté. Du rugby sud-africain de cette époque, je retiens le caractère physique de leur jeu. Il est certainement lié à l'histoire de ce pays. L'implantation des Blancs, largement minoritaires, s'est réalisée dans des conflits incessants. La force devenait l'un des moyens permettant aux Blancs de s'imposer en tant que groupe ethnique. Le rugby, le sport des Blancs, non partagé avec les Noirs, ne pouvait que refléter cet aspect de domination physique qu'il s'agit d'imposer à tous les adversaires sur le terrain de jeu.

La Nouvelle-Zélande de 1968

Peut-être parce qu'il s'agit d'un tout petit pays, on y ressent tout de suite combien le souffle fort du rugby constitue une part essentielle de la culture générale du pays et pourquoi, mieux qu'ailleurs, ce sport a été un facteur déterminant pour atténuer les différences sociales existantes. Cet aspect culturel explique en partie la popularité de ce sport, la notoriété de l'équipe nationale et celle de ses joueurs qui ne sont jamais oubliés par-delà les générations.

D'ailleurs, malgré leur éloignement du reste du monde, l'équipe nationale a exporté avec brio son rugby et avec lui une partie des normes culturelles et des traditions. Le lien le plus fort avec l'extérieur est le fameux Haka qui est de tradition indigène. J'ai apprécié la simplicité des rapports et les différentes formes de relations entre Blancs et Maoris, mais aussi ce qui les rapprochait le plus : leur intolérance envers tout ce qui menace leur environnement naturel et la défense de leur indépendance politique. Ce trait commun particulier favorise plus qu'ailleurs l'échange. J'ai sympathisé avec beaucoup de gens, mais particulièrement avec un ex-All Black de la génération précédente, Don McKay. J'ai rencontré ce pharmacien lors d'une balade dans le centre d'Auckland. Alors que nous passions avec quelques partenaires devant sa pharmacie, notre regard a été attiré par les jolies employées de son établissement. Il nous était difficile de passer inaperçus avec nos blazers estampillés XV de France. Venu à notre rencontre, le pharmacien nous aborda par un « *Welcome gentlemen* ». Il nous gratifia d'un sourire complice nous assurant qu'il n'était pas dupe de la raison de notre intérêt soudain : « Si j'ai bien compris, ce n'est ni moi ni mes médicaments qui vous arrêtent… » Son accueil chaleureux était empreint de simplicité, comme seuls savent le faire les Néo-Zélandais quand ils rencontrent des étrangers. Une simplicité qui ne ressemble en rien à un effort de politesse. Ce naturel est celui que l'on peut trouver entre de vieilles connaissances qui se retrouvent. En tant que Français, nous avons du mal à appréhender ce type de rencontre. Il nous faut un peu plus de temps pour déployer cette chaleur. Don nous invita à revenir le voir avant notre départ. En général, on répond poliment « oui bien sûr », mais on ne le fait pas. L'occasion des matchs joués à Auckland me le permit toutefois. Ce n'est qu'à notre deuxième rencontre qu'il me dit avoir joué avec les All Blacks de la précédente génération. Mais, curieusement, ce sont les événements et les circonstances de nos vies qui nous ont permis de nous revoir. Ce fut le cas en Europe et plusieurs fois lors de déplacements liés au rugby en Nouvelle-Zélande. Ce sera, je l'espère, peut-être encore le cas en 2011, puisque ce pays organise la Coupe du monde de rugby. À son contact et celle de sa famille, j'ai été au plus près de la vie de ce pays, de son histoire et des conflits culturels auxquels il est difficile d'échapper, peu importe son monde d'appartenance. Don et ses proches m'ont permis de mieux ressentir pourquoi le rugby restait pour eux le vecteur essentiel de reconnaissance dans le monde, même si la Nouvelle-Zélande a d'autres richesses à faire valoir et sur lesquelles ils éprouvent l'envie de communiquer. Chaque fois, les retrouvailles ont toujours été un vrai plaisir, mais les motifs de cette estime qui résiste au temps ne furent pas seulement liés à notre passion commune pour le rugby même si c'est au départ, probablement, ce qui a pu rendre cette amitié plus naturelle.

J'aime la Nouvelle-Zélande. Certainement parce j'y ai réussi un but mémorable. Celui que j'ai tapé contre les All Blacks à Wellington en 1968. La pénalité accordée se situait à 15 mètres de la ligne de touche et à 58 mètres de la ligne de but adverse. Vent favorable, mais pas excessif. Je m'apprêtais à botter en touche quand Benoît Dauga s'approcha de moi et me dit : « Tente-le, qu'est-ce qu'on risque ? Ils renverront le ballon en touche. » Je signifiai mon intention à l'arbitre, surpris, qui se fendit d'un petit sourire significatif. Dans les tribunes, ce fut un éclat de rire général. Je posai mon ballon, me reculai sans marque et m'élançai sans attendre vers la balle en ignorant le vacarme du public peu respectueux pour le buteur, comme c'est pourtant l'usage dans ce pays. Mais cette tentative insensée expliquait leur réaction. Dès l'envol de la balle, le public comprit que ce coup de pied n'était pas ordinaire alors que le ballon, avec une trajectoire parfaite, se dirigeait vers les poteaux. Au vacarme succéda le silence. Il était total quand les arbitres de touche levèrent leurs drapeaux. Le temps pour moi de sauter de joie et de recevoir l'ovation d'un public debout, des fans de rugby d'autant plus séduits que ce pays a toujours valorisé le jeu au pied et les buteurs. Le lendemain, dans les journaux, on ne manqua pas de comparer ce coup de pied à ceux réussis par les célèbres buteurs néo-zélandais George Nepia, Bob Scott et Don Clarke. Très exactement mesuré en y incluant la hauteur de la barre transversale, on me fit savoir le lendemain que la balle avait parcouru 61,35 m. Un record. Ce but m'apporta une grande popularité. À Taumarunui, petite ville et équipe de Colin Meads, on me demanda même de faire une démonstration à la mi-temps. Bien sûr, n'étant pas un animal de cirque, je refusai poliment.

Je suis revenu de nombreuses fois en Nouvelle-Zélande et chaque fois on ne manqua pas de m'interpeller sur ce coup de pied. En 1999, alors entraîneur avec Jean-Claude Skrela de l'équipe de France, nous avons joué un test-match à Wellington. Dès notre descente d'avion, j'ai été littéralement kidnappé par la télévision locale qui m'a emmené sur le terrain où j'avais passé ce but, 31 ans auparavant. Posé précisément au même endroit, un ballon m'attendait, il m'était difficile de refuser de « reconstituer » cet exploit. Le ballon, cette fois, ne passa pas entre les poteaux. Il n'atteint que difficilement la ligne des 22 mètres. Le même jour, faisant du shopping dans un grand magasin, je demandai à un employé de l'établissement de m'indiquer le rayon des chapeaux. J'avais oublié le mien dans l'avion qui nous avait menés à Wellington. Il me demanda de le suivre. Alors que nous marchions, il s'arrêta subitement et se tournant vers moi, il me dit : « *What a kick, Mister Villepreux.* » Je lui fis part de mon étonnement. Il m'expliqua qu'il avait 17 ans à l'époque, qu'il était présent au match et qu'il avait cherché à me rencontrer pour avoir un autographe. « Aujourd'hui, je ne vais pas rater cette occasion », dit-il.

Il va sans dire que le peuple néo-zélandais est aussi un amoureux du beau jeu. Ce qui explique le style des joueurs aux maillots noirs, toujours attirés par le rugby de mouvement, tout ce qui concourt au spectacle rugbystique. J'avais rencontré en 1968 Charlie Saxton, grand joueur, « *succesfull coach* » et théoricien du jeu. Alors âgé de 55 ans, il me remit le manuel qu'il avait écrit, qui traitait du jeu, de son esprit, de son enseignement. Cet ABC du jeu valorise le rugby, compris en termes de vitesse, rythme du porteur de balle et du soutien. Il a fortement influencé le système de formation et grandement favorisé l'identité du rugby dans ce pays où, là aussi, on souhaite gagner, mais pas n'importe comment.

Quand je retourne en Nouvelle-Zélande, c'est toujours avec le même plaisir. Ce lien affectif avec ce pays a favorisé mon accès à leur culture et m'a ainsi mieux fait comprendre le traumatisme et le retentissement créés en 1985 par l'affaire du Rainbow Warrior, le bateau de l'organisation Greenpeace saboté par deux agents des services secrets français. Cette affaire a fait perdre à la France beaucoup de sa crédibilité. En 1987, alors que j'étais entraîneur du Stade Toulousain, nous avons visité le pays et joué deux matchs en Nouvelle-Zélande durant l'intersaison. Dès notre arrivée à l'aéroport d'Auckland, le chauffeur du bus qui était censé nous conduire à notre hôtel nous amena sans nous prévenir sur le port, là où était justement ancré le Rainbow Warrior abîmé. Il nous laissa le temps, moteur coupé et sans rien dire, pour nous laisser juges de la légitimité de la réparation demandée à la France. Puis, sans plus d'explications, on prit le chemin de l'hôtel. Une façon polie de nous sensibiliser sur ce que les Néo-Zélandais ont décrit comme « une grave violation de leur souveraineté territoriale ». Mais pour en avoir reparlé par la suite à des Néo-Zélandais, cet acte a été surtout ressenti comme une atteinte à la mission écologique et protectrice de l'environnement que réalisait Greenpeace, tandis que la France procédait à des essais nucléaires dans le Pacifique Sud. Nous ne saurons jamais si cette visite au Rainbow Warrior avait été commanditée ou, et c'est plutôt ce que je pense, si elle relevait de la seule décision du chauffeur.

L'Australie de 1967 et 1971

Les deux visites que j'ai effectuées en Australie en tant que joueur sont pour moi moins significatives que celles évoquées précédemment.

Simplement parce que ce pays n'avait pas encore gagné ses lettres de noblesse dans le gratin international à l'époque. Confronté à la concurrence d'autres sports de balle ovale (le jeu à XIII et le football australien), le rugby ne s'illustra que plus tard. Les Aussies engrangèrent, certes, quelques bons résultats, mais pas suffisants pour être pris en considération comme c'est le cas aujourd'hui. Pourtant, le jeu australien, très ouvert et entreprenant, plaisait. La popularité des autres sports obligeait les joueurs à ne pas se complaire dans un rugby pauvre, peu spectaculaire. C'est certainement pour cela que ce jeu produisit beaucoup plus de joueurs de lignes arrière talentueux que d'avants. Le climat tropical et la qualité des terrains favorisaient aussi le jeu de main, de courses et d'évitement. J'ai pu ressentir une évolution lorsque je suis allé en vacances en Australie, en 1978. Dans cette nation jeune en quête de créativité, la Fédération a construit progressivement ses performances, son style et a ainsi amené le public dans les stades. Pour cela, elle a utilisé les clés qui ont fait la réussite des sports concurrents ; je pense ne pas me tromper en disant que la progression du rugby a été à la mesure de la progression économique. Les dirigeants ont compris avant tout le monde qu'il fallait des compétitions de référence attirantes pour avancer positivement, sans prendre de retard. Les incontournables de cette recette sont qu'il faut un gagnant, mais peu importe lequel pourvu que la compétition se joue au meilleur niveau et que le spectacle soit présent. Ce qui explique leurs requêtes persistantes pour faire évoluer les règles du jeu. Il n'y a là rien d'étonnant puisque le sport est en Australie un véritable phénomène social, plus qu'ailleurs. Largement subventionné par l'État et relayé par les chaînes de télévision, le sport dispose d'un large public. Le projet de gagner la Coupe du monde en 1991 rentrait dans cette vision. La victoire et la communication qui en a été faite avant, pendant, et après ont définitivement installé et classé le rugby parmi les sports les plus populaires en Australie.

Pour avoir côtoyé durant la tournée de 1972 certains joueurs et clubs du football australien, j'ai perçu dans ce sport déjà professionnel le fossé qui existait et qui permettait de créer les conditions pour atteindre l'excellence et la réussite. Les structures, le système de préparation et de détection des talents préfiguraient, plus de 30 ans en avance, ce qui existe aujourd'hui dans le rugby professionnel de chaque nation. Les Australiens que j'ai connus me sont apparus au départ un peu fermés, d'esprit rigide, mais quand on apprend à mieux les connaître, ils peuvent surprendre. Ils se révèlent plutôt accueillants, serviables, on ressent qu'il faut gagner leur confiance, ce qui permet ensuite d'accéder à une relation sans retenue et à leur sens de la fête.

La médiatisation des tournées

Ces tournées n'étaient suivies que par un tout petit nombre de journalistes. Toujours les mêmes : Henri Gatineau du *Midi Olympique*, Denis Lalanne et Henri Garcia de *L'Équipe* et Jean Denis de *Sud Ouest*. Intégrés à la délégation, nous les considérions comme des membres à part entière de l'équipe. Tout était vécu en commun. La relation médiatique prenait forcément un sens différent d'aujourd'hui. Rien ne pouvait se faire sur le « non-dit », mais bien dans le cadre d'un partage communautaire qui visait les mêmes objectifs. Le contexte était propice à l'échange, le vrai, il n'y avait pas de « off ». Cette promiscuité avec les joueurs et les dirigeants les autorisait à tout savoir. On les soupçonnait même d'influencer la composition des équipes. Je dirais que ces compagnons et le bout de chemin que j'ai pu faire avec eux m'ont amené, sans trop m'en rendre compte, à devenir leurs amis. Autant de bonnes raisons qui les poussaient à valoriser nos exploits et minimiser nos échecs. Qui aime bien châtie bien, dit-on… Pas si sûr en la circonstance, puisque nos défaites avaient presque la saveur de victoires dans leurs articles. Ils décrivaient toujours un moment magique de jeu qui, subtilement écrit, occultait les véritables raisons d'un résultat peu louable. Mes parents gardaient bien sûr tous les articles. En les lisant à mon retour, le caractère romancé de nos prestations m'a semblé dépasser ce qu'il avait été effectivement réalisé. Un peu comme si les performances des uns et des autres ou de l'équipe rejoignaient la magie des contes et légendes. Au fil des années, les relations avec ces journalistes ont perduré et chaque occasion permettait de croiser l'un d'entre eux ici ou là. Ce fut toujours un vrai bonheur.

Quand l'arbitre siffle la fin du dernier match

À la fin de ma carrière de joueur, j'aurais pu rester professeur d'EPS à l'université Paul Sabatier où j'avais été nommé après avoir réussi le CAPES. Mais les tournées m'avaient donné le goût de voir ce qui se passe ailleurs. Ce poste dans cette grande université toulousaine me convenait. Bien sûr, j'étais en charge du rugby. J'ai eu le plaisir de trouver dans l'équipe première de l'université quelques joueurs talentueux qui, au-delà de leurs compétences rugbystiques, se sont impliqués par la suite dans la vie et le développement de ce sport. Par exemple, Christian Massat devint co-président avec Jean Fabre du Stade Toulousain, puis président. Jean-Jacques Gourdy assura cette même fonction à Brive, Paul Goze est aujourd'hui président de l'USA Perpignan. L'étudiant Jean-Pierre Rives est devenu JEAN-PIERRE RIVES, un sculpteur de renom. Il y avait même un international treiziste, Christian Mazaré, qui devint directeur technique national du rugby à XIII. Et bien d'autres plus modestes, mais pas moins attachants.

Jouer au rugby m'a permis de découvrir le monde, ce qui a évidemment contribué à me donner le goût de voyager. J'ai donc quitté la France pendant près de sept ans : de 1974 à 1977 pour Tahiti, et de 1978 à 1981 pour l'Italie. Tahiti et l'Italie n'ont a priori pas de point commun, mais ces deux expériences m'ont prouvé qu'il en existait un. Dans ces deux contextes très différents, j'ai grandement enrichi ma réflexion de formateur sur la façon d'enseigner le rugby dans le cadre d'une démarche pédagogique qui a soutenu mes convictions sur le jeu et la formation des joueurs par la suite. En fait, chaque fois que j'en ai eu l'occasion, j'ai toujours répondu favorablement quand on me proposait d'aller vers d'autres horizons, soit pour travailler sur le long terme, comme ce fut le cas à Tahiti en tant que cadre technique régional afin d'y développer le rugby, ou juste après en Italie, pour y exercer la fonction d'entraîneur de l'équipe nationale et de directeur technique. Je continuais à le faire plus tard dans divers pays à chaque fois que l'on me sollicitait pour dispenser des formations.

Cette opportunité de couper avec la France me fut donnée quand je fus invité par le club de Ponsonby en Nouvelle-Zélande pour le centenaire du club en 1973. Étaient également invités Benoît Dauga et Christian Massat (qui était alors mon partenaire au Stade Toulousain). Christian avait remplacé au pied levé Jo Maso, blessé. Autres joueurs conviés : l'Irlandais Mike Gibson, star dans son pays et au-delà, et des All Blacks en activité que nous avions rencontrés avec Benoît dans un passé proche. Christian était le seul joueur non international et il fut à la hauteur dans ce match qui tint toutes ses promesses. Cette équipe composite fêta dignement ce centenaire sur et hors du terrain. C'est dans l'avion qui nous ramenait vers la France que nous fîmes la connaissance du gouverneur de Tahiti, Daniel Videau. Il quitta la première classe pour venir nous saluer. Originaire du Sud-Ouest, il aimait le rugby. Les discussions nous amenèrent à évoquer le rugby à Tahiti qui n'avait qu'une audience minime puisqu'il était pratiqué par les seuls Français travaillant sur le territoire. Pour lui donner plus de consistance, il convenait de le développer chez les jeunes Tahitiens. Je saisis la balle au bond et lui dis que je serais intéressé, mais il fallait créer un poste, seul moyen d'obtenir une mutation professionnelle. « Je vais m'en occuper », me dit le gouverneur.

- 5 -
LES EXPÉRIENCES ÉTRANGÈRES

Ia ora na Tahiti [2]

Une promesse faite à 10 000 mètres d'altitude ne valait pour moi que le temps de rejoindre Tahiti, destination finale du gouverneur. « Sitôt dit, sitôt oublié », pensais-je. Eh bien non ! En juillet, je recevais un courrier du même gouverneur me précisant que le poste était bien créé. Il ne manquait que mon acceptation. Je débarquai à Tahiti avec femme et enfants en octobre 1974. Merveilleux pays, gens attachants et un projet de développement du rugby qui se mit peu à peu en place, parfois difficilement tant ce sport n'avait que peu de visibilité dans cette île qui n'avait d'yeux que pour le football. Je choisis de m'appuyer sur les écoles pour créer un climat favorable et de les associer progressivement à un club. Je compris rapidement qu'il convenait d'enseigner le rugby en partant du jeu lui-même. Les jeunes Tahitiens s'y intéressaient

2 Bonjour Tahiti.

dès qu'il s'agissait de jouer. Les fidéliser en les plaçant dans un cadre d'enseignement strict et structuré les aurait vite démotivés.

Un premier tournoi, deux mois après mon arrivée, réunit deux cents gamins. Trois ans après, on recensait huit clubs avec toutes les catégories d'âge, jusqu'aux seniors. Ces clubs avaient pour nom Paea, Pirea, Punaauia, Papara, Faaa, Taravao, Arue et Papeete Central. J'ai pu compter sur l'aide de certaines familles tahitiennes qui s'engagèrent sans compter dans ce projet. Je pense notamment à la famille Frogier de Paea, les Legayic à Papara, les Hoffman à Arue, Claude Foliot, un ancien du PUC, pour le club de Papeete Central, mais aussi les enseignants des écoles et les militaires qui se sont investis et approprié le projet global. Cette action militante en faveur du rugby fut récompensée en 1976 quand les All Blacks, en provenance d'une tournée en Argentine, passèrent trois jours à Tahiti. J'ai su les convaincre de jouer un match contre la modeste sélection tahitienne. Sans l'accord de la Fédération néo-zélandaise, le directeur de la tournée accepta, précisant que les joueurs prenaient la responsabilité de jouer ce match, mais qu'ils ne pouvaient pas jouer avec le maillot officiel. Le problème fut vite résolu. On emprunta les maillots noirs du club d'Arue. Les « tout noirs » affrontèrent bien les Tahitiens, qui, malgré le score éloquent de 103 à 3, ne furent pas ridicules et luttèrent avec courage, même si les trois points marqués relevèrent de la courtoisie de l'arbitre qui accorda une pénalité bien placée au buteur local en fin de match. L'honneur était sauf pour les Tahitiens dont certains, très jeunes, n'avaient débuté le rugby que tout récemment.

Cette rencontre avec les All Blacks fut un moment fort du rugby tahitien. Mais on peut en dire tout autant de la tournée en Nouvelle-Zélande qu'avait organisée mon ami le pharmacien Don McKay, avec quatre matchs à la clé contre des équipes de clubs maoris légèrement supérieures. Les Maoris sont un peu les cousins des Tahitiens. Nous étions logés dans les Marae, lieux de culture et bases de vie communautaire des coutumes de ce peuple. Les Tahitiens y ont retrouvé des rites et traditions qui ont aussi existé à Tahiti mais qui se sont perdus, avec le temps et l'influence coloniale française. Ce fut une belle expérience pour eux que ce retour aux sources. La fin de tournée fut difficile. Tous les Tahitiens sont des chanteurs et des musiciens. Il suffit d'un ukulélé (guitare tahitienne), un bidon, un bâton, une ficelle pour constituer une caisse de résonance, des petites cuillères dans des bouteilles de bière, et l'harmonie se crée d'elle-même. Orchestre et chanteurs étaient prêts pour un show qui pouvait durer très tard et auquel j'avais bien du mal à mettre fin. Ayant rapidement dépensé le peu d'argent à leur disposition, ils comprirent vite que leur talent dans ce domaine était mieux reconnu que celui du rugby. L'attirance suscitée dans les pubs par leur show leur permettait de se voir offrir de quoi boire et d'assurer ainsi une soirée agréable pour tous à moindre frais. Tous les soirs, le spectacle s'améliorait et suscitait un engouement grandissant auprès des clients. Cela se finissait tard dans la nuit et s'achevait quelquefois de manière peu catholique.

À Tahiti, nous avons encore reçu quelques équipes de passage, clubs australiens, voire français : les étudiants du PUC, mais aussi les Archibald, une équipe d'anciens excellents joueurs du pays basque.

Le rugby était accompagné de fêtes, de chants et de danses soutenus par le punch tahitien, toujours dangereux pour les visiteurs. On recevait aussi les cousins des îles Cook voisines (à une heure d'avion). Dans cette ancienne colonie néo-zélandaise, le rugby est roi. Un des meilleurs clubs de cette petite île du Pacifique est venu nous rendre visite pour deux matchs. Ils furent surpris par nos progrès et passablement vexés de perdre le match contre notre sélection. J'enfilais encore quelquefois le maillot avec les Tahitiens. Ils avaient encore besoin de mon expérience pour guider tactiquement leur jeu collectif qui prenait forme et cohérence au fil des matchs et des expériences. J'étais encore capable de réaliser quelques actions et gestes qui les transportaient. Ce savoir-faire tactique et technique, pas encore à leur disposition, me permettait d'avoir quelques exigences pour les obliger à s'entraîner plus et mieux. Ce qui n'est pas évident dans la culture polynésienne où l'on prend la vie avec une certaine insouciance, ce qui se traduit parfois par un manque d'enthousiasme face aux contraintes. Entre ce qui est important et ce qui ne l'est pas, la marge est petite. Le « *fiu tahitien* » est une réalité. Le *fiu* est ce coup de fatigue qui surgit sans qu'on y prenne garde, mais qui est aussi une manière de vivre sans stress et d'accepter, avec un brin de fatalisme, les aléas de l'existence. Il devient alors difficile d'imposer quoi que ce soit, il faut attendre que le *fiu* passe.

J'avais décidé de finir mon séjour tahitien et de rentrer en France en novembre 1977. Je voulais atteindre tous les objectifs prévus avant mon départ. Il fallait avoir un but rassembleur et fédérateur pour qu'il en soit ainsi. Les compétitions mises en place, chez les plus jeunes comme chez les grands, entretenaient certes la motivation, mais il fallait mobiliser sur quelque chose d'exceptionnel. Je proposais de faire une tournée en France. Le challenge était financièrement difficile à réaliser, mais j'avais envie de faire découvrir à mes joueurs la France et les Français chez eux, la vie en métropole. Avec la secrétaire mais aussi trésorière du comité territorial, Madame Huck, nous voici lancés dans ce projet insensé. Déplacer trente personnes sur Paris sans frais n'est pas simple. Je résolus l'équation grâce à l'aide de l'amiral de Castelbajac, responsable militaire du centre d'expérimentation du Pacifique que j'avais rencontré lors d'un dîner officiel auquel j'avais été convié. En outre, je connaissais son épouse qui jouait au tennis dans le club militaire de Ia ora na auquel j'avais accès. Elle m'autorisa un rendez-vous. Ni plus ni moins, il fallait obtenir que l'armée, par le vol militaire qui reliait Paris à Papeete chaque semaine, nous accorde gratuitement les 30 places. Pari tenté, pari réussi. Il convenait maintenant de contacter les clubs désireux de nous recevoir en France. Les courriers transmis reçurent un accueil très favorable. Les clubs contactés assureraient « le gîte et le couvert », ce qui limitait nos frais à nos seuls déplacements entre les diverses villes d'accueil. Nous sommes restés plus d'un mois en France pour huit matchs qui permirent aux Tahitiens de découvrir la France entière. Rouen, Châteauneuf-du-pape, Perpignan (contre les anciens de l'USAP et de Tamon), Narbonne, Portet-sur-Garonne, Biarritz, Brive, Romagnat en Auvergne, et enfin Paris (contre le PUC). Face à des équipes plutôt aguerries, mais de niveau équilibré, les progrès furent constants sauf en fin de parcours où la fatigue se fit sensiblement sentir. Chaque fois que cela a été possible, j'ai demandé à de grands joueurs de jouer avec eux. Ce fut le cas à Narbonne avec Jo Maso, et à Portet-sur-Garonne avec Walter Spanghero. Leur présence exaltait mes joueurs mais, surtout, cela apportait un plus dans le jeu collectif et contribuait à leur progression. Nous avons joué deux fois en lever de rideau de matchs entre clubs français de haut niveau et assisté à l'inauguration du stade de Narbonne. Le spectacle valait la peine puisque Narbonne était opposé à Béziers, champion de France, et à une sélection d'internationaux à laquelle on me demanda de me joindre. J'ai joué une mi-temps pour le plus grand plaisir des Tahitiens, ravis de me voir évoluer à ce niveau. Chaque match, du fait de la qualité de l'accueil reçu, donnait lieu à des fêtes quelquefois difficilement contrôlables, comme ce fut le cas à Châteauneuf-du-pape, haut lieu de viticulture. La réception d'après match au château fut chaude. Elle eut pour conséquence de me priver pendant une semaine de deux joueurs importants qui avaient trop apprécié les crus locaux. Et je ne parle pas de tous ceux qui avaient été, par ces excès, bien affaiblis. La coutume tahitienne veut que tant qu'il y a à boire, la fête continue. Il est vrai que les Tahitiens savaient aussi dynamiser la fête. Ils assumaient une grande partie du spectacle grâce aux chants et danses et étaient en fait très fiers de la curiosité qu'ils suscitaient.

De Brive à Pompadour, il n'y a qu'un pas. Je ne pouvais manquer de leur faire visiter la cité de mon enfance. Reçus par mes parents à la maison familiale, ils découvrirent photos et maillots de ma période internationale. Ils les enfilèrent illico presto et se promenèrent ainsi dans Pompadour. Ma maman eut beaucoup de mal à les convaincre de les rendre. Ce qui me rappela qu'à Tahiti, on confond souvent prêter et donner. J'en avais fait l'expérience à mon arrivée. Lors d'un entraînement, un nouveau joueur (inconnu des autres) arriva torse nu. Je lui dis de prendre mon maillot. Il s'agissait de celui de l'équipe d'Irlande auquel je tenais beaucoup et que j'avais posé sur le bord de touche. À la fin de la séance, il disparut avec. Personne ne connaissait ce nouveau joueur qui ne revint plus aux entraînements. Une année plus tard, alors que je circulais sur le front de mer avec ma Méhari, j'aperçus un scooter avec un Tahitien portant un maillot irlandais. Je m'arrêtai et, depuis ma voiture, lui signifiai que c'était mon maillot. « Attends, me dit-il, je te le rends, je croyais que tu me l'avais donné. » Je récupérai mon bien, il repartit torse nu sur son scooter, comme il était arrivé au stade.

Cette tournée en France généra une dynamique rugby non négligeable pour son développement dans l'île. Elle m'a permis de faire vivre ces jeunes Tahitiens, qui n'avaient jamais quitté leur île, « à la française », de les imprégner des valeurs de ce jeu au travers de sa culture en France. Je souhaitais ce bain culturel, et ce groupe y a bien répondu. C'était, je crois, une bonne idée que des les extraire de la vie lisse, de leur quotidien, dans leur petite île.

À mon arrivée à Tahiti, deux personnes m'attendaient à ma descente de l'avion avec le traditionnel collier de fleurs : le vice-président du Comité régional et un collègue de la Jeunesse et des Sports. À mon départ, il y avait beaucoup plus de monde, même ceux que je n'attendais pas. Comme le veut la coutume, chacun me remit un collier de coquillages. Vu le nombre et surtout le poids, je n'ai pas pu tous les rapporter. Je retiendrai de ce lointain pays la gentillesse et la sensibilité de ses habitants, à condition de faire l'effort de partager avec eux leur mode de vie et leurs fêtes. Ils appellent cela « la bringue » : un peu de bière, les chants, la danse. Je suis d'ailleurs devenu un bon danseur de tamouré. Mais comment quitter Tahiti sans avoir un peu le spleen, celui que l'on éprouve en pensant que l'on ne se baignera plus dans les eaux transparentes du lagon, que l'on ne sentira plus la douceur des alizés, que l'on ne partira plus en vacances dans des îles coupées du monde ? Nous nous sommes dit « *nana* », qui veut dire en tahitien « au revoir », pas adieu. Mais l'esprit des Polynésiens, c'est aussi demain. On n'oublie pas, mais on regarde devant. Une philosophie qui a une vraie valeur, surtout dans les moments difficiles de la vie.

Une escale particulière à Toulouse

Loin de la France, le pays ne me manquait pas trop. J'en étais presque à redouter ce retour à Toulouse ou ailleurs, puisque je ne connaissais pas ma nouvelle affectation professionnelle. En effet, trois années passées dans un territoire d'outre-mer autorisaient une longue période de congés payés. L'administration ne devait me communiquer mon nouveau poste que plus tard. Je retournai au Stade Toulousain. J'avais 36 ans et je n'étais pas physiquement affaibli. Je repris une licence pour jouer avec la troisième équipe du club. Je voulais jouer sans contrainte, dans une équipe sans ambition, si ce n'est celle de se faire plaisir. Cela me convenait. Durant une courte saison, je jouai donc régulièrement et retrouvai un bon niveau, du moins de bonnes sensations. J'allais voir de temps en temps jouer l'équipe première qui galérait un peu pour se qualifier.

Un soir d'avril 1978, à la fin de l'entraînement, Claude Labatut, l'entraîneur, vint à ma rencontre. Le club manquait d'un demi d'ouverture. Christian Massat blessé, Claude avait besoin de mon aide pour finir la saison. Cette demande ne manqua pas de m'interpeller. J'avais vraiment fait un trait sur le haut niveau et je ne me sentais pas à même de m'engager dans un défi relevé. Le stress et la tension des avant-matchs, l'odeur des vestiaires, les bruits des crampons, le piaffement sur le béton avant l'entrée sur le terrain, j'avais oublié tout ça. Cela ne me manquait pas. Un entraînement convivial et peu contraignant par semaine avec l'équipe 3 et un match de temps en temps me suffisaient. En complément, une partie de tennis ou de golf, sport auquel je m'étais initié à Tahiti, comblait mon temps libre. Les arguments de Claude ne réussirent pas à me convaincre et je pensais bien l'avoir dissuadé de tenter ce pari en lui précisant que je n'avais pas envie de courir le risque de me blesser. Et même si j'acceptais, il était hors de question de plaquer et m'engager physiquement.

Mais voilà, à l'entraînement qui suivit, j'étais attendu aux vestiaires par Jean-Claude Skrela, Jean-Pierre Rives et Gérald Martinez, le capitaine. Les « deux blonds », comme on les appelait dans le milieu, m'expliquèrent que mes préoccupations en matière de défense et d'éventuelle blessure n'avaient pas lieu d'être. Ils assumeraient ce rôle défensif, je n'aurais qu'à organiser le jeu d'un collectif composé d'excellents joueurs. Parmi les plus connus : Rives, Skrela et Martinez, bien sûr, mais aussi Dominique Harize, Serge Gabernet et Guy Novès. Comme il manquait un buteur fiable, on me demandait aussi d'assurer cette importante responsabilité. Ce soir-là, j'ai quitté le petit vestiaire de l'équipe 3 pour aller dans celui de la une, plus grand, celui que j'avais quitté presque quatre années auparavant. J'allais reprendre un rythme d'entraînement plus soutenu, avec tout de même en tête la crainte lancinante de ne pas être à la hauteur. Ce challenge ne m'engageait que pour peu de temps, peut-être même seulement trois matchs, les deux rencontres de Championnat restantes et le premier des phases finales (les seizièmes). La suite dépendrait du coup par coup.

Le premier match se déroulait face à Nice, à Toulouse. Le stade Ernest-Wallon accueillait plus de monde que d'habitude. Pas de doute, le public était curieux de cette rentrée qui n'était pas annoncée. Même si je me cantonnais à bien gérer le jeu et celui de mes partenaires, je pris conscience des exigences physiques réclamées. Je me soumis donc à des entraînements supplémentaires en semaine pour ne pas avoir à subir le jeu et être disponible autant que je pouvais sur le plus grand nombre d'actions possible. Je savais que les automatismes tactiques et techniques iraient crescendo. Une chose est certaine, si je rassurais mes partenaires, ce fut bien dans mon rôle de buteur. Je n'avais rien perdu, ni en distance ni en précision. En seizième de finale, nous battons Bègles. En huitième, Romans… Je commençais à prendre goût à l'aventure qui prenait une dimension inattendue et forcément valorisante pour l'équipe, mais aussi pour moi. En quart de finale, nous avons rencontré Bagnères. « Forte mêlée », disait-on. On s'en aperçut dès la première minute. L'entraîneur Claude Labatut n'avait pas encore eu le temps de prendre place dans les tribunes que les avants stadistes volaient en éclats. Mais, même si cette supériorité dans cette phase de jeu ne fut pas éphémère et faillit nous coûter le match, elle fut insuffisante. Un bel essai de Novès, tout en fluidité, nous propulsa en demi-finale. M'intégrer à ce groupe se réalisa progressivement. Cela est plus facile quand la victoire est au rendez-vous. Les phases finales et leur formule du « tout » (la victoire autorise à continuer) ou « rien » (la défaite met un terme à la saison) entretiennent facilement cet état d'esprit et provoquent une dynamique d'excellence qu'il faut savoir utiliser. C'est avec cet état d'esprit que nous avons abordé la demi-finale contre Béziers, champion en titre. Je trouvais plutôt drôle de retrouver les Biterrois dans une parenthèse sportive que je n'avais pas prévue. Cela me permit, curieusement, de pouvoir achever honorablement avec mon club une carrière qui avait déjà pris fin en 1974 contre Albi, mais d'une mauvaise façon. Quand on est en demi-finale, on peut être satisfait du parcours. J'ai partagé cette dernière ligne droite avec un surcroît constant de motivation, grâce à l'amélioration de mon potentiel physique et à l'excitation de la compétition. Je ne doutais pas que nous allions rivaliser avec les adversaires les plus redoutés du rugby national.

Nous menions 3 à 0 à la mi-temps. Notre jeu défensif, surtout celui de la troisième ligne, avait beaucoup gêné les Biterrois qui avaient axé leur stratégie sur la puissance de leurs avants. Mais à ce jeu, ils n'eurent pas affaire à des ingrats. Non, ne rêvez pas, je ne parle pas de mon implication mais de celle de Jean-Claude Skrela et Jean-Pierre Rives qui étaient au four et au moulin, plaquaient à tour de bras puisque, comme promis, je ne me lançais dans aucun plaquage. Je montais en défense et laissais mes coéquipiers s'occuper du reste. « On protège Papy », disaient-ils. Il a fallu un essai tardif de Béziers pour qu'ils mènent au score, 12 à 3. Mais nous n'avions pas fini de les faire douter. Sur une pénalité accordée en fin de match à 40 mètres des poteaux par Francis Palmade, arbitre international, je pensais qu'il était préférable de jouer à la main puisqu'il ne restait que cinq minutes. Guy Novès vint alors près de moi. Sans que je sache s'il plaisantait ou non, il me dit : « Tape sur le poteau, je vais suivre la balle et marquer. » Sitôt dit sitôt fait, j'ai regardé le ballon s'envoler vers les poteaux et, dans la même trajectoire, la course rectiligne de Guy, seul joueur toulousain à courir. Il arriva avec le retard parfait, au moment où le ballon touchait le poteau. Un rebond au sol lui fut favorable. Essai : 6 points, 12 à 9. Le match n'était pas fini. Malheureusement, les Biterrois monopolisèrent le ballon et attendirent la fin du match. Autant nous avions entretenu le doute dans leur esprit, autant ils réussirent une finale parfaite contre Montferrand avec un jeu riche sur tous les plans cette fois-ci. Je me rappelle la réflexion de Francis Palmade à la réception qui suivit cette défaite. Il me dit : « Vous étiez pénalisables sur toutes les phases de maul », et elles furent nombreuses. Je lui rappelais gentiment que, si c'était exact, il était aussi vrai qu'il était l'arbitre.

Autant j'avais bien terminé ma carrière internationale, autant ce supplément aurait pu finir en eau de boudin si nous avions perdu en seizième de finale. C'était un risque à prendre que je n'ai pas regretté. Enfin, si. J'aurais bien aimé, à 37 ans, faire une troisième finale et, cette fois-là, la gagner.

Muté en Italie

Parallèlement à mon retour au Stade, je m'occupais de ma mutation professionnelle. Je souhaitais rester sur Toulouse. Le poste de cadre technique régional (CTR) de Midi-Pyrénées allait se libérer. La FFR était maîtresse d'œuvre dans l'affectation de ces postes. J'appelai donc le président Ferrasse pour lui faire part de ma candidature. Les postes techniques étaient rattachés à la Fédération via la Direction technique nationale (DTN) conduite par Fernand Cazenave. Il me signifia que la FFR avait déjà attribué la fonction à Jean-Claude Baqué, cadre technique départemental, qui gravissait ainsi un échelon. Mais son poste était libre. Je trouvais plutôt cocasse qu'on me propose un poste hiérarchiquement inférieur à celui que l'on m'avait confié à Tahiti. Je lui fis donc part de mon étonnement de me voir, comme dans l'armée, « rétrogradé ». Ce serait l'équivalent de passer du grade de lieutenant à celui d'adjudant. Il prit plutôt mal cette dernière allusion et me dit que je n'avais qu'à me débrouiller. Je n'étais pas inquiet pour autant, je pouvais toujours postuler pour un poste dans un établissement scolaire ou universitaire, mais j'avais pris goût, à Tahiti, à ce travail particulier visant le développement du rugby. Ma demande avait toutefois été enregistrée par le milieu fédéral, car une semaine plus tard, je recevais un appel téléphonique du président de la Fédération italienne de rugby (FIR). Aldo Invernici parlait parfaitement français. Il me proposait de rejoindre l'Italie et Rome pour assurer la fonction d'entraîneur de l'équipe nationale et de directeur technique. D'adjudant, je pouvais passer général dans une autre fédération. Dans un premier temps, le président italien s'était adressé à la FFR pour obtenir un technicien français. Comme je leur posais problème, l'occasion était bonne pour caser Villepreux. Qu'à cela ne tienne.

Je me rendis donc à Rome pour rencontrer le Président. Il sut me convaincre. Ce professeur d'EPS avait les idées claires sur ce qu'il voulait faire du rugby italien et je sentis qu'il était prêt à m'accorder sa confiance. Il disait que mon passé de joueur garantissait mes compétences auprès des membres du Comité exécutif. Passé qui m'a aussi beaucoup servi auprès des joueurs, des entraîneurs, mais aussi des médias, puisque ma jeunesse et mon peu d'expérience pour une telle fonction auraient été un handicap majeur sans ce pedigree. Je lui donnais mon accord pour trois ans, à condition d'obtenir un détachement du ministère auprès de la Fédération italienne, ce qui ne posait légalement pas de problème dès lors qu'il n'y aurait aucun veto de la FFR.

J'arrivai donc à Rome en 4L début septembre sans connaître un mot d'italien. D'emblée, j'ai été confronté au « bordel » (les Italiens disent « *casino* ») de la circulation à Rome. Une vraie galère pour conduire aux alentours de 18 heures. Mes amis romains, peu de temps après, me donnèrent le code de conduite local, qui ne correspondait pas vraiment à celui que l'on m'avait enseigné quand j'ai passé mon permis. Mais j'étais plus préoccupé par la façon d'aborder cette nouvelle fonction et passer de la formation de jeunes Tahitiens complètement néophytes, à qui l'on propose de pratiquer le rugby dont ils n'avaient pas la moindre connaissance, à la gestion de l'équipe nationale italienne dans un environnement exigeant, y compris en termes de résultats. La réussite tahitienne m'a bien aidé en Italie. À Tahiti, c'était simple puisqu'il n'y avait pas d'histoire, tout était à écrire. L'Italie avait son héritage. Mussolini s'était même employé à utiliser à d'autres fins les vertus guerrières qui font aussi la gloire du rugby. Géographiquement, l'Ovalie italienne était coupée en deux. L'hégémonie du Nord contrastait avec le peu de notoriété que ce sport avait dans le Sud. Surtout si l'on admet que la force nordique concernait essentiellement la Vénétie, qui s'honorait d'avoir non seulement les meilleurs clubs mais aussi la culture et les traditions représentatives de l'esprit de notre jeu.

L'équipe nationale végétait. Il y avait peu de licenciés (environ 8000) et la formation des entraîneurs était basée sur un enseignement très analytique, celui proposé par les Britanniques très présents dans la péninsule à cette époque. Le poste qui allait m'être confié avait été tenu par deux Gallois, Roy Bish et John Evans. L'influence de la France existait bien puisque Julien Saby avait travaillé avec la Fédération, mais de manière trop épisodique pour que s'installe une démarche de travail franco-italienne au niveau national. Je montai alors un projet sur trois ans que je présentai au Président. Il était ambitieusement réaliste. Les priorités touchaient la formation des entraîneurs, le développement du rugby, l'augmentation du nombre de licenciés chez les plus jeunes et la filière d'accès au haut niveau grâce à la détection des jeunes talents, auxquels il convenait de trouver des compétitions. Les Italiens sont des Latins, ils sont attachants et fidèles quand on les responsabilise et qu'on les associe à un projet où ils ont une vraie place, pas un strapontin. J'ai pu choisir « mon » équipe technique. J'ai la chance de temps en temps de les revoir. Leur passion est intacte, même s'ils sont aujourd'hui déconnectés du rugby. Mais elle n'a pris tout son sens qu'au travers du projet et de leur désir devenu peu à peu « plaisir de savoir », d'apprendre et de pénétrer toujours plus la théorie du jeu et de son apprentissage. En fait, toute philosophie de l'action rugbystique consiste à transformer une passion ordinaire en une supérieure, laquelle déclenche des motivations nécessaires pour s'affranchir de tâches difficiles, voire impossibles.

Je compris aussi qu'il fallait trouver un levier qui allait frapper l'opinion. Comment le faire sans utiliser l'équipe nationale ? Un match contre l'Argentine était prévu en octobre, ce qui donnait juste le temps de superviser les joueurs dans le Championnat national. Ce n'était pas rassurant, le niveau de jeu me semblait faible. J'ai donc fait confiance à mon équipe pour choisir les trente meilleurs joueurs. Mais je ne pouvais faire du neuf qu'avec du vieux et, globalement, il n'y a pas eu de surprise. Mais je conviais, au milieu des anciens, quelques jeunes qui me semblaient capables de faire un bout de chemin avec moi, pas mal de joueurs du Nord et quelques-uns du Sud. Je mis en place une semaine de préparation avec de nouvelles méthodes d'entraînement qui les surprirent mais auxquelles ils s'accordèrent, sauf deux ou trois réticents. La préparation tactique et mentale a été intense, tant sur le terrain qu'en dehors. Il fallait faire un résultat devant les Argentins d'Hugo Porta qui venaient de battre les Gallois B le samedi précédent. Je ne savais pas trop où j'allais, mais il faut toujours qu'il y ait une première. Nous avons gagné ce match de belle manière avec trois essais à la clé. J'ai ressenti toute la gamme des émotions, pas celles que l'on connaît comme joueur, mais toutes les autres, celles que procure à un entraîneur la réalisation d'un jeu, non pas parfait, celles qui émanent de la volonté des acteurs pour mettre en place et en œuvre le jeu choisi sans calcul. Ils manifestaient ainsi leur confiance en un discours qui aurait naturellement perdu une partie de sa crédibilité si la victoire n'avait pas été au rendez-vous.

Cette victoire m'a permis d'avancer. J'avais besoin de cette confiance et elle passait d'abord par celle des joueurs. La confiance est un facteur psychologique capital dans la performance, puisque, grâce à la motivation qu'elle génère, elle fait accepter la complexité de la tâche à effectuer. Après ce premier succès capital pour aller plus loin et plus librement, je compris aussi que l'Italie, les joueurs, les dirigeants, le public avaient besoin de reconnaissance et de visibilité. La volonté d'un jeu ambitieux, entraperçu dans ce match, allait dans ce sens. Il fallait aussi un stade et une ville qui puissent accueillir tous les matchs de l'équipe nationale et qui la soutiennent comme si c'était son club. Je choisis Rovigo, petite ville du Nord de l'Italie acquise au rugby, et je ne fus pas déçu. Un moment fort de ce lien sentimental entre la Squadra et son public se situa quand nous avons accueilli les All Blacks en 1979. Nous avons perdu 18 à 13, mais en marquant deux essais et en parvenant à contrarier la fin de match des hommes de Graham Mourie, contraints, sous les « *Forza Italia !* » d'un public déchaîné, de protéger leur ligne de but.

De bons matchs, l'Italie n'en avait alors réalisé que très peu. Le tournoi européen de la FIRA (Fédération internationale de rugby amateur) regroupait les pays européens, hormis les quatre nations des îles britanniques, comme l'Espagne, la Pologne, la Roumanie, la Russie et la France. Cette dernière alignait son équipe B, mais ce match contre les Bleus était le plus intéressant pour noter la progression recherchée. On ne gagnait pas toujours contre la Roumanie et la Russie, mais ces équipes étaient à notre portée. Il manquait surtout à ces rencontres une ambiance de fête, de défi, celui que l'on ressentait quand on jouait la France, à l'époque. Nous n'avons jamais battu les Bleus, mais les rencontres étaient très accrochées et tout un public attendait que les cousins français soient enfin mis à terre. Entre parenthèses, cela fut fait à mes dépens, en 1997, alors que j'entraînais l'équipe de France auréolée d'un Grand Chelem dans le Tournoi. Connaissant le contexte, cette victoire des Azzurri et la manière utilisée pour l'obtenir m'amenèrent à partager leur plaisir. De plus, cette équipe était dirigée par mon ami catalan Georges Coste. Mes félicitations d'après-match étaient d'autant plus sincères. Je pouvais mieux que personne ressentir l'importance de ce succès pour l'image et pour l'évolution du rugby de l'autre côté des Alpes qui a grandement contribué à l'entrée de l'Italie dans le Tournoi, à terme. Je regrettais cette défaite et je partageais la déception de mes joueurs, mais elle ne pouvait m'empêcher de partager la satisfaction des Italiens.

La première année, j'ai donc pris le pouls du rugby italien. Là où je voyais des raisons d'espérer, je rencontrais des gens, particulièrement des anciens joueurs, qui en mettaient d'autres en avant, beaucoup plus pessimistes, pour ne pas dire défaitistes. Peu enclins à accorder un potentiel à leur pays, il devenait difficile de les utiliser. Ils se marginalisèrent tout seuls. Comme dans l'histoire du jeu, il y a dans chaque fédération des moments de régression et d'évolution. Après avoir bien écouté, je me dis que ce qui comptait le plus serait les efforts à consentir pour transformer ce qui existait déjà. Pour cela, je pouvais compter sur un Président solide et sur une équipe technique acquise et dévouée.

Face à ce manque de compétition de haut niveau, je proposais dès la première année au Président, que j'appelais maintenant « Aldo », d'aguerrir les joueurs en faisant des tournées qui allaient les habituer à côtoyer régulièrement des équipes supérieures. La première fut réalisée en Nouvelle-Zélande, à Fidji, aux Iles Cook et pour clore, davantage comme récompense, à Tahiti. L'année suivante, ce fut en Australie. La visite faite en France, pour une série de trois matchs, allait également dans ce sens. Nous avons eu des résultats en dents de scie, presque contradictoires. Nous avons connu le pire et le meilleur, le prix à payer pour évoluer et aller vers d'autres objectifs. Je dois dire que, quels que soient les résultats, la confiance que m'a accordée Aldo m'a permis de travailler dans les meilleures conditions, compte tenu des moyens financiers disponibles et limités de la Fédération. Il y avait de bons joueurs et je suis sûr que deux d'entre eux auraient eu leur place dans n'importe quelle autre équipe nationale. Massimo Mascioletti, ailier de L'Aquila, en faisait partie. Quant à l'autre, ses partenaires l'appelaient « Lungo », en français « le long », 2,03 m, mais physiquement très mince et sans beaucoup de consistance physique. Un travail approprié de musculation aurait été nécessaire pour exploiter au mieux ses qualités tactiques et techniques réelles. Je l'avais découvert en le sélectionnant dans l'équipe des moins de

18 ans lors d'un tournoi européen à VIIorganisé en Angleterre à Rosslyn Park. Il était réservé aux équipes nationales dont les plus représentatives étaient évidemment celles des Cinq nations. On se qualifia en poule en battant la France et en concédant un nul devant les Gallois. L'Écosse fut battue en demi-finale, mais nous perdions en finale devant l'Angleterre sur un terrain transformé en marécage, sur lequel « Lungo » s'embourba un peu. Son physique du moment s'accommodait mieux des terrains secs. Quand je l'ai fait jouer en équipe nationale, les critiques dans la presse ne manquèrent pas : « Il va se faire casser comme un bout de bois », pouvait-on lire. Claudio Tinari, dit « Lungo », est aujourd'hui le président du club romain La Capitolina (pour « équipe de la capitale » en italien) à laquelle il a impulsé une dynamique de vie exceptionnelle sur et hors du terrain. J'espère que le XV de France, qui utilise les structures sportives de La Capitolina quand il joue à Rome contre l'Italie, ressent cet esprit rugby qui existe dans la vie de ce club. Ce n'est pas l'actuel XV de France, qui s'y entraîne régulièrement avant les matchs des Six nations, qui me contredira.

Durant ces trois années, j'ai beaucoup aimé travailler avec les équipes nationales jeunes. Ils apprenaient vite et bien. Beaucoup d'entre eux ont progressivement intégré la Squadra nationale. Ils étaient 13 jeunes, sur 28 sélectionnés, à se rendre en Australie en 1981. Beaucoup avaient commencé avec moi, en 1978, avec l'équipe nationale des moins de 18 ans. Ils sont nombreux à s'être impliqués dans le rugby.

Cette période fut pour l'Italie un moment d'évolution intéressant. La Fédération enregistra un gain de 20 000 licenciés. Cela est lié aux efforts que nous avons produits, mais l'action du président de la FIR a été plus déterminante. Il n'était pas facile de réunir à l'époque (et ça ne l'est toujours pas) les diverses régions italiennes derrière un projet national. Derrière la supériorité rugbystique des clubs du Nord de l'Italie toujours champions (ou presque), il fallait faire comprendre que ce jeu puisse exister ailleurs, et donc aussi dans le Sud. Mission difficile que de faire accepter aux Nordistes ce soudain intérêt pour une partie de l'Italie qu'ils considéraient politiquement comme assistée et n'existant que grâce à l'économie du Nord. Cette dissension politico-économique, qui coupe l'Italie en deux, scindait aussi le rugby. Aldo tenta bien de favoriser le développement vers le Sud, mais les résistances étaient évidentes. Quel dommage, car il y a dans le Sud un potentiel inexploité tout à fait favorable à l'implantation du rugby, de Naples jusqu'en Sicile. Les enfants de ces populations socialement défavorisées ont d'abord un regard méfiant pour le rugby. Mais dès qu'ils en ont accepté les règles, celles qui gèrent l'affrontement, ils mordent à pleines dents dans cette activité. Ils le font en y développant une activité motrice bien supérieure à la moyenne. Derrière un mode de vie qui tend à un comportement individualiste, le rugby les amène à établir avec les autres des relations collectives recyclables dans la vie quotidienne. Ils entretiennent vite avec le jeu une passion qui les porte à prendre des initiatives, à se révéler créatifs, attentifs et sensibles. Ce réservoir n'est toujours pas (ou mal) utilisé.

En Sicile, j'ai rencontré des gens étonnants. « Paolone » était un politicien passionné de rugby et très attaché au club Amatori Catania. Quand je suis arrivé en Italie, un différend l'opposait à la Fédération.

« Il Présidente », Aldo, me demanda d'aller à Catane. Ce club devait jouer en ce début de saison contre les Français d'Albi. Je fus accueilli assez froidement, sans savoir pourquoi. Prenant le taureau par les cornes, j'invitai Paolone à dîner avec moi. Surpris, mais réactif, il se fâcha d'un coup et m'invectiva à moitié en italien, à moitié en français : « *Scusa* (excuse-moi), mais en Sicile, les invitations, c'est moi qui les fais. » Rendez-vous pris, nous voici tous les deux dans l'arrière-cour d'un restaurant où il signifia au patron qu'il souhaitait « être seul avec son invité ». Poliment, le patron s'effaça. J'ai fait là un de mes meilleurs repas, à base de fruits de mer, de poisson et de pasta. La cuisine sicilienne est délicieuse. Au fil du repas bien arrosé, la défiance de départ se transforma en écoute attentive. Il ne s'agissait pas d'obtenir sa confiance, il faut beaucoup plus qu'un dîner commun pour qu'un Sicilien vous l'accorde sans restriction. Cet homme intelligent comprit vite que je pouvais être une ressource pour aider au développement du rugby dans son île. En fin de repas, regardant les étoiles, son discours prit un ton plus sentencieux : « Vois-tu, Pierre, l'influence de la Sicile est réelle partout dans le monde, c'est pour cela qu'ici les étoiles brillent plus qu'ailleurs. » Sans commentaire.

Ce sentiment de défiance envers le Sud, je l'avais ressenti quand j'avais choisi de sélectionner en équipe nationale quelques joueurs de Rome et de L'Aquila. Un journal du Nord avait titré « Attention au vent qui vient du Sud », stigmatisant ainsi un danger possible qui pouvait remettre en cause la soi-disant suprématie d'un rugby qui ne pouvait appartenir qu'au Nord. C'est dans ces moments difficiles, qui coïncident en général avec de mauvais résultats, que j'ai eu des relations controversées avec la presse, et même avec certains dirigeants fédéraux en interne. Mais c'est aussi dans ces moments qu'il s'agit d'avoir des réponses argumentées. Mon passé de joueur m'a grandement aidé pour continuer à avancer vers les objectifs souhaités et souhaitables.

Durant ces trois années, un gros effort a été fait pour mieux former les entraîneurs, un facteur de développement capital dans le projet de départ. En 1981, avant mon retour en France, le Président me sollicita pour organiser une conférence internationale sur le jeu. Ce fut un réel succès. J'eus le plaisir de recevoir à Rome Don Rutherford, directeur de la Fédération anglaise, Bill Freeman, le responsable du coaching en Nouvelle-Zélande, John Dawes, l'ancien capitaine de la célèbre équipe galloise des « seventies ». Entre séances théoriques et pratiques, devant plus de deux cents techniciens venus de toute l'Italie, ils dispensèrent leur savoir et leurs compétences pendant trois jours. Le Président souhaitait aussi laisser une trace de mes trois années passées auprès de la FIR. Aldo me proposa de réaliser un film pédagogique sur la formation des jeunes de 8 à 14 ans. Me voici transformé en réalisateur. Avec l'aide de mes collaborateurs, nous avons conçu et écrit le scénario. Les acteurs, les jeunes de l'école de rugby du CUS Roma (le club universitaire romain), se prêtèrent avec patience, voire pour certains avec talent, à la réalisation des nombreuses séquences de jeu pendant une semaine, à raison de quatre heures par jour. Ce film que j'ai présenté à la fin de ces trois journées de formation à la mairie de Rome dans un cadre somptueux, en présence de hautes personnalités politiques et du Comité olympique italien, emporta un véritable succès. La Fédération le mit bien sûr à la disposition des comités régionaux pour diffusion auprès des clubs. Traduit en anglais, il eut un réel succès outre-Manche, et même dans l'hémisphère Sud, ce qui me valut par la suite des invitations pour aller parler de cette méthodologie de formation. Cette conception reste valable aujourd'hui. La raison et la façon de mettre en place cette démarche de formation sont plus que jamais restées d'actualité. Il faudrait simplement adapter son contenu à l'évolution des règles. Cette belle expérience de metteur en scène, de réalisateur, m'a fait prendre conscience des exigences de ce métier que je ne soupçonnais pas. Lors du montage du film, j'ai compris pourquoi Paolo, un vrai « pro » dans ce métier, n'était jamais satisfait et voulait toujours plus d'images, derrière ses caméras. C'était indispensable pour pouvoir faire le tri des bonnes, celles qui apportent une force au message didactique que nous visions à faire passer. Je me suis impatienté plus d'une fois face aux exigences de Paolo, mais quand tout fut enfin mis bout à bout, j'ai découvert un film qui dépassait le cadre pédagogique. La beauté des images, des visages en gros plans, des courses et des gestes techniques filmés avec talent en faisait un outil pour les entraîneurs, mais aussi un film accessible à tous les publics. Il ne reçut pas de César, mais il a fait transparaître l'esprit des règles, et en conséquence celui de ce jeu. C'était un exploit que Paolo avait remarquablement réussi alors qu'il ne connaissait rien au rugby. En cherchant à modifier les traditions de la formation italienne (dont la tendance était de rechercher chez les jeunes, et à tort, une spécialisation à outrance) depuis mon arrivée, ce film arrivait au bon moment. Il les poussait à faire évoluer les réflexions sur l'enseignement de ce sport pour démontrer que le rugby était d'un enseignement facile, qui peut intéresser tous les enfants, quel que soit leur milieu social. En Italie, les enfants venaient trop souvent au rugby parce qu'ils étaient issus de familles où les pères avaient été des pratiquants. Mais il ne touchait pas certains milieux, dont le scolaire, où les enseignants, à tort, trouvaient sa violence apparente incompatible avec le processus éducatif. Le rugby est au contraire un superbe outil. Ce fut une fierté que de pouvoir présenter ce film à un auditoire qui m'honora d'une longue « standing ovation » que je perçus sincère. Ils applaudissaient le film, oui, mais ils me saluaient aussi parce que je quittais l'Italie pour rentrer en France, à Toulouse.

Variations romaines

J'ai eu le plaisir, durant mon séjour en Italie, d'accueillir en fin de saison 1980 le Stade Toulousain, pour une série de trois matchs. C'était plutôt « Vacances romaines » pour des Toulousains, plus préoccupés de découvrir la *dolce vita* que de jouer au rugby, même s'ils surent faire honneur au maillot lors de ces trois rencontres. Un soir, trois joueurs en virée dans un bar branché de la Via Veneto, les Champs-Élysées romains, sont embarqués par la police vers deux heures du matin suite à un désaccord sur le coût exagéré des consommations. Deux dirigeants assis à l'une des terrasses d'un bar proche regardent la scène de loin sans penser que ce sont leurs joueurs qui sont concernés. En suivant distraitement la scène, ils en prennent conscience, mais pas suffisamment vite. Ils arrivent au moment où la voiture de police démarre à toute allure dans le bruit des sirènes et le clignotement stressant des gyrophares.

J'avais pourtant bien prévenu les joueurs toulousains que dans cette difficile période, après l'assassinat par les Brigades rouges du Premier ministre Aldo Moro, la police italienne restait encore sur les dents et qu'il convenait de ne pas se faire remarquer bêtement. À trois heures du matin, je suis informé de l'incident par ces deux dirigeants. Je fais immédiatement appel à mon ami policier et rugbyman Pasquale Vagui, policier un peu particulier puisqu'il était le chauffeur du président du Conseil, Amintore Fanfani. Serein, Pasquale me dit que l'on s'en occuperait le lendemain matin, qu'il ne s'agissait sûrement que d'une garde à vue ordonnée par les Carabinieri, la gendarmerie italienne. Il ajoute qu'ils devront passer le reste de la nuit au poste. À huit heures, le lendemain matin, Pasquale m'appelle pour me signifier que les trois joueurs sont introuvables dans les différents commissariats de la ville, il se serait donc passé quelque chose de plus grave. Ce ne sont pas les carabiniers qui sont intervenus mais plus certainement la police, indiquait-il. Personnellement, la différence m'échappait, mais pour le moment l'explication attendrait. Pasquale m'amena donc à la célèbre prison Regina Coeli. Nous fûmes fixés assez vite, je fus même soulagé d'apprendre que « *I Francesi sono arrivati nella notte* » (les Français sont arrivés dans la nuit). Le concierge d'un hôtel n'aurait pas dit mieux. Malgré les interventions de toutes sortes, il ne fut pas possible de les faire sortir avant trois jours, et encore fallut-il que j'accepte de les représenter lors du jugement dont ils feraient l'objet ultérieurement. On me refusa de les voir, pas même au parloir de la prison. Difficile moment pour Roger, Robert et Christian puisqu'ils avaient été placés dans des cellules différentes avec des détenus de droit commun en prison pour plusieurs années. Aucune communication n'était possible entre eux et, du fait de la langue, impossible de discuter avec le compagnon de cellule, sauf Robert qui put échanger un minimum avec le sien. Le détenu réussit à lui faire comprendre qu'il en était à sa troisième année et qu'il lui en restait douze à purger. Il se voulut très rassurant pour Robert en lui disant que la police était nerveuse en cette période trouble de terrorisme et que son cas ne méritait pas plus d'un mois.

Nous les avons retrouvés à leur sortie plutôt pâles, pour ne pas dire blafards, et logiquement traumatisés. L'ovation reçue de la part de leurs partenaires à leur retour à l'hôtel ne réussit pas à les dérider et ils déclinèrent, les autres soirs, toute sortie nocturne. Ils restèrent très sceptiques quand Pasquale leur assura que « tout bon Romain se devait de faire un séjour à Regina Coeli, et que beaucoup d'hommes célèbres en avaient tiré honneur ». Ils devaient donc assumer cet incident avec fierté. Trois mois plus tard, je fus convoqué pour le jugement qui ne fut qu'une formalité, mais ma signature leur rendit « le droit de revenir quand il leur plairait en Italie », comme me le signifia le juge avec un petit sourire. Je doutais dans l'instant qu'ils en aient réellement envie.

Les leçons d'Italie

Le jeune entraîneur que j'étais a beaucoup appris en Italie. À ne pas mollir, à ne pas tergiverser, à être « avec ou contre », mais pas dans la demi-mesure. J'ai compris qu'il fallait ne pas avoir peur de défendre ses convictions, sans pour autant les imposer comme des certitudes. Ce n'est pas évident quand on provoque du changement au sein d'une institution fédérale composée de dirigeants ayant du mal à accepter de se fédérer derrière un projet. Comment s'adapter aux valeurs culturelles et ne pas dénaturer ce qui fait la force d'un projet ? Ce jonglage n'est pas simple si l'on veut que le projet devienne perceptible par et pour tous. On apprend autant par le lot de satisfactions que par les ennuis passagers, voire les échecs.

J'ai aimé la vie à Rome et les Romains, dont le mode de vie est pourtant décrié dans toute l'Italie. Leur capacité à relativiser, à caricaturer, m'enchantait. Très fiers, ils cultivent la mauvaise foi. N'empêche, j'ai lié de vraies amitiés avec d'ex-joueurs de mon époque qui m'ont accueilli au sein de leur équipe d'anciens. On se retrouvait entre 13 et 15 heures pour des parties de jeu (sans contact) sublimes. J'ai enfin appris à conduire à Rome où, selon les conseils du secrétaire général de la Fédération (un pur Romain), il ne fallait surtout pas regarder ceux qui arrivent de droite et de gauche, et donc faire fi des priorités si je voulais éviter les multiples arrêts liés à la circulation. Conseils qui m'ont permis de belles performances dans les rues de Rome, mais qui m'ont également valu quelques frayeurs.

Je ne remercierai jamais assez le président Invernici de m'avoir sollicité pour assurer cette fonction qui m'a fait grandir. J'ai appris à travailler en délaissant mes désirs, à gérer des théories vagues, des stratégies fumeuses, à ne plus courir après quelque chose sans savoir exactement quoi. J'ai appris à agir dans le cadre d'un projet avec des objectifs précis, en analysant ce qui marche et ce qui marche moins bien. Il s'agit bien, pour entrer dans cette démarche, de mettre en œuvre un plan de bataille qui responsabilise ceux à qui l'on fait confiance en leur donnant les moyens d'agir parce que l'on aura su leur faire acquérir les compétences adéquates. La culture italienne est une culture de résultats. Il a donc fallu faire passer un message fort : celui de savoir ajuster ses ambitions aux possibilités du moment. Il y avait une contradiction dans le mode de fonctionnement des gens du rugby en Italie. D'un côté, il y avait cette envie de réussir et, de l'autre, un sentiment d'infériorité, voire de fatalisme, par rapport aux pays les plus représentatifs du rugby. Ils ne se défaisaient pas d'un sentiment de dépendance qui empêche de se projeter dans l'avenir en croyant en ses propres forces. En ce sens, les résultats qui n'étaient pas possibles dans l'instant avec l'équipe nationale ont été réalisés avec les équipes de jeunes, démontrant que le potentiel qui existait à ce niveau permettrait à plus long terme d'obtenir les résultats escomptés et de devenir progressivement une nation reconnue du rugby mondial.

Les bienfaits de l'expatriation

Ces deux longs séjours, à Tahiti et en Italie, auraient pu être un enterrement de première classe. Mon retour surprise dans les phases finales en 1978 m'a ramené sur la scène rugbystique, ses flonflons et ses lumières. J'ai pu me rendre compte que l'on ne m'avait pas vraiment oublié et que ma facilité à m'expatrier, plutôt rare à l'époque, avait interrogé le milieu. Je crois le Français casanier et, pour ne pas y avoir échappé, je comprends l'angoisse qui existe quand on quitte son pays, que l'on doit se débarrasser de ses certitudes, sortir d'une certaine sécurité. Mais l'avoir fait m'a permis un constat : si l'on ne bouge pas, on n'est plus surpris et l'on devient insensible à ce que l'on voit et rencontre. A contrario, vivre ailleurs nous invite à prendre en compte qu'il n'y a pas de vérité, ni ici ni là. Ces deux expériences, comme toutes celles que j'ai eues dans de nombreux pays, ont été des ruptures culturelles passionnantes, tout comme la diversité des fonctions successives et des missions qui ont été les miennes. C'est bien le joueur que j'ai été et la réputation acquise ici et là qui m'ont permis par la suite de m'engager et de défendre des conceptions de formation. De l'hémisphère Nord comme du Sud, que ce soit dans les nations les plus représentatives ou les plus modestes, j'ai apprécié la chance qui m'a été offerte de vivre ma passion sportive et d'aller à la rencontre d'autres idées, d'autres réflexions, que j'ai toujours acceptées, à condition qu'elles soient compatibles avec la démarche de formation et les bases pédagogiques que j'ai toujours défendues. Pourquoi ? Simplement parce que je crois que ce sont les meilleures et qu'elles s'inscrivent dans une logique de construction de l'humain. Encore une fois, je n'ai rien inventé, mais je me suis inscrit dans cette école française qui s'est toujours appuyée sur le fond culturel caractéristique du rugby. Les moments forts de ma carrière de joueur, d'enseignant formateur et d'homme en ont toujours été imprégnés.

« Apprendre à vivre ailleurs et comment il faut y vivre », c'est bien le cas quand on quitte son pays. Il me semble que la sociabilité ne se décrète pas. Elle se concrétise dans l'acceptation des contacts, seule façon d'avoir une chance de s'adapter mieux et plus vite aux us et coutumes existants. Je pense que j'ai toujours réussi à m'intégrer à tous les milieux et à leur entourage sans avoir eu ni à feindre ni à faire des efforts pour qu'il en soit ainsi.

- 6 -
LE PROJET TOULOUSAIN

Retour à l'école

Me voici de nouveau en France, en septembre 1981, à Toulouse mais, cette fois, j'ai l'impression que ce sera pour un bout de temps puisque l'on me propose un poste au lycée Jolimont. Pas n'importe lequel. Il s'agit de prendre en main la section sport études rugby. L'objectif de ces sections est de permettre aux jeunes talents régionaux d'avoir un double cursus sportif et scolaire, de la seconde au baccalauréat. Ce poste m'intéressait d'autant plus que je sentis dès le premier entretien le proviseur, Monsieur Granereau, disponible pour s'impliquer totalement et me donner les moyens de travailler dans les meilleures conditions.

Pour atteindre de concert les objectifs sportifs et scolaires, l'aval du chef d'établissement et son soutien sont déterminants, tout autant que celui des enseignants. Difficile de bousculer l'ordre d'un établissement et de faire aménager des horaires d'études pour des sportifs. Légitimer ce projet prit du temps et, au départ, j'ai dû m'y investir. Dans l'esprit des professeurs, faire du sport à dose élevée équivalait à ce que les lycéens se relâchent dans le travail scolaire. Il leur semblait au départ qu'ils allaient devoir traîner des boulets. En fait, je compris que puisque les rugbymen bénéficiaient de quelques avantages, il convenait qu'ils obtiennent de meilleurs résultats que les élèves, disons, ordinaires. J'avais donc besoin de l'aide des enseignants pour commencer ensemble un voyage qui allait durer cinq ans. Je dois dire qu'au fil des années, ils partagèrent toujours mieux les objectifs que nous leur proposions. Les professeurs cernèrent les difficultés et comprirent qu'ils devaient répondre favorablement aux exigences en tout genre qui étaient demandées à ces élèves un peu spéciaux. En les invitant régulièrement à venir voir nos entraînements et les matchs de leurs élèves, ils saisirent que l'investissement sans limite qu'ils avaient dans la pratique du rugby pouvait favoriser leur implication dans le travail de classe. L'accession à la haute performance confronte les jeunes à des situations de choix de plus en plus précis, exigeants, voire exclusifs. Le risque d'une désocialisation progressive est fort si leur parcours n'est pas guidé de façon éducative par le précieux soutien, à la fois du responsable « rugby » et du système éducatif « classique ». Ils doivent conjointement veiller à faire émerger, à renforcer, à stabiliser les valeurs utiles tout en devant considérer les « contre-valeurs » qui parfois les agressent. Il leur fallait apprendre à devenir exemplaires, à la fois dans leur comportement en classe et en dehors avec les autres élèves. Leur maintien dans la section en dépendait. Je savais que, côté rugby, leur passion et leur motivation pour progresser les conduiraient à une implication totale. Il fallait les sensibiliser à l'autre versant.

Dire que tout se fit sans dérapage ? Il n'en est rien. Il a fallu quelquefois intervenir, mais le message passa de mieux en mieux, ce qui me permit progressivement de créer les bases solides pour que la formation sportive, comme scolaire, soit une référence en termes de résultats. La reconnaissance passait aussi par les sélections en rugby. Les sélectionnés dans les équipes nationales portaient l'image de marque de l'établissement et c'était une fierté pour les enseignants que d'avoir participé à cette reconnaissance sportive. Ce ne fut pas évident la première année. Le niveau rugbystique de cette première promotion laissait à désirer, mais la tendance s'inversa dans le temps et, aujourd'hui, le lycée Jolimont a formé pas moins d'une quarantaine d'internationaux, dont les plus célèbres (les autres me pardonneront de ne pas les citer) s'appellent Jean-Luc Sadourny, Philippe Benetton, Fabien Pelous, Émile Ntamack et, plus près de nous, Frédéric Michalak, Clément Poitrenaud ou Maxime Médard. Pourtant, c'est cette première promotion, qui n'a pas donné de champions, qui bien plus tard créerait l'Association des anciens de Jolimont, révélatrice d'un certain état d'esprit.

Le travail était donc passionnant, mais lourd. Il nécessitait une présence constante dans l'établissement. D'autant plus que j'ai essayé d'impliquer chacun dans une dynamique participative pour trouver les moyens de réaliser des voyages à l'étranger. Un moyen éducatif pour qu'ils tirent profit des confrontations avec d'autres cultures, avec d'autres règles sociales. Dans ces voyages, j'invitais à chaque fois le proviseur et, à tour de rôle, deux professeurs. L'Espagne, Rome et Oxford alliaient rugby et tourisme. Mais, lors de ma dernière année, ce furent simplement des vacances dans le Sud de la France.

À ma suite, mes successeurs à ce poste, maintenant appelé « Pôle espoir », ont su préserver la philosophie de départ et la faire évoluer vers des objectifs plus ciblés, ceux qu'imposent la haute performance dans un système devenu professionnel entre-temps. Entrer aujourd'hui à Jolimont permet d'accéder à une carrière professionnelle.

J'ai vraiment apprécié ces cinq années, tant sur le plan humain que relationnel. La confiance qui s'est instaurée avec tous ces jeunes rugbymen se réalisa dans les entraînements, dans lesquels j'ai toujours cherché à innover, ce qui oblige à une remise en cause dans toutes les séances, mais aussi dans la vie scolaire où ils m'ont perçu comme un soutien toujours disponible. J'ai mis en avant mes conceptions du jeu et une démarche d'enseignement du jeu. Cette expérience, ajoutée aux précédentes, me permit aussi de me sentir prêt et plus fort pour répondre favorablement à la proposition de Jean Fabre, président du Stade Toulousain, pour prendre en main, avec Robert Bru, l'entraînement de l'équipe première. Incontestablement, c'était un tout autre challenge, d'autant plus que j'en mesurais la charge de travail supplémentaire. En plus du sport études, je devrais assumer les entraînements hebdomadaires du club, plus les matchs. Je ne me doutais pas alors de ce que cette implication au Stade provoquerait dans ma carrière : autant de passions, d'émotions, de plaisirs et déplaisirs, d'amitiés et d'inimitiés, de fâcheries et de brouilles diverses.

Évolution culturelle

Durant cette saison 1981-1982, je suis allé voir jouer le Stade quand les matchs avaient lieu à Toulouse. Je me suis fait une idée du potentiel de cette équipe et, en même temps, des caractéristiques de son jeu. La proposition de Jean Fabre survint début janvier. Il s'agissait non seulement que je rejoigne Robert Bru, entraîneur depuis un an auprès de l'équipe première, mais aussi de nous confier la responsabilité de tout le secteur sportif, dans le cadre du grand projet que Jean avait en tête pour le club.

Professeur de mathématiques de formation, son projet était à la fois très cartésien, mais il pouvait paraître en même temps complètement utopique. Ce qui le faisait passer pour un grand rêveur aux yeux de certains. Mais il avait l'art de convaincre. Sa réflexion, soutenue par une grande confiance dans l'humain, souhaitait d'abord s'appuyer sur la culture du club. Le club avait une histoire qu'il s'agissait de bien utiliser tout en se servant au mieux de l'environnement économique, universitaire, institutionnel d'une grande ville comme Toulouse, cité alors en pleine expansion. Jean Fabre voulait mobiliser des personnes représentatives de ces différents milieux, les amener à partager la mise en œuvre d'un projet et d'objectifs originaux, novateurs, ambitieux, mais concrets, en utilisant leur expertise. Cet engagement de toutes les ressources de la région toulousaine recherchait aussi à créer un « métissage » des savoirs, « savoir faire » et « savoir être », que chacun pourrait mettre à disposition du club. Il savait diffuser sa croyance dans l'investissement des hommes en les responsabilisant. Une manière de sortir du domaine théorique et de ce qui est juste « à portée de main », ce qui n'est pas très dynamique. Je me souviens de certaines réunions chaudes avec nous, les techniciens du jeu, quand il nous faisait part de ses idées. Robert Bru était un peu dubitatif. « Comment mettre en place un tel projet ? » Robert l'interpella sur le « qui fait quoi ? », dans l'utilisation de cette stratégie très humaniste et sur la façon de gérer les interférences de pouvoir qui, généralement, surgissent dans la mise en place de tout projet. La question suscita un moment de franche rigolade, mais Jean ne s'échappa pas. Il nous dit vouloir créer au sein du club un fort sentiment d'appartenance et que celui-ci s'installerait peu à peu chez tous ceux qu'ils sollicitaient, mais qu'il fallait du temps pour qu'ils donnent du sens à « pourquoi ils étaient là ». Fédérer, donner du sens. Des leviers essentiels pour générer confiance en soi et dans les autres, chez ses futurs collaborateurs qui seraient porteurs de valeurs influençant la vie du club, du laveur de maillot au président, en s'ouvrant sur toutes les expertises possibles dans différents domaines.

Mirage d'un management idéal, basé sur l'enthousiasme, sur des compétences à exploiter, chacun à son niveau en utilisant les capacités de créativité de chacun ? En tout cas, cela ne se déclare pas, ne s'achète pas, ne se copie pas. Le Stade Toulousain, hormis d'être propriétaire de son terrain, n'avait pas grand-chose sur quoi s'appuyer pour démarrer. Mais cette opportunité fut par la suite formidablement utilisée. Jean a su nous séduire en exposant sa confiance en l'humain. Cela me rappelle un proverbe arabe qui dit que « la différence, entre un jardin et un désert, ce n'est pas l'eau, c'est l'homme ». Dans ce contexte peu propice à susciter des vocations, il conviendrait d'identifier ceux qui voulaient bien avancer et trouver parmi eux les acteurs clés. Le prof de maths, sans doute bien formé aux facteurs-clés de la réussite, visait à professionnaliser le club, mais sans moyen dans l'instant. Il voulait augmenter ses compétences dans tous les compartiments, administratif et sportif, tout en créant une dynamique de travail. Puisqu'il se l'imposait, il saurait l'imposer aux autres.

Lors de cet entretien, l'obligation de résultats n'a pas été évoquée, ni dans le court ni dans le long terme. Mais l'on comprit parfaitement que nous aurions sa confiance sur du long terme. Dans les bons moments, c'est toujours facile. Dans les mauvais, l'appui d'un président n'est plus aussi simple, mais il est indispensable. Nous étions tous les trois des enseignants et, à ce titre, il existait suffisamment de traits communs, de passion, pour que le degré d'affinités de départ se transforme progressivement en réelle amitié. Ce qui est nécessaire pour que perdure un accord qui a duré pratiquement dix ans. Nous n'en savions rien encore. Ce qui était sûr, c'est qu'il voulait avec lui une équipe d'hommes en harmonie sur l'essentiel, pas frileux, décidés à entreprendre, à s'écouter, à se respecter.

En dix années de « vie commune », tout n'a pas été lisse. Il y eut bien des accrochages et des analyses divergentes. Il se développe sur le long terme des logiques de pensée différentes entre dirigeants et techniciens qui poursuivent les mêmes objectifs. Parfois, et c'est logique, elles s'affrontent sur la façon de les atteindre. Les liens ne se sont jamais rompus, voire distendus, mais comme il n'y a pas de « bonne place » ni de « bonne soupe », il faut savoir s'effacer, surtout quand les bases pour continuer sont saines et que les conditions sont réunies pour permettre à d'autres de prendre le relais. Je l'ai déjà dit, il faut savoir passer à autre chose.

Jean Fabre savait qu'il lui fallait reconsidérer les structures à la mesure du projet. Il avait pris le club en main l'année précédente dans des conditions difficiles. L'expropriation du stade des Ponts-Jumeaux avait amené à déplacer les lieux d'entraînement des diverses équipes durant toute la saison. Les matchs de l'équipe première se jouaient au Stadium municipal. Orphelins de ses installations et privés de la vie sociale du club, il fallut patienter la saison suivante, celle de mon arrivée, pour que le club soit accueilli aux Sept-Deniers, quartier situé dans le prolongement des Ponts-Jumeaux. Dans un stade tout neuf, avec des équipements enfin à la hauteur, le projet pouvait prendre corps. Personne ne sera choqué si je dis que l'arrivée dans ce nouveau stade favorisa grandement la réalisation du projet. De nouveau chez soi, il devenait plus aisé de mettre en œuvre de manière optimale le démarrage du projet qui prenait de fait tout son sens. Il n'est pas sûr qu'il aurait été aussi bien reçu par l'environnement si nous étions restés dans l'antique stade Ernest-Wallon. Quoi qu'il en soit, ce grand projet ne pouvait réussir qu'avec des hommes disponibles et sincères, capables de s'engager pleinement parce que la réussite est fragile. Dans ce cadre et avec cette philosophie, le président pouvait compter sur nous.

Jean savait communiquer et être persuasif. Mais sur quoi communiquer si les résultats, particulièrement ceux de l'équipe fanion, ne sont pas en phase avec les ambitions déclarées ? Convaincus, le staff technique comme l'administratif, nous l'étions. Nous avons compris que nous devions avancer coûte que coûte, qu'il fallait savoir faire face en acceptant le sourire compatissant, voire l'ironie du milieu du rugby, quelquefois son hostilité et ses critiques quand les effets attendus tardaient à se concrétiser. J'ai compris que dans le milieu sportif, il faut d'abord gagner pour être entendu et compris. Le projet, aussi séduisant soit-il, ne présente aucun intérêt sans les résultats. Gagner d'abord, on verra ensuite, mais gagner. Savoir le faire n'apporte pas pour autant la sérénité, bien au contraire. On se fait d'autres amis, mais aussi, et dans le même pourcentage, autant de détracteurs.

J'oserai cette métaphore en disant que Jean Fabre nous proposait des règles pour « agrandir le terrain de jeu », créant ainsi de nouveaux espaces et plus d'initiatives pour ceux qui le désiraient. Agir ainsi n'est pas donné à tous, mais, dans sa volonté d'innover, il dérangea et se heurta très vite à des obstacles de taille. D'abord, une mairie de droite peu disponible pour aider financièrement un club soi-disant positionné « à gauche ». Surtout, il fut vite en opposition avec une Fédération française de rugby très conservatrice, dirigée sur le mode hiérarchique, de manière directive, peu encline à changer et évoluer, en tout cas très suspicieuse dès qu'il s'agissait de nouveauté, de sortir de la routine institutionnelle. Jean s'opposa à Albert Ferrasse dès que le club commença à avoir des résultats. Selon lui, le rugby, pour évoluer, devait devenir élitiste et cela passait par une compétition au plus haut niveau avec un nombre limité de clubs. Il voyait dans un premier temps deux poules de douze clubs. Quand on voit aujourd'hui le modèle professionnel du Top 14, on peut admettre que ses idées n'étaient pas des délires « d'intello » et que le temps était venu de sortir le « rugby des clubs » de l'Hexagone.

L'opposition naissante à la FFR

Le premier Masters des clubs en 1987, gagné par le Stade Toulousain, lui en donna l'occasion. Bath (Angleterre), Ponsonby (Nouvelle-Zélande), North Shore (Australie), Constanta (Roumanie), Banco Nacion (Argentine), L'Aquila (Italie), Agen et Toulouse participèrent à cette grande première qui préfigurait la Coupe d'Europe. Contre vents et marées, mais surtout contre la FFR qui voyait d'un mauvais œil un club prendre l'initiative d'un tel projet international, cette compétition obtint un succès probant. Pour les quarts de finale, certains matchs avaient été délocalisés. Ce fut une erreur, il aurait été judicieux de jouer tous les matchs à Toulouse. Le club dut s'endetter pour promouvoir cet événement inédit. La déclaration de Jean Fabre, à l'issue de la première compétition, « le Mondial des clubs deviendrait à terme inévitable », ne fut pas spécialement appréciée en haut lieu. Pourtant, cette mondialisation du rugby n'était pas pour déplaire aux nations du Sud, particulièrement l'Australie, nation jeune et ouverte où l'on pensait que l'amateurisme pur et dur avait vécu et qu'il faudrait bien un jour compenser les efforts des joueurs. Et pour eux, cela passerait forcément par des compétitions élitistes. Ce discours n'était pas recevable du côté d'Agen, chez le président Ferrasse et chez Guy Basquet, où tout se décidait en petit comité.

De fait, après ce premier Masters des clubs, l'initiative de Jean suscita beaucoup de grincements de dents et de polémiques, par presse interposée, mais sans jamais qu'il existe de véritable dialogue. Le Stade Toulousain était pourtant bien représenté à la Fédération avec deux ex-présidents, Yves Noé et Henri Fourès. Leur influence n'était pas suffisamment forte ni déterminante face au pouvoir en place. Le Masters ne fut pas reconduit les années suivantes. Personnellement, je me suis alors étonné qu'aucune fédération ne cherche, dans l'intérêt du rugby, à s'approprier ce souffle nouveau. Cette dynamique issue d'un club, au lieu de rapprocher les hommes et de les fédérer, a produit l'inverse alors que la FFR, à terme, aurait dû logiquement s'emparer de cette idée. Le différend dépassa le cadre institutionnel, puisqu'une opposition de conception du jeu et des formes d'entraînement était née depuis ma prise de fonction entre techniciens. Jacques Fouroux, depuis 1980, avait pris en main le XV de France. La bagarre dura dix ans et nous allons y revenir longuement. Notons au passage que les matchs de ce Masters des clubs furent retransmis par les télévisions étrangères. Cela procura au club une belle notoriété. Et même plus, car le jeu toulousain avait aiguisé la curiosité des techniciens étrangers présents, et d'autres, qui nous sollicitèrent pour venir assister à nos entraînements et discuter ainsi sur la méthode de travail. Leurs déclarations par voie de presse valorisaient la qualité du jeu toulousain, comparé à celui du XV de France jugé alors moins spectaculaire et peu évolutif. Un débat qui, au fil du temps, ne s'éteint jamais.

À partir de là, je fus beaucoup sollicité pour me déplacer à l'étranger afin d'expliquer le jeu stadiste. Je le fis avec plaisir et honneur. Je considérais, et c'est toujours le cas, que dans le sport et le rugby, il n'y a pas de méthode qui ne doit être partagée, enseignée. La mettre à la disposition de tous relève d'un devoir quand on vise à développer le meilleur rugby, celui qui favorise le spectacle. L'Angleterre, pendant l'été 1985, m'accueillit dans toutes les régions pour des interventions auprès des entraîneurs. Cette invitation passa pratiquement inaperçue et fut peu médiatisée, mais elle fut déterminante puisque je reçus en 1989 une invitation pour aller prodiguer pendant six jours des conseils à l'équipe nationale anglaise en stage à Faro, au Portugal. J'y reviendrai, mais cette deuxième invitation fut cette fois-ci largement médiatisée.

Jean Fabre sut profiter du centenaire du club pour faire accepter à la FFR l'organisation d'un deuxième Masters de dimension supérieure avec la présence d'équipes nationales. Fidji, Samoa, la Roumanie, les Australiens du Queensland, les Néo-Zélandais de Wellington, une équipe de Buenos Aires, mais aussi Bath, le champion anglais, acceptèrent l'invitation. On n'oublia pas les universitaires pour une compétition qui réunit, avec Oxford et Cambridge, une sélection toulousaine. Ce fut une riche semaine de manifestations culturelles et pédagogiques touchant au rugby dans toute la ville. La finale Queensland-Toulouse fut particulièrement spectaculaire et représentative d'une évolution du jeu significative. Le manager du Queensland me confia après le match, à la suite de la victoire du Stade, qu'il ne pensait pas possible de voir une équipe de club capable de battre sa province, forte de nombreux internationaux, dont ceux qui participèrent à la victoire de l'Australie dans la Coupe du monde 1991 qui se déroula en Europe.

Le dernier Masters de 1987 frappa quand même les esprits de la Fédération puisque, dans la foulée, il fut proposé un Championnat particulièrement intéressant, avec 20 clubs (deux poules de dix), qui avait mobilisé médias et sponsors. En termes d'exposition, c'était tout bénéfice pour le rugby. Les joueurs devaient aller vers d'autres exigences et cela influençait directement le niveau de jeu des sélectionnables du XV de France. Mais cette dynamique fut rapidement cassée et, selon le président Ferasse, « dans l'intérêt des petits clubs ». On revint à une formule bâtarde. Jacques Fouroux insista copieusement pour obtenir une compétition qui se déroula finalement avec seize poules de cinq clubs, soit 80 clubs au total ! Le système de deux qualifiés par poule scindait la compétition en 32 clubs en groupe A et 48 en groupe B. Une aberration. La formule illisible, sans intérêt, était peu propice pour préparer les joueurs à des échéances internationales, dont la Coupe du monde qui se profilait et allait se répéter tous les quatre ans. Une compétition qui allait logiquement devenir de plus en plus difficile et exigeante.

Trois ans pour construire un style...

Trois saisons ont été nécessaires pour nous conduire au Parc des Princes. Elles ont été déterminantes pour les entraîneurs, les joueurs, le club et la pérennité du travail entrepris. Nous avons œuvré pour tisser la toile du succès en choisissant de faire de la qualité du jeu une priorité. C'était indispensable pour que nous soyons complémentaires du projet Fabre et qu'il apparaisse avec logique et évidence.

Être champion, nous le désirions mais pas n'importe comment et surtout pas avec n'importe quel jeu. C'était notre volonté de mettre en place un jeu qui ne pouvait être celui des autres, mais bien celui du seul

Stade Toulousain, un style identitaire et identifié, racoleur, forcément spectaculaire et qui colle à l'histoire du club et aux besoins d'un public porté sur l'esthétique du jeu. Plus facile à décréter qu'à concrétiser avec un groupe de joueurs qui, au départ, n'était pas disposé à changer de comportements ni à évoluer. Faire de la qualité du jeu un credo, un vecteur de communication, pour mobiliser la presse relevait d'un véritable défi. Bien jouer ne suffit pas, il faut rivaliser le plus vite possible avec les meilleures équipes du moment afin d'accéder au dernier carré, celui des demi-finales. « Rivaliser », le sens du mot me convenait mieux que « gagner », je le trouve moins contraignant et plus flexible pour accéder à la réussite. Nous n'avons pas eu besoin avec Jean de négocier ce marché, le rugby produit par les Rouge et Noir a progressivement intéressé l'opinion et le public qui est venu au stade en plus grand nombre. Cette communication sur le jeu fut selon moi essentielle pour que les joueurs ne refusent jamais ce challenge, même si tout ne fut pas rose.

La première année avec Robert Bru ne fut pas simple. Nous avions programmé un stage à Font-Romeu avant le début du Championnat. On espérait la présence de tout l'effectif. Outre deux ou trois absences légitimes, il manquait à l'appel une des figures emblématiques du club, Jean-Pierre Rives. J'ai déjà parlé des excellentes relations que j'entretenais avec Jean-Pierre. La saison précédente, son travail l'avait amené à Paris. Il s'entraînait avec le Racing Club de France, et très rarement avec le Stade Toulousain. Il participait aux compétitions le dimanche. Sans doute avais-je eu tort de déclarer lors d'une interview au *Midi Olympique*, juste après ma nomination comme entraîneur, que nous souhaitions une présence et une implication aux entraînements sans faille pour tous, sans exception. Ceci sous-entendait que celui qui dérogerait à cette mesure sportive ne jouerait pas. La question de Jean-Pierre, de ses contraintes professionnelles dans la capitale, fut mise sur le tapis. Je répondis qu'il serait demandé à Jean-Pierre de faire un effort et d'être présent au moins au dernier entraînement, celui du vendredi soir, une requête qui pouvait être acceptable par ses partenaires. Sans quoi, il ne saurait être question d'enfreindre ce règlement intérieur. Pourquoi ne pas en avoir parlé à Jean-Pierre avant ? Je n'en sais rien, mais la demande me paraissait tellement logique que je ne m'attendais pas à un refus de sa part. Rien n'y fit. Pas même l'intervention de Christian Massat, son pote, devenu alors responsable de l'équipe première, l'équivalent de « manager », à la demande de Jean Fabre. Il contacta immédiatement Jean-Pierre pour le faire revenir sur sa décision, mais sans succès puisqu'il signa au Racing Club de France chez son ami « Patou » Paparemborde.

Son départ provoqua plus de discussions que de dissensions. Bien évidemment, personne au Stade ne souhaitait voir Jean-Pierre nous quitter, un club où il était devenu une référence et où, avec Jean-Claude Skrela, ils avaient largement contribué pendant dix ans à apporter plus que leur talent, leur fidélité aussi. Ils avaient su réunir et créer des liens d'amitié forts avec leurs partenaires. Quant à moi, je comptais sur lui pour démarrer un projet dans lequel il avait toute sa place, et même davantage. Le pire, c'est que je n'ai jamais eu l'occasion de parler avec Jean-Pierre des raisons de cette réaction qui provoqua son départ. Ce fut le début d'une fâcherie, pire, d'une coupure dans nos relations qui dura jusqu'en 1996, date à laquelle j'intégrai le XV de France à la demande de Jean-Claude Skrela, alors propulsé depuis un an entraîneur des Tricolores. Il est étonnant de voir comment les sentiments d'amitié et de complicité que nous avions tissés précédemment se sont transformés pendant toute cette période en indifférence, lorsque nous étions amenés à nous rencontrer dans le milieu du rugby au hasard de manifestations. Jean-Claude Skrela est certainement pour beaucoup dans le fait que nos relations sont redevenues normales. Il ne s'agissait pas pour moi de réconciliation, puisqu'il n'y avait eu ni explication ni débat sur les raisons de cette rupture que je me suis toujours refusé à considérer comme un divorce. Le contact fut rétabli lors d'un rendez-vous de l'équipe de France, le temps d'un regard qui, cette fois, ne fut pas évité. Celui de deux anciens amis qui ne se sont pas vus depuis longtemps, se sont oubliés et se retrouvent. Pas de discours, pas d'explication ni d'argumentation. Pour quoi faire ? On revient à la case départ. Il restait certainement une trace du passé. Elle a sans doute été suffisante pour montrer, s'il en était besoin, que l'amitié, quand elle a existé, demeure.

Pour le groupe toulousain, ce premier stage permit au moins de négocier avec les joueurs des demandes de comportement, des droits et devoirs régulés par la vie collective sur et hors terrain. Mais nous avons surtout insisté sur l'effort qu'il était nécessaire de produire pour accéder aux exigences tactiques et techniques que demandait le style de jeu que nous proposions. Nous avons d'abord choisi en priorité d'utiliser le projet de jeu pour faire partager nos convictions et ainsi séduire les joueurs. L'innovation et le changement devaient d'abord passer par le jeu total, ou mieux : l'excès de jeu fait de mouvements et de continuité. Même si cette conception, ce mode de jeu ne semblait pas pour certains révolutionnaire, il fallait qu'ils perçoivent que ce style allait leur demander d'autres compétences et réclamer une remise en cause individuelle et collective. Les réactions face à l'innovation et au changement relèvent fondamentalement de l'humain. Ce groupe avait des habitudes et des leaders pas forcément enclins à évoluer. Vouloir les sortir de leurs repères rassurants pouvait les déstabiliser et devenir perturbant, même pour les plus ouverts. Il fallait que l'adhésion globale au projet du club se fasse d'abord par le jeu et il fallait trouver ou former les joueurs capables d'y répondre. Cela ne pouvait se faire sans qu'ils en aient envie.

D'abord, il fallait faire de l'entraînement une source de plaisir, un moment agréable pour se retrouver, mais surtout un moment ludique. Il fallait donner aux joueurs une image de l'entraînement qui dépasse l'acquisition de techniques imposées et la reconstitution de situations de jeu préfabriquées. Pour cela, quoi de mieux que de les placer en situation de jeu véritable, donc d'apprendre en jouant ? Ce concept pédagogique mis en œuvre dans la majorité des séances a entretenu une relation d'écoute et une disponibilité qui ne s'est jamais démentie. Se perfectionner en jouant sort les joueurs de la monotonie. Ils sont les acteurs de leurs progrès et perçoivent l'accompagnement de l'entraîneur comme une nécessité. Je n'ai que très rarement ressenti de lassitude dans les entraînements proposés. Surtout, cette démarche d'enseignement du jeu, mise à la disposition des autres entraîneurs, s'est développée dans toutes les catégories, des débutants au plus haut niveau, et donna naissance à l'école du rugby « à la toulousaine ».

Cette première saison, certains joueurs n'ont pas pris le bon train. Ce jeu n'était pas le leur ; ils se marginalisèrent tout seuls et quittèrent le club l'année suivante. Comment expliquer qu'ils n'avaient pas le profil souhaitable dans ce type de rugby ? Une fois, nous avons même dû demander l'intervention du Président pour régler une divergence née de l'annonce d'une composition d'équipe. Le différend devint conflictuel et généra des menaces de la part d'un joueur. Il fut exclu du club. Ce qui nous valut une banderole dans les tribunes populaires demandant sa réintégration. Je compris que j'avais mangé mon pain blanc à Tahiti et en Italie, que les difficultés allaient commencer et qu'il fallait mentalement se préparer à ne rien lâcher sur les ambitions sportives, particulièrement celles concernant le projet de jeu. On ne pourrait avancer qu'avec ceux qui se sentaient capables de le jouer, sans traîner des pieds. Il faudrait avancer pour que le jeu nouveau puisse devenir une référence et qu'il interpelle le monde du rugby, prenant ainsi radicalement le contre-pied d'un jeu bâti sur les vieilles recettes, celles où les phases de conquête restent les basiques sur lesquels on s'appuie pour gagner. Ce n'était pas aisé puisque nous ne pouvions pas nous servir ni nous appuyer sur le modèle utilisé au niveau supérieur, celui de l'équipe nationale, où l'on s'attachait essentiellement à la performance en touche et en mêlée, à partir de laquelle tout le reste du jeu devait se mettre en place. Notre concept de formation du joueur et du collectif était différent. Il visait à rendre notre collectif performant, en priorité dans les phases de mouvement, là où s'expriment le mieux vitesse et intelligence du joueur, son sens de l'adaptation. Une dynamique qui permet ensuite d'aborder et de comprendre les phases statiques comme une conséquence de ce mouvement, et non le contraire.

J'ai toujours pensé qu'il était inutile de chercher à convaincre ceux qui n'ont pas envie de l'être. L'innovation dans le jeu souhaité et dans les formes de travail, leur mise en œuvre nécessitaient d'avoir des joueurs qui avaient envie de le jouer et de s'y impliquer. Mais, en plus, il fallait qu'ils comprennent, comme les dirigeants, que cette innovation puisse se traduire par des échecs qu'il faudrait accepter, analyser et percevoir comme des leçons, jamais comme des erreurs. Face aux problèmes de toutes sortes que nous ne manquerions pas de rencontrer, il s'agissait de ne pas changer notre fusil d'épaule. Au contraire. Nous devions être intraitables sur les concepts et procédures de formation choisis pour forcer la réussite. J'ai toujours pensé que l'innovation devait progressivement s'intégrer à la culture collective du club et donc enrichir le projet Fabre. Ce n'est pas par hasard si on met aujourd'hui en exergue et on valorise les formes d'un jeu toulousain qui apparaît au yeux de l'opinion comme différent de celui de ses adversaires.

Le jeu fait partie intégrante de la nature humaine, de la vie au quotidien. Les formes d'entraînement, que je voulais mettre en place pour aller toujours plus loin dans les performances de cette équipe et de celles à venir, passaient par le ludique, le plaisir du mouvement. Une pensée vitale à développer auprès des joueurs et entraîneurs, à tous les niveaux du club et dans toutes les catégories. « Le plaisir du mouvement », c'est aussi le nom que j'ai donné plus tard à des stages d'été organisés pour des enfants de 8 à 17 ans. Ces stages existent encore aujourd'hui. Le succès de ce concept ne se dément pas, puisqu'il est maintenant ouvert aux entraîneurs qui viennent de plus en plus nombreux.

À l'époque, je souhaitais gagner, comme tout le monde, mais la manière m'importait tout autant. On n'a rien remporté cette première année (1982-1983), on a même perdu des matchs contre des équipes faibles, démontrant un manque de maîtrise certain pour rester dans le credo du jeu recherché. Mais l'esprit manifesté par le collectif nous semblait porteur d'une progression qui se manifesta dans quelques matchs, et cela produisit des résultats plus qu'encourageants, car ils étaient réalisés avec la manière souhaitée. Nous avons été éliminés de la compétition en huitième de finale contre Béziers, mais sans jouer à notre meilleur niveau du moment. Il n'y a pas de honte à perdre contre le champion de France, mais j'étais un peu déçu que nous n'ayons pas suffisamment cherché à les défier dans le jeu recherché. La construction du jeu passait aussi par la tête. Je veux dire par une plus grande maturité mentale. Celle-ci nous faisait défaut. Nous étions parfois amenés à déjouer en recherchant à être performants ailleurs, là où nous ne l'étions pas.

La deuxième saison, Jean-Claude Skrela vint me rejoindre. Il avait mis un terme à sa carrière, il entraînait les jeunes de Colomiers et avait suivi une formation au CREPS sous la direction de Robert Bru. Il présentait donc toutes les compétences techniques, en plus du respect qu'il avait gagné sur tous les terrains du monde, pour que nous l'associions à notre travail. De fait, Robert laissait le terrain et prenait un rôle de directeur technique du club. Il restait toujours pour nous le conseiller précieux sur lequel on s'est constamment appuyé. Ce n'est pas pour rien qu'il fut baptisé plus tard « le père de la méthode toulousaine ». Personnellement, je lui dois beaucoup. D'abord, de m'avoir apporté la théorie dont j'avais besoin à partir des conceptions de formation développées par René Deleplace. Sans cette compréhension, il est difficile d'absorber le jeu et le perfectionnement du joueur dans un système théorie/pratique, et vice versa. Ce travail ne se termine jamais et demeure toujours en évolution, du jeune débutant jusqu'au plus haut niveau. Son aide me fut également précieuse quand, en 1986, je décidai de m'inscrire pour deux années de formation à l'INSEP, à Paris, pour y préparer le diplôme de formation supérieure. Il m'aida particulièrement à la rédaction du mémoire final sur le thème de la « Disponibilité du joueur en jeu », thème particulièrement sensible dans le jeu actuel et qui réclame des compétences tactiques et techniques multiples, quel que soit le poste occupé, ce qui n'était pas le cas à l'époque. Mais c'était une dimension vers laquelle on tendait déjà au Stade.

... et gagner une finale

En 1984 et 1985, même si le jeu prenait de l'ampleur, et les scores le prouvaient, on allait encore perdre là où une grande équipe se doit de gagner. Nous n'étions donc pas encore l'équipe redoutée, celle qui sait se faire craindre de son adversaire pour qu'inconsciemment celui-ci admette d'être battu par meilleur. Cette crédibilité nous manquait au niveau national, à l'inverse de Béziers, référence des dix dernières années. En 1984, lors du huitième de finale aller sur terrain neutre à Tarbes, le SU Agen de Philippe Sella nous domina. Au match retour à Montauban, l'affrontement s'est durci dès le coup d'envoi. Ce qui ne servait pas forcément nos intérêts puisque nous avons fini le match à 14. L'expulsion de Breseghello, notre pilier « redresseur de torts », il en fallait bien un, fut coupable d'un geste que n'apprécia pas Monsieur Lamoulie, l'arbitre. Ce dernier avait raison. Cela nous fut fatal, on perdit la double confrontation. Il y eut des incidents dans le jeu, mais aussi en dehors. René Bénésis, entraîneur d'Agen, avec lequel j'avais joué souvent en équipe de France, quitta même son banc de touche pour venir bousculer Skrela assis à mes côtés. Calmé par son staff, René retourna à sa place. Connaissant l'homme et l'appréciant, je ne compris pas le motif d'un tel excès d'humeur. René, à l'issue du match, vint me trouver et s'excusa d'avoir « pété les plombs » ; je ne pouvais pas éviter de lui demander la raison de son geste : il mit en avant une interview de Jean-Claude Skrela dans le journal local, *Le Petit Bleu*, dans laquelle celui-ci disait « vouloir aborder ce match retour avec sérénité car son équipe a les moyens de gagner le deuxième match. On ne va pas se présenter en victime malgré le score favorable aux Agenais. » Argument plutôt futile, mais non recevable du côté d'Agen. Je compris surtout que la rivalité Agen/Toulouse se prolongeait et que l'article avait exacerbé les susceptibilités, comme c'est le cas dans les petites villes, créant une pression sur l'entraîneur. L'ex-bouillant talonneur du XV de France n'y a pas résisté. L'incident clos, je pris conscience qu'il était mieux de garder une certaine mesure quant à la forme de la communication dans les médias, avant et après un match. L'exploitation des déclarations est récupérée la plupart du temps par l'adversaire qui l'utilise à des fins pas forcément positives, entraînant des comportements déviants chez les joueurs, mais aussi sur ceux qui les managent.

En cette année 1984, l'arrivée de jeunes joueurs talentueux comme Éric Bonneval et Jean-Marie Cadieu avait élevé le niveau de jeu du collectif. Ils apportèrent un plus non négligeable. Mais l'amélioration du rendement collectif et des futurs résultats était liée aux prouesses d'une troisième ligne, d'ailleurs composée de quatre joueurs. Je parle de Thierry Maset, Karl Janik, Hervé Lecomte et le régulateur du jeu toulousain, Albert Cigagna. Il fut vite surnommé « Matabiau », du nom de la gare de triage de Toulouse et du fait de sa capacité à trier les ballons, à les rendre propres pour que le jeu ne perde jamais la dynamique recherchée. Comment un tel joueur a-t-il pu ne pas trouver grâce auprès des entraîneurs du XV de France de l'époque ? Cela continue de me sidérer. Cette troisième ligne, quelle que soit sa constitution, a été pour moi la pierre angulaire sur laquelle s'est construit le jeu stadiste et sans laquelle il n'aurait pas pu se mettre en place efficacement. On avançait encore de façon imparfaite, mais un premier résultat retentissant vint récompenser le club. On remporta contre Lourdes la Coupe de France dans un match sans grande envergure. Cependant, ce résultat arrivait au bon moment et fut fêté par les joueurs comme il se devait. Au cours de la longue nuit qui suivit cette victoire, je compris que ce succès avait de la valeur pour cette jeune équipe et que la satisfaction générée pouvait être utilisée positivement dans le proche avenir. Dans la chaude soirée toulousaine de ce mois de juin, on oublia même le trophée dans un des nombreux bars visités. Les efforts conjugués de la police et des dirigeants ne servirent à rien. Il ressurgit six mois plus tard. Quelqu'un le déposa tout bonnement devant le siège du club. Qui ? Personne ne le sait.

Ce succès souda encore plus ce groupe qui, la saison suivante, s'affirma avec beaucoup plus de maîtrise. Et il n'y avait rien d'étonnant que 1985 soit l'année de la consécration du club. Cela faisait 38 ans que le Bouclier de Brennus n'était pas revenu à Toulouse. La ville accueillit ses champions de France avec chaleur et fierté tout au long du chemin qui nous mena en bus découvert de l'aéroport de Blagnac au Capitole. Je crois sincèrement que le facteur clé de cette réussite se scella lors des matchs qui nous opposèrent d'abord en poule à Béziers. La défaite 15 à 12 au match aller aurait dû être une victoire tant nous avions dominé nos adversaires. Le retour à Toulouse se solda par un 24-0 significatif de l'évolution du jeu de cette équipe et du mental qui maintenant habitait les Rouge et Noir. Les Toulousains n'allaient plus se présenter en victimes face aux Biterrois même si ceux-ci étaient les champions en titre (1983 et 1984). On les rencontra encore en quart de finale dans un match que l'on domina largement. Le 21-0 infligé en dit long sur notre supériorité et la confiance dans le jeu travaillé pendant trois saisons. Nous voici en finale au Parc contre Toulon. Cette accession à la finale m'a paru logique et, somme toute, simple. Comment décrire cette confiance qui, quand elle envahit un collectif, laisse penser que rien ne peut lui arriver ? Ce fut tellement vrai dans cette finale gagnée en prolongation. Elle aurait pu être perdue en fin de match alors que le score était de 19-19. Mais le drop de Christian Cauvy fit trembler le poteau droit.

L'équipe avait confiance en elle et en son jeu, mais il le fallait pour avoir remonté 10 points, 15 minutes avant la fin du temps réglementaire. La blessure d'un Toulonnais me donna l'occasion de parler du bord de touche aux joueurs. Je les trouvais pleins de certitudes, alors que j'étais en plein doute. Cela se sentait dans les regards, pas ceux, frileux, que l'on jette sans réellement se regarder quand un match vous échappe. On se dit qu'il faut y aller, mais on sait que cela ne servira à rien. Le jeu toulousain s'exprima pleinement dans ces dix dernières minutes du temps réglementaire et nous amena aux prolongations. Celles-ci furent un régal de rugby, celui que je voulais que ce collectif exprime, celui en phase avec le style recherché. Quand il peut se réaliser lors d'un événement majeur comme une finale, que dire ? Simplement que l'on est heureux, au sens d'une joie sans réserve. Les quatre essais marqués durant la prolongation ont parfaitement illustré notre quête d'un jeu tout en mouvement, celui des joueurs et du ballon, celui qui fait se lever le public, déclenche l'empathie entre le porteur de balle, ses partenaires et les spectateurs. Je parle de cette facilité qui semble hors normes quand tout est finesse et fluidité, que les mouvements s'alternent, s'imbriquent les uns aux autres et semblent, du fait de l'intelligence qui y préside, impossibles à stopper. Ce match nous a apporté la reconnaissance du milieu rugbystique et médiatique parce que ce jeu-là dépassait les vieilles conceptions qui voulaient que le mouvement soit la conséquence de la performance dans les phases de conquête.

La crédibilité de Toulouse et de son jeu est probablement née de cette finale. Elle avait pour moi d'autant plus de valeur que la préparation du match s'est faite sur cette priorité. Pour nous tous, ceux qui étaient au début de l'aventure, une étape était franchie, mais rien n'était gagné. En devenant champion de France, je compris aussi que la réussite n'avait pas que des avantages et qu'il fallait maintenant confirmer notre style de jeu et reprendre le titre. Cela passait par une remise en cause qui fut faite en début de saison dans le stage préliminaire. Nous étions les premiers de la classe, mais nous nous devions d'aborder cette nouvelle saison avec l'esprit d'un deuxième, c'était indispensable pour continuer à rivaliser et rester dans le défi. Tout marchait bien pour le trio Bru-Skrela-Villepreux. Jamais, en dix ans, il ne s'instaura un besoin de hiérarchie ou de pouvoir. Nous n'avons pas connu le moindre moment de discorde ni de dissension. Ce synchronisme est capital dans la gestion d'une équipe. Nous allions dans le même sens, à la recherche du jeu souhaité et de son évolution pour continuer à gagner.

Le message du jeu devait rester le même. Clairement, les notions d'acquisitions techniques et stratégiques se devaient maintenant d'être encore mieux prises en compte. Mais il ne s'agissait pas de le faire au détriment de ce qui nous avait fait gagner, à savoir appréhender encore davantage la réalité mouvante du jeu, aller plus loin dans l'adaptabilité des joueurs à toute situation de jeu. En un mot, faire de cette adaptabilité le credo du projet de jeu. Ce développement de l'intelligence tactique ne pouvait être bradé. Il a continué à guider prioritairement les contenus de travail de nos entraînements. Une démarche qui place le joueur en situation de décision et de prise d'initiative dans le cadre des exigences complexes qui naissent, disparaissent et émergent dans un rapport de force attaque/défense mouvant et aléatoire. Amener le collectif à préserver la progression vers le but adverse par le jeu de courses et de passes, dans le respect de certains principes à même de guider les décisions et prises d'initiative des uns et des autres, n'a rien de dogmatique comme certains n'ont pas manqué de le penser et de l'affirmer. Imprégner un collectif derrière des repères simples, ce n'est pas le contraindre à faire ceci plutôt que cela. C'est élever ses capacités de compréhension à la vitesse de l'action, pour choisir la bonne option au bon moment. Ce n'est certes pas toute l'alchimie du jeu, mais une partie incontournable, celle qui, toujours mieux maîtrisée, permet de différencier les très bons joueurs des moins bons. Dans ce système « ouvert », les meilleurs joueurs se complaisent et leur sens supérieur du jeu, que soudain personne ne conteste, fait merveille. Curieusement, on ne cherche plus trop loin pour savoir comment ils se sont appropriés « ce sens du jeu », ces compétences qui les amènent progressivement à prendre des risques qui, pour eux, n'en sont évidemment pas. On parle trop vite d'inné et de talent, là où il n'y a qu'expériences vécues et travail bien orienté.

Faire ce pari de « l'éducabilité de l'intelligence » à un haut niveau de pratique revenait à s'opposer aux méthodes généralement utilisées à cette époque. Il s'agissait, pensait-on, d'associer le mieux possible des formes de jeu et des techniques. Discours d'enseignant, éducatif, mais en tout cas pas celui que l'on attend au haut niveau. Comme si les rapports que le joueur avait avec le jeu changeaient du fait d'un nouveau statut. Ce travail sur le sens du jeu permet à certains d'atteindre un niveau de jeu qu'il n'obtiendrait pas avec une méthodologie plus analytique.

N'oublions pas que le milieu du rugby est aussi un milieu où sont remises en cause les ambitions déclarées et la pertinence d'une méthode dès que surgit un mauvais résultat. On revient alors à un travail plus analytique qui peut bien sûr lui apporter les résultats immédiats dont il a besoin. On revient à un jeu basique, plus abordable, oubliant que la transformation de la performance du joueur, individuelle et collective, se fait dans le temps et dans une continuité des entraînements, de la compétition et du choix d'une méthodologie. Les mauvais résultats ne doivent pas bloquer le travail entrepris. Bien sûr, à Toulouse, parfois, on a aussi gagné comme on pouvait, pas comme on aurait voulu. Mais nous avons toujours conservé une cohérence dans le choix d'un travail vivant, intelligible, adapté aux besoins du moment, travail qui visait à construire du sens, des significations qui mobilisaient les joueurs en réfléchissant sur le « pourquoi » avant de leur livrer le « comment ».

Le jeu de la discorde

Nous avons innové, mais cela aurait pu ne pas marcher. Le changement est anxiogène même pour les joueurs les plus ouverts. J'en profite pour les remercier de nous avoir suivis sans traîner des pieds. Dans ce cadre de travail, leur motivation collective et individuelle n'a fait que croître. C'était logique tant ils ont accepté que la méthode n'est pas un « état acquis », mais qu'elle s'entretient et continue de se développer par rapport au jeu ambitionné. Elle agit sur le perfectionnement global du joueur. Les résultats nous ont donné raison sur le long terme, parfois tort sur le court. Toutefois, je pense que notre persévérance à croire en ce rugby « de prof de gym » a permis aux joueurs de l'adopter sans crainte, même s'ils étaient en porte-à-faux avec ce qui se faisait en équipe de France sous le contrôle de Jacques Fouroux. L'entraîneur national ne semblait pas apprécier le jeu toulousain. Il ne sélectionna aucun joueur jusqu'en 1986, et encore, Charvet et Bonneval ne furent appelés qu'au troisième match du Tournoi. Jean Fabre monta au créneau pour évoquer l'ostracisme subi par les joueurs toulousains qui, depuis deux ans, étaient excellents. Dans cette atmosphère polluée, les joueurs auraient pu se sentir pris en otage. Quand nous avons abordé le sujet avec eux, ils surent faire preuve d'une neutralité intelligente, certainement aussi parce qu'ils s'étaient progressivement imprégnés de ce sentiment d'appartenance qui se caractérise par la différence. En fait, en ne prenant pas en compte les joueurs toulousains, Jacques Fouroux valorisait notre conception puisqu'avec une équipe sans stars, nous obtenions des résultats, ce qui signalait un style de jeu qui commençait à devenir une référence.

On a dit « opposition de style », de méthode, d'idées, rien de méchant en l'occurrence car cela était nécessaire pour bousculer le conservatisme du système fédéral. Malheureusement, elle se transforma en une querelle d'hommes qui, par médias interposés, monta crescendo, d'autant plus que le journal *Libération* me proposa, après ce premier titre, de rédiger des analyses sur les matchs joués par le XV de France. Ce titre de 1985 et le style de ce collectif ont grandement contribué à me faire connaître. C'est à partir de cette étape que je fus souvent sollicité à l'étranger pour exprimer mes conceptions de formation. Mais cette méthodologie d'enseignement du jeu ne s'acquiert pas d'un coup de baguette magique. Sa théorie est recevable et acceptable, mais seule une pratique de longue haleine permet d'aller vers sa maîtrise. Ce qui ne se résume pas en un cours magistral et une séance d'application sur le terrain.

En avance sur le professionnalisme

Par rapport aux objectifs sportifs ciblés et planifiés sur quatre ans, c'est-à-dire rivaliser avec les meilleurs et rentrer dans le petit cercle des demi-finalistes, nous avions un an d'avance grâce à ce titre de 1985. Tout pouvait continuer de manière optimale. Il fallait maintenant que ce résultat ait une suite pour valider un projet qui avait pour ambition de dépasser dans le temps ce seul résultat… Personne n'était usé, bien au contraire, tant au niveau sportif qu'à la gouvernance du club. C'était bien le Stade d'une décennie, celle des années 1980, qu'il fallait promouvoir, et pour ce faire, inscrire les cinq années suivantes en continuant de développer le club et d'être en phase avec l'évolution du jeu et des compétitions au niveau sportif. On parlait de Coupe du monde depuis 1983. Elle fut actée en 1985 et programmée par l'International Rugby Board (IRB) pour 1987. Les bouleversements et les répercussions de cette mondialisation du jeu au travers d'une compétition allaient générer des velléités d'accès au professionnalisme. La tournée « pirate » d'une sélection néo-zélandaise en Afrique du Sud, sans aucune autorisation de l'IRB ni de la Fédération néo-zélandaise, fut le premier pavé lancé dans la mare du système amateur qui, du même coup, faisait apparaître les limites d'une gouvernance trop conservatrice.

Le club, durant ces cinq années, prépara l'avènement de l'ère professionnelle pour avoir le plus chance d'y entrer avec un peu d'avance sur la concurrence. Pour cela, il fallait d'abord savoir tirer parti de ce titre acquis en 1985 et de l'engouement qu'avait suscité le jeu toulousain en finale. Avoir une approche plus professionnelle dans un milieu amateur n'est pas simple. Mais ce défi a été tenté et, me semble-t-il, relevé. D'abord, en choisissant d'appréhender le jeu du moment et le résultat comme moteur de l'ambition. Au niveau international, le jeu australien était la référence du moment. Je n'ai jamais pensé qu'il fallait copier à l'identique ce qui marche ailleurs. J'ai toujours préféré adapter ce qui est adaptable en partant de ce que l'on est et de ce que l'on sait faire. Le jeu, en tant que levier de croissance, doit entretenir les motivations à tous les niveaux, ceux qui jouent et ceux qui dirigent. Il faut que les motivations se croisent, s'interpénètrent, grandissent conjointement. Ce souci fut celui des techniciens et des dirigeants dans cette période. Cela se traduisit par cinq années d'ouverture et de communication qui placèrent le club au cœur de sa ville, de la région, de son tissu économique, par une implication toujours plus importante des ressources de la métropole toulousaine. Savoir déléguer, responsabiliser, créer une dynamique de partage, il fallait ces compétences et Jean Fabre les avait. La création des Masters en 1987 et sa renaissance en 1990, tolérée cette fois par la Fédération pour fêter le centenaire du club, en sont la preuve. Pour cette occasion, cette compétition haut de gamme fut identifiée par le seul nom du sponsor Matra Espace, une première dans le monde du rugby français, plutôt enclin à honorer des compétitions par le nom de figures emblématiques de notre sport que par le nom de sociétés industrielles et commerciales. Autre dynamique qui avait un coût important pour le club : dépasser le refus des chaînes de télévision de retransmettre les Masters. On en trouva une disponible. Je fus promu consultant spécialiste avec cette chaîne pour les deux Masters, en liaison avec le commentateur. Une fonction peu habituelle à l'époque, qui est maintenant largement courante sur toutes les chaînes traitant des événements sportifs.

Le club peut s'honorer également d'avoir créé le premier centre de formation en rugby. Jean Fabre avait souhaité par ce concept répondre à un manque. Il s'agissait de permettre aux jeunes joueurs du club qui ne s'engageaient pas dans de longues études universitaires de s'inscrire dans une formation sportive et professionnelle. Le sportif était dispensé en club mais, en alternance, il proposait une formation professionnelle dans les entreprises partenaires. Le but était d'intégrer les joueurs en fin d'apprentissage. Cela nous a permis de fidéliser les jeunes joueurs talentueux en leur assurant un avenir en adéquation avec leur motivation sportive, tout en continuant à former les joueurs de demain en interne, dans la filière du club. La logistique mise alors en place dans ce centre de formation avant-gardiste fut plus tard d'une grande utilité pour le système professionnel lorsque ces structures de formation devinrent obligatoires pour les clubs.

Autre bonne idée, celle d'avoir su utiliser une télévision locale, la 7. Chaque semaine, un débat technique était proposé aux téléspectateurs avec les entraîneurs du club pour analyser le match de Championnat du week-end précédent. Dérisoire aujourd'hui, mais pas insignifiant ni négligeable à l'époque en termes de communication et d'image. En tout cas, cet éventail d'actions donnait un temps d'avance au club.

Au niveau sportif, j'en ai déjà parlé, cette vision s'est avérée par la suite payante pour le club. Il s'agissait d'impliquer les joueurs intéressés dans l'entraînement des équipes jeunes, de l'école de rugby jusqu'à l'équipe réserve. Serge Gabernet, qui mit fin à sa carrière en 1986, s'occupa des espoirs, réservistes de l'équipe première. Guy Novès prit les moins de 20 ans, Jean-Michel Giraud les cadets, et Daniel Santamans fut responsable de l'école de rugby. D'autres encore s'y essayèrent. Il nous paraissait capital d'avoir dans toutes les catégories, du débutant au plus haut niveau, une cohérence dans la formation et de faire le pari que ceux qui l'avaient vécue dans le cadre de leur profession, comme Novès et Gabernet (ils étaient profs d'EPS), et/ou en qualité de joueur pour les autres, seraient à même de suivre la démarche de formation que nous voulions dispenser à tous les niveaux. C'était indispensable pour apporter les ingrédients tactiques et techniques pour profiler les joueurs et pouvoir ainsi les intégrer le moment voulu avec les capacités idoines dans l'équipe première. Pour les meilleurs, cette formation tactique et technique au jeu toulousain était déjà enseignée sous ma responsabilité, dans la section sport études du lycée Jolimont, ou au CREPS sous le contrôle de Robert Bru pour les universitaires futurs enseignants d'EPS. La boucle de formation était ainsi bouclée. À terme, l'objectif était de se satisfaire d'un recrutement minimal. C'était aussi assurer la pérennité d'une culture du jeu et de l'état d'esprit qui va avec. Il faut constater que le message n'a pas été galvaudé et que les entraîneurs successifs du club ont été des anciens joueurs très imprégnés et fidèles à la méthode.

Après un doublé en 1986, contre Agen en Championnat, les objectifs et les résultats ont été à la hauteur. La finale n'était pas si accomplie que la précédente qui, pour moi, reste une référence dans l'évolution du jeu toulousain, car elle a été acquise avec des joueurs peu connus, je veux dire par là qu'ils n'étaient pas internationaux. En 1987 et 1988, nous essuyons deux échecs en quart et demi-finale, mais nous sommes à nouveau champions en 1989 contre Toulon. Enfin, nous sommes demi-finaliste en 1990 et finaliste en 1991, année où je quitte mes fonctions au club. Il ne s'agit pas ici d'égrener un palmarès, mais bien de souligner combien la validation d'un projet et d'une équipe technique, en accord sur l'essentiel, était acquise sur le jeu à pratiquer et sur les valeurs qu'il génère.

Je ne me rappelle évidemment pas tout les moments forts d'un rugby qui, quelquefois, a été particulièrement accompli et qui m'enthousiasma. Cela m'a souvent fait passer pour un éternel insatisfait. Mais qui aime bien châtie bien. J'aimais voir les effets et modifications que les formes de l'entraînement proposé développaient sur les joueurs. Les contenus du travail d'entraînement donnaient beaucoup de place au mouvement général et à la recherche d'une continuité qui se voulait efficace : où avancer, comment soutenir et comment maintenir les déséquilibres créés au travers d'actions de jeu non formatées qui favorisent l'adaptabilité. Ce rugby n'a de sens que si chaque joueur accepte tous les ballons, peu importent leur origine, l'espace, la situation. Le ballon doit être toujours considéré comme potentiellement jouable. Cette liberté accordée au joueur est essentielle. J'ai toujours incité à entreprendre, y compris en choisissant les options les plus folles. Le deuxième essai de Denis Charvet lors de la finale de 1989 contre Toulon en est une bonne illustration. Parti de nos

22 mètres, il balaya tout le terrain pour un essai en guise de signature du jeu toulousain. Dans cette position, à ce moment du match (milieu de première mi-temps), taper en touche aurait été la seule option pour beaucoup d'autres. L'exploitation collective immédiate d'un mauvais positionnement des Toulonnais mobilisa tout autant le public du Parc des Princes, qui se leva dans les tribunes, que les joueurs. En sachant transformer, dans le même tempo, une pénalité en une contre-attaque, le mouvement traversa tout le terrain pour finir dans l'en-but adverse. Nous avions, dans la préparation du match, travaillé et évoqué cette possibilité née d'une observation du jeu que j'avais faite lorsque j'étais allé voir jouer les Toulonnais le week-end précédent en demi-finale, à Nîmes. Je disais souvent aux joueurs : « Ne me dites pas que vous allez le faire. Faites-le, sinon on ne saura jamais si ça fonctionne parce que l'opportunité ne se présentera pas deux fois. »

Si je revendique quelque chose, c'est certainement de ne pas avoir placé les joueurs dans un cadre de jeu aseptisé par des formes répétées avec des consignes contraignantes. Je les ai toujours placés dans les conditions leur permettant de devenir ceux qu'ils devaient être ou d'être en phase avec le jeu souhaité. Entre parenthèses, si quelquefois je n'étais pas content, je le faisais savoir. Généralement quand les intentions n'étaient pas présentes et que le jeu produit manquait d'ambition. Ce « capital risque » doit être disponible collectivement. Il ne peut pas être un état pour certains, et pas pour d'autres. Je pense avoir été un entraîneur qui poussait à l'audace. Je ne négociais pas si la tendance était de revoir le jeu à la baisse. Je valorisais le spectacle, même quand les résultats ne suivaient pas. Avec cet esprit, nous ne sommes jamais entrés dans ce qui est appelé la spirale de la défaite, celle qui voit un mauvais match en entraîner un autre.

Durant cette période, après 1985, le jeu des Rouge et Noir a vraiment pris forme. L'efficacité du jeu stadiste se développa au maximum sur les balles de récupération. Celles que l'on glanait ici et là grâce à une bonne défense ou par maladresse adverse, ce que l'on appelle aujourd'hui les « turn over ». Comment ne pas évoquer le premier essai de la finale de 1989 contre Toulon, qui vit une balle grappillée par Albert Cigagna sur une touche gagnée par le pack toulonnais être immédiatement exploitée dans un trou de rat pour finir 50 mètres plus loin derrière les buts adverses ? Un jeu de passes, de jonglerie et d'art où chaque joueur sollicité n'a fait que ce qu'il avait à faire. Comment exploiter les balles de « turn over », mais aussi celles que les adversaires nous rendaient par le jeu au pied et d'où jaillissait toute forme de contre-attaque ? En préparant un collectif à être efficace dans ce jeu situationnel, où la décision de l'un devient celle de tous, parce que chacun y accorde le même sens et joue avec intelligence.

L'accident de Dubroca

On gagna contre Agen lors de la finale de 1986, sur l'un des rares ballons échappés par les Agenais : un « à toi, à moi » Bonneval-Novès-Bonneval, un essai qui nous permit de « lâcher » définitivement Agen dans un match coincé et angoissant. Mais allez savoir pourquoi les matchs entre les deux clubs étaient toujours aussi spéciaux !

Je ne résiste pas à évoquer « l'accident », le mot n'est pas neutre, qui plomba l'ambiance générale et le panache que l'on était en droit d'attendre de ces deux équipes considérées comme les plus offensives. Le match fut engagé dès le début. Suite à un plaquage régulier mais sans retenue, Daniel Dubroca, capitaine agenais et du XV de France, reste au sol. K.-O., il avale sa langue. Vent de panique sur le terrain, secours des uns et des autres, partenaires comme adversaires, dans un désordre qui affole tout le stade. À l'aide d'un drapeau de touche, seul instrument médical disponible, introduit dans sa bouche, on sauva Dubroca. Il quitta le stade sur une civière. Cet accident de jeu se transforma en agression. Le responsable désigné ? Le joueur toulousain touché au visage dans l'action, dont le maillot était taché de sang. Pourquoi avons-nous joué en blanc ? Je ne me rappelle pas. Mais certainement que si nous avions porté nos traditionnels maillots rouges, le faux coupable, Thierry Maset, n'aurait pas été pris à parti. Sans trace de sang, l'accident de jeu aurait été retenu. Pour avoir continué de jouer lors d'un match du Tournoi avec un maillot tout aussi blanc et ensanglanté, Jean-Pierre Rives sortit sous les ovations du public. Maset ne s'en sortit pas aussi bien. Montré du doigt par le public et dans la foulée par la presse, il fallut l'appui des images de télévision pour démontrer que ce n'était pas Maset, mais la jambe d'un des équipiers de Dubroca qui avait frappé en pleine tête le talonneur, entraînant sa perte de connaissance. Mais voilà, Maset était connu pour ses plaquages redoutables, il en avait fait souffrir plus d'un, mais toujours à la régulière. Ce joueur, rouage majeur d'une troisième ligne qui a été le joyau tactique de cette équipe, était porteur des valeurs de notre jeu et était un perfectionniste. Son seul souci était de tendre vers l'excellence. Son efficacité défensive incommodait les adversaires et cet épisode lui valut la réputation d'être un joueur violent, alors qu'il savait mieux que personne utiliser les possibilités d'actions légitimes que donnent les règles de ce jeu. Les journaux firent de mauvais récits de ce moment du match. Dans la hâte, les commentaires médiatiques qui s'ensuivirent se centrèrent sur le résultat visible de ce plaquage, sans vérifier le détail de celui-ci. Mais l'important était bien ailleurs, et d'abord, pour tous, que Daniel Dubroca sorte sans dommage de cet accident de jeu. On apprit que tout allait bien avant la fin du match. D'ailleurs, Daniel partit dans la foulée en tournée en Argentine avec l'équipe de France.

J'ai mal vécu le ton qui a été donné à cet incident, perçu à tort comme une agression volontaire. La médiatisation regrettable et fâcheuse qui en fut faite ne servit pas le rugby et ternit un peu l'image de marque d'un club et d'un staff dont les exigences n'étaient pas ce type de rapport de force pour obtenir des résultats. L'engagement physique qui présida à ce match étonna, mais il n'était pas en cause puisqu'il fait nécessairement partie de la logique de notre jeu. Alors que, dans ce match, j'aurais souhaité un Toulouse plus joueur. Daniel Herrero, présent au match, n'a pas manqué de valoriser ce Toulouse « de combat ». Selon lui, notre collectif manquait jusque-là d'agressivité. J'appréciais ce compliment de la part de Daniel, compte tenu de ses goûts en matière de jeu et de sa culture. Mais je réalise encore mieux aujourd'hui que ce qui me passionnait plus que tout était la façon de perfectionner « l'intelligence en jeu » du joueur. Alors, pour m'expliquer, faisons dans la provocation : dans un match, sur les 60 ballons qui globalement sont à la disposition d'une équipe, pourquoi se prendre la tête sur les quatre ou cinq perdus en route, en touche ou en mêlée, puisqu'il en reste 55 pour jouer ? Ce sont ceux-là qui m'intéressent. Trop de stratégie, de programmation nuit au jeu, l'englue et brouille les cerveaux. Les pratiquants deviennent des exécutants et moins des créateurs, lesquels s'expriment parfaitement dans le cadre d'une autonomie grandissante, au fur et à mesure que le niveau s'élève.

Berbizier et Codorniou créent des remous

Mais voilà, quand une équipe a gagné, les ambitions individuelles et collectives évoluent les saisons suivantes. La communion du départ entre entraîneur et joueurs se transforme. La compréhension s'altère un peu. L'équipe de 1985 vivait bien ensemble, c'est vrai. Tous pensaient, comme c'est souvent le cas, qu'il était urgent de ne rien modifier. Mais l'efficacité d'un bon management, c'est d'être déjà demain, donc de préparer les joueurs de l'avenir. Le risque est bien sûr de les voir s'imposer aux autres. Les tensions qui naissent de toute concurrence se répercutent toujours sur l'entraîneur. Privilégier la vie de groupe est important. On sut l'accepter après le premier titre, quand on sentit la réticence des joueurs à voir Pierre Berbizier, alors disponible, venir nous rejoindre. Soyons clair : il ne s'agissait pas pour eux de nier la valeur du demi de mêlée de l'équipe de France, mais plutôt de préserver la place de leur copain Lolo Lopez, arrivé la saison précédente en urgence pour remplacer Gérald Martinez parti à Paris. Lolo était également buteur et avait gagné sa place et la confiance du groupe. Sa gentillesse avait fait le reste. Le problème fut identique quand Didier Codorniou, en 1986, proposa de nous rejoindre. Sa venue semblait aller de soi et aurait dû être validée sans problème par l'ensemble des joueurs. Ce fut une réelle surprise de voir que ce n'était pas le cas. Pourquoi aller chercher ailleurs puisque ce groupe se suffisait à lui-même et obtenait des résultats probants ? « On ne refuse pas Codorniou », déclara Jean Fabre. C'était bien mon avis. J'y voyais un plus non négligeable pour apporter un ingrédient supplémentaire, celui d'une plus grande précision dans le jeu des lignes arrière. Nous pourrions profiter de son aura pour créer encore plus d'incertitude dans le raisonnement défensif de nos adversaires. Mais voilà, l'arrivée de Didier Codorniou exacerbait la concurrence au niveau des lignes arrière, et particulièrement sur les ailes où elle n'avait pratiquement jamais réellement existé. Didier entrant au centre, il poussait Bonneval sur l'aile, qui entrait en concurrence avec Novès et Rancoule. Le roulement que l'on avait instauré avec la troisième ligne (quatre joueurs pour trois postes) pouvait être négociable et, pensait-on, fonctionner tout aussi bien au niveau des lignes arrière. En dépit des réticences, cette fois, on ne céda pas et nous eûmes raison car Didier sut parfaitement, dès qu'il arriva, se faire accepter et tout le monde y trouva son compte.

Légitimer la concurrence, un facteur banal de management de groupe, généra non pas des conflits mais un peu de « désamour ». Les joueurs les plus influents créaient un peu de déstabilisation dans la relation avec le staff technique, et particulièrement avec moi. Après deux titres, même si je rêvais dans la continuité d'un troisième, on ne pouvait pas ignorer la vague montante de jeunes issus de la politique mise en place au départ. Certains commençaient à affirmer des prétentions au plus haut niveau. La cohérence de la formation, dispensée depuis quatre ans à tous les niveaux, faisait ses effets. Formés dans le moule tactique du jeu toulousain, ils partageaient de temps en temps nos entraînements. Du fait de la cohérence du travail proposé à tous les niveaux, on réduisait au maximum les éventuelles défaillances. Il me semblait de notre devoir de tester ces jeunes et de leur apporter une expérience non négligeable et réinvestissable dans un futur proche. Le but n'était pas d'en faire des titulaires mais de les préparer à la haute compétition et d'évaluer l'efficacité du travail réalisé à la base, et donc la cohérence globale de notre système de formation. Nous les avons lancés à dose homéopathique, sauf une fois où nous avons choisi de mettre sur le terrain pratiquement toute l'équipe des espoirs de 20 ans, lors d'un match de Championnat contre l'équipe de Saint-Claude, considérée comme une équipe facile à battre. Les espoirs gagnèrent ce match avec assurance et manière. Cette option ne fut pas du goût des titulaires habituels. Peut-être ai-je mal communiqué sur les raisons de ce choix qui fut perçu comme une alarme par ceux qui étaient à la base de la réussite du club. Je n'ai pas échappé à la réunionite, aux explications individuelles comme collectives. La question « pourquoi je ne joue pas ? » était lancinante. Comment convaincre quelqu'un qui pense qu'il est meilleur que son remplaçant ? Les raisons que l'on invoque ne sont jamais bonnes et ne peuvent satisfaire ni ceux qui les avancent ni ceux qui les reçoivent. Ce n'est jamais facile de se mettre à la place de celui que l'on a en face de soi. On essaie de se comprendre, mais la solution sera inadaptée. Au sortir des entretiens, l'incompréhension sera souvent encore plus grande qu'auparavant.

J'ai toujours essayé de garder la bonne distance avec les joueurs. Cette distance optimale, il faut la trouver entre le copinage et l'indifférence, tout en éliminant obligatoirement ces deux extrêmes. Elle me semblait être la meilleure façon d'entretenir un respect mutuel et cela me paraissait d'autant plus évident que les compétences de terrain, le travail réalisé et le jeu proposé n'ont jamais été remis en cause. Suite à un match joué en Italie, la troisième mi-temps m'amena près du bar. Denis Charvet, comme tous, n'en était pas à sa première bière et m'invita à en prendre une. Je refusai. Il n'y avait aucun motif particulier, j'aurais pu tout aussi bien accepter. A-t-il perçu ce refus comme si je ne souhaitais pas me joindre à leur fête ? Je n'en sais rien, mais sa répartie, « tu n'as jamais voulu t'amuser avec nous », me surprit. Je répliquai que tout dépendait de ce que l'on mettait derrière le mot « s'amuser », mais que j'avais été joueur, que je ne rejetais pas la fête, bien au contraire, mais pour moi, le rôle et la fonction d'entraîneur, donc de la relation à avoir avec les joueurs, passaient d'abord par le partage du jeu. Je pouvais aussi partager le plaisir qu'ils avaient d'être ensemble sans pour autant m'y immiscer. J'y voyais par ailleurs un facteur positif de la vie d'équipe. Cela me rappela la discussion que j'avais eue avec Raoul Barrière quand j'étais joueur, et lui entraîneur de Béziers. Il voyait dans les fêtes d'après-match un facteur très négatif de performance alors que j'y voyais déjà une composante de celle-ci.

Deux années sans titre

En 1987 et 1988, quand nous cherchions dans le jeu les raisons de nos insuccès, il fut mis en avant par les joueurs cette défaillance relationnelle qui explique plus facilement les mauvais résultats et le choix de certains joueurs. Cet aspect affectif de la performance, considéré comme important à l'époque, m'échappa certainement à un moment. Je reconnais que je ne n'ai pas souhaité vraiment y faire face. La bonne santé d'une équipe, c'était aussi la fusion affective qui se devait d'unir un staff avec ses joueurs. Il faut préciser que ces deux insuccès coïncidèrent avec les deux années passées à l'INSEP pour obtenir le diplôme supérieur de sport. Je ne revenais au club que pour l'entraînement du mercredi soir, et la rédaction de mon mémoire me prenait du temps. Je travaillais pendant les déplacements en donnant aux joueurs (c'est en tout cas ce que certains m'ont rapporté par la suite) l'impression d'une moindre implication. Je ne regrette rien car la formation reçue à l'INSEP me fut grandement bénéfique pour mieux appréhender toutes les composantes de la performance sportive. J'ai planché sur la disponibilité du joueur en jeu, celle nécessaire à tout joueur dans le cadre du jeu de mouvement ambitionné. J'ai eu la chance de pouvoir réaliser des tests proposant des situations de jeu adéquates. J'ai pu y impliquer les joueurs du Stade, mais aussi les All Blacks alors en tournée en France sous la conduite de mon ami Brian Lochore, l'équipe d'Angleterre avec laquelle j'avais eu des liens étroits, et également des joueurs de l'équipe de France. Cette possibilité m'avait été accordée par Jacques Fouroux lui-même au cours d'une impromptue rencontre à Orly un soir d'hiver, sur laquelle je vais revenir.

Pour en finir avec nos petites fâcheries toulousaines liées aux aléas de la vie commune avec une équipe, elles ne bloquèrent pas le processus de marche en avant du club. L'analyse que je peux en faire n'engage que moi. Indéniablement, on ne peut occulter mon penchant à me préoccuper excessivement du jeu et de sa mise en place. Cette tendance m'a fait délaisser la vie du groupe. J'ai eu l'occasion d'en parler avec certains joueurs dans cette période. Ce fut le cas un soir de match avec Karl Janik et Thierry Maset, en présence de Richard Escot, journaliste à *L'Équipe*, qui sut être un excellent médiateur. On me demanda de justifier la concurrence entre les jeunes et les moins jeunes. Je répondis que mon souci était de rendre pérennes les résultats d'ensemble du club et que cela passait par la découverte de nouveaux talents. Pour qu'un club continue à avancer sereinement, on ne peut se satisfaire des performances d'une seule génération. Ils entrèrent d'ailleurs dans la logique de mon explication.

Je crois avoir su tirer la leçon de cette petite dissension affective avec certains joueurs. Mais pas au point de brader mes objectifs tactiques et techniques. Le projet de jeu, dans un club, doit rester la pierre angulaire sur laquelle on s'appuie pour préserver les acquis, tout en évoluant. Il caractérise le club et le distingue des autres. Il est un facteur essentiel de la culture associative. Il en est sa valeur active. Il faut qu'il soit partagé même si sa formalisation n'est pas facile. S'attacher à donner la priorité à d'autres critères, par exemple le bien vivre ensemble et les facteurs affectifs, était pour moi un faux problème même si cette dimension affective contribue, je ne le nie pas, à une performance durable. Beaucoup de clubs ont été champions de

France une fois. Tous ceux qui avaient brandi le Bouclier de Brennus et qui disaient vouloir finir leur vie ensemble peuvent témoigner de la valeur relative de cette source émotionnelle…

Les débuts de Guy Novès comme entraîneur

En 1988, après notre défaite contre Toulon en quart de finale, Jean Fabre régla les états d'âme de chacun. Il assura le staff d'une confiance plus grande et précisa aux joueurs « qui veulent partir (qu'ils) sont libres, mais je garde les entraîneurs ». Personne ne quitta le club cette année-là. Nous avions vécu une crise normale. Quand on cohabite depuis longtemps, on prend des habitudes, surtout si l'on gagne. La dynamique et l'épanouissement du départ s'estompent. Les joueurs semblent avoir moins besoin des autres et l'effort à produire devient plus pénible. Cependant, le Président avait pris en compte les doléances des joueurs et proposa d'inclure dans notre staff Guy Novès, qui arrêtait sa carrière de joueur. Étant le plus ancien de l'équipe, il serait plus à l'écoute de ses ex-partenaires ; les connaissant parfaitement, il pourrait être le paratonnerre pour mieux anticiper les problèmes naissants et les éventuels états d'âme. En 1989, nous avons gagné un troisième Bouclier lors d'un match qui, comme chaque fois contre Toulon, fut de haute tenue. L'opposition de style des deux clubs favorisait ce type de spectacle. En greffant Guy Novès sur le duo Skrela-Villepreux, je dois dire que cette saison se passa plutôt bien. L'arrivée dans l'équipe de jeunes joueurs (Hugues Miorin, Jérôme Cazalbou, Patrick Soula, David Berty), dans le cadre d'un renouvellement logique et souhaitable, justifia progressivement la légitimité toujours plus grande de la concurrence, issue de la politique sportive du club.

Ce succès, je dois l'avouer, facilita ma décision de prendre du recul avec le terrain. J'ai succédé à la direction sportive du club et à la direction du centre de formation à Robert Bru qui partait en retraite et rejoignait ses terres dans le Languedoc. Jean Fabre impliquait Christian Massat comme co-président. Ils me demandèrent de garder la maîtrise sportive du club, y compris de l'équipe première. Dans la foulée, le problème de mon remplacement se posa. Christian Gajan avait, depuis six ans, assuré l'entraînement de l'équipe 2 en parfaite harmonie avec notre travail. Son ambition, légitime, était d'accéder à plus de responsabilités. Jean Fabre était très attaché à la famille Gajan. Il était tuteur des jeunes fils du regretté Jean Gajan, décédé d'une grave maladie. En outre, en 1986, Christian avait pris ma place à la section sport études de Jolimont pendant que j'étais à l'INSEP. L'importance de ce poste dans le système de formation des jeunes joueurs du club a aussi plaidé en sa faveur. Alors ? Exit Guy Novès ? Absolument pas. Le rugby évoluait, les temps d'entraînement augmentaient, il devenait essentiel de consacrer une partie du travail général à une préparation physique spécifique. Celle-ci, pensait-on, deviendrait vite incontournable. Ancien athlète de haut niveau venu tard au rugby, Guy avait les compétences pour prendre en main ce domaine tout en continuant à seconder Christian dans l'entraînement des lignes arrière. J'avais déjà utilisé les compétences de Guy quand il était joueur pour définir les contenus de travail athlétique. Qui mieux que lui pouvait adapter exigences du jeu et exigences physiques qui y sont liées ? Mon passage à l'INSEP m'avait permis de constater le retard du rugby sur le plan de la préparation physique par rapport aux autres sports. Une réflexion pertinente devenait nécessaire pour intégrer cette donnée nouvelle, sans pour autant délaisser le travail tactique qui devait rester la priorité. Le poste proposé n'était donc pas un poste au rabais. Malheureusement, je crois que Guy l'a perçu ainsi. Il quitta le club froissé et, certainement, nous en a voulu. Avec le temps, je me dis que cet épisode a certainement aussi contribué à galvaniser l'homme qu'il est devenu quand il a repris en main le club en 1993 et gagné trois titres consécutifs, un exploit que j'ai tellement regretté de n'avoir pas pu réaliser en 1987. Il fallait remonter aux années 1920, avec les trois saisons glorieuses de « la Vierge Rouge », pour retrouver une telle suprématie.

Changement de cap

Durant cette même période, l'Éducation nationale me proposa un poste beaucoup plus administratif : responsable du sport de haut niveau de l'académie de Toulouse. J'y ai découvert d'autres activités, d'autres personnalités, des enseignants pas forcément sportifs mais qui voyaient le sport comme un moyen d'éducation supérieur. Le sport générait une passion qui manquait dans les disciplines fondamentales. Mais le transfert du sport vers l'éducatif ne peut être exploité favorablement qu'avec le soutien du chef d'établissement. C'était le cas au lycée Bellevue où Madame le Proviseur, Maryse Casanova, avait favorisé le regroupement dans son établissement des sportifs de haut niveau, de la sixième à la terminale, en liaison avec le CREPS et le ministère de la Jeunesse et des Sports. Elle créa un climat qui mobilisa une équipe de professeurs, toutes disciplines confondues, tous acquis aux valeurs que pouvait dégager la recherche de résultats scolaires et sportifs. Les bilans furent spectaculaires. Catalyseur de ce projet qui sortait élèves et enseignants du cadre traditionnel de l'école, je perçus tout l'intérêt qu'il y aurait à généraliser ce système à d'autres établissements. Lionel Jospin, alors ministre de l'Éducation nationale, convié à visiter les établissements pilotes, apprécia l'intérêt et la validité du projet. Il me demanda de rédiger un rapport. Ce fut pour moi une nouvelle occasion de m'investir à fond dans un domaine qui n'était pourtant pas forcément le mien. Un changement qu'il s'agissait d'accepter.

Tout a une fin. Mes deux dernières années stadistes nous amenèrent en 1990 à remporter les Masters, ressuscités à l'occasion du centenaire du club, et à jouer une autre finale contre Bègles en 1991 avec une équipe de jeunots pas assez aguerris mais qui le furent par la suite sous l'ère Novès. Pour la petite histoire, on battit Narbonne en quart de finale, club qui avait utilisé les compétences de Robert Bru, puisque la retraite l'avait ramené dans l'Aude. Notre opposition par club interposé ne manqua pas d'intérêt, stratégiquement parlant, Robert connaissant parfaitement les rouages du jeu toulousain.

- 7 -
LA GUERRE DES STYLES

Un coup de fatigue

Bien avant de jouer contre Bègles la finale perdue de 1991, je savais que j'allais partir en Italie, à Trévise, club de la famille Benetton. Pourquoi partir ? En réalité, je n'avais pas vraiment de réponse. Je répondais plutôt à une pulsion, comme je l'ai toujours fait dans ma vie, qui m'a toujours poussé à changer d'air, à retrouver d'autres joies et d'autres difficultés dans un autre contexte culturel. Le moment était-il bien choisi alors qu'il commençait à se susurrer que Jean Fabre, lors des prochaines élections fédérales, avait des chances d'accéder à la présidence à la place d'Albert Ferrasse ? Ce dernier l'avait assuré de son soutien. Dans cette perspective, Jean désirait me confier des responsabilités au niveau de l'équipe nationale. J'étais proche de la cinquantaine, j'avais de l'expérience, une certaine reconnaissance du milieu, pas de tous, loin s'en faut, mais du moins celle de ceux qui épousaient mes idées passionnées. J'avoue que c'était le bon moment pour accéder à cette fonction. J'avais fait avec lui quelques réunions d'information dans les clubs. Jean y déclinait ce grand projet qui, d'après lui, manquait au rugby français pour évoluer à tous les niveaux, ce qui passait par le changement de mentalité de ceux qui en étaient ou en seraient en charge. Cela signifiait que la Fédération devait être capable d'actions nouvelles, d'exercer une autorité intelligente en donnant aux acteurs les responsabilités nécessaires pour assurer leur fonction. Ce n'était pas le plus facile à obtenir que de bouleverser les us et coutumes d'une institution figée derrière des principes anciens et un fonctionnement qui avait montré ses limites.

Ce changement était aussi attendu au niveau du jeu. La France se devait de créer un jeu propre, mis en place via une formation des entraîneurs et des joueurs. Ce discours me convenait bien. Il s'agissait d'aller à la recherche du meilleur rugby français, en utilisant toutes les ressources culturelles et humaines du pays et, ainsi, de voir se dessiner un jeu typiquement français. Un objectif qui ne s'inscrit pas, comme certains le croient, dans une pensée unique du rugby, mais bien dans le cadre d'une évolution où les différents entraîneurs, avec leur personnalité et leurs compétences, tireraient le niveau de jeu toujours plus vers le haut. Mon expérience à Toulouse m'amenait à penser qu'il fallait s'inscrire dans cette continuité au niveau national. Cela ne s'est pas produit. Ce qui explique pourquoi encore aujourd'hui, on fait un pas en avant et deux en arrière, pourquoi les résultats sont en dents de scie, pourquoi, sans cesse, on fait référence à d'autres cultures qui ne collent pas toujours avec ce qu'est réellement le rugby français. Je ne dis pas que cette variété des cultures est négligeable. On doit s'en inspirer en termes d'apports ponctuels. Mais chaque pays doit toujours être à la recherche de « son jeu », pas celui de l'autre, sous peine de voir s'installer une synergie perverse qui influence les entraîneurs, les joueurs et tout l'environnement. On développe moins le modèle de jeu qui me semblait convenir aux joueurs français et celui qui enthousiasme les spectateurs. On ne peut l'obtenir que derrière un consensus qui pousse joueurs, entraîneurs, public, médias, etc., à consommer du beau rugby. Je sais aussi pertinemment que ce rugby est valorisé à l'excès quand il est gagnant, et dénigré aussi vite quand il perd. Il est alors jugé trop ambitieux et peu réaliste.

À ce moment-là, j'étais un peu fatigué. Je refusai la proposition. Je demandai à Jean de revenir me voir quand il serait effectivement Président. Personnellement, ces années passées au Stade avaient donné lieu à trop d'oppositions. Elles touchaient le club et la Fédération mais aussi, indirectement, les techniciens. La réussite du Stade gênait, du moins c'est ainsi que nous le ressentions. Au-delà de cette bagarre institutionnelle, les conceptions de jeu et le style du Stade Toulousain, comparé à celui de l'équipe de France, créaient un débat médiatique conflictuel avec Jacques Fouroux. Jacques, qui nous a quittés il y a peu de temps, fut le capitaine emblématique d'une équipe de « costauds » qu'il a conduite à un Grand Chelem qui a fait date en 1977. Il est devenu en 1980 l'entraîneur de l'équipe de France avec laquelle il a obtenu globalement, jusqu'en 1989, d'excellents résultats. Mais le style de jeu de son équipe ne faisait pas l'unanimité. Je considérais pour ma part qu'il était réaliste de penser que le jeu français avait le potentiel pour évoluer plus dynamiquement, qu'il soit plus entreprenant, plus total, plus spectaculaire. La finale Toulouse-Toulon de 1985 avait marqué les esprits et l'on sentait que ce besoin d'évolution devait concerner aussi l'équipe nationale. Il n'en fallut pas plus pour générer un duel usant et partisan. Je ne sais pas quand il a commencé et s'il prendra réellement fin un jour, parce qu'il s'agissait bien d'une « guerre des styles ». Dans ces cas-là, on se retrouve avec « les siens » contre « les autres ». Cette confrontation entre techniciens, même si cela n'est pas recherché, prend un peu les joueurs en otage. Il s'agit bien alors de prouver sa supériorité sportive, voire, je n'aime pas le terme, de dominer le camp opposé. Ces enjeux de pouvoir m'ont placé progressivement en situation d'exclusion vis-à-vis de la Fédération.

Très sincèrement, je ne souhaitais pas prendre la place de qui que ce soit. Je défendais un jeu, une philosophie, des valeurs, une conception de formation et je reconnaissais aux autres le droit de penser autrement. Je suis toujours resté ouvert à la discussion et au débat. Mais avec Jacques, indiscutablement, on ne parlait pas le même langage. Les mêmes mots ne prenaient pas le même sens. L'opposition naissait de deux conceptions de jeu radicalement différentes. Là où je parlais de mouvement, de vitesse, d'initiative, d'ambitions, d'adaptabilité, de créativité, et d'abord de gestion du désordre du jeu, il mettait en avant l'obligation de performance dans un jeu ordonné, donnant la priorité aux phases statiques, construisant des modes d'action rigides, faits de préjugés, un rugby réducteur qui, pour moi, n'avait pas d'avenir. On ne pouvait s'entendre ni sur le fond ni sur les formes. Tout partait, avec lui, de la mêlée et des touches, des phases ordonnées, elles portent bien leur nom. Et moi, je parlais de tout ce qu'il y avait après. Il me semblait capital de faire acquérir à un collectif la gestion de ces phases de mouvement parce qu'elles se développent dans le désordre et la complexité. Ce sont elles qui animent la vie du jeu. Une façon de jouer au rugby que les règles, en évolution permanente, favorisent toujours plus.

Dans le collimateur de Jacques Fouroux et de la FFR

J'avais joué avec Jacques Fouroux un match contre l'Irlande lors du Tournoi tronqué de 1972. C'était sa première sélection. Pour moi, ce fut le dernier match dans cette compétition. Dans la foulée, nous avons fait ensemble la tournée en Australie. Il n'était pas titulaire puisque Max Barrau était à la manœuvre. Plus tard, il ne manqua pas de me rappeler que « nous l'avions scié » en favorisant la sélection de Barrau. Il fit référence à une interview parue dans un journal australien où « nous » (Bérot, Maso, Trillo et moi-même) avions dit au journaliste que nous préférions Barrau. Me revint en mémoire cette tournée où, pour la première fois, nous avions eu l'opportunité de jouer ensemble. Effectivement, cet article faisait bien état de notre préférence par son titre. Les raisons évoquées dans l'article n'étaient pas choquantes. On y faisait part, entre autres, de la meilleure connaissance que l'on avait du jeu de Barrau, de sa complémentarité avec Bérot, avec qui il jouait en club, et de sa vitesse de passe. Un style, nous y voilà, qui nous paraissait favoriser le jeu d'attaque, donc notre propre performance. A-t-il ressenti cette concurrence de Barrau, par cette opposition de style, comme préjudiciable à sa carrière ? Possible ! Jacques n'a jamais eu la mémoire courte, nos relations n'en furent pas favorisées.

Tout s'accentua quand j'acceptai de donner, dans une chronique de *Libération*, de réelles analyses sur le jeu du XV de France. Je me suis toujours attaché à ne parler que du jeu produit, jamais des joueurs, mais mes argumentations ne trompaient personne sur le désaccord existant entre mes conceptions et celles des responsables du jeu tricolore. Je fus étonné que cette opposition de techniciens et d'idées rejaillisse sur mes relations avec les dirigeants fédéraux qui, à partir de là, manifestèrent même une certaine réticence à mon égard.

Durant mon séjour en Italie, j'avais eu l'occasion de rencontrer plusieurs fois les dirigeants français. L'Italie accueillit en 1980 le Congrès de la FIRA à Venise (Fédération internationale du rugby amateur), réunissant à l'époque toutes les nations européennes, et même au-delà, puisque les pays africains et l'Argentine en faisaient partie. (La FIRA au demeurant est toujours une institution gérée par la France.) Dans les temps libres du congrès, je me suis mis à leur disposition pour leur rendre le séjour agréable dans une ville qui l'était tout autant. Étaient présents Albert Ferrasse, Guy Basquet, Charles Durand et le secrétaire de la Fédération française de l'époque, Jean-Louis Gouyau. Je ne fus pas bousculé. Ma proposition de visite des monuments, musées et autres lieux qui déplacent des millions de touristes n'était pas à même de les convaincre de laisser tomber une partie de belote. Je trouvais cela assez drôle et même sympathique, mais ils mettaient au désespoir le président italien Aldo Invernici qui n'avait de cesse de leur faire plaisir. Je le rassurais, tout allait bien. Quelques excellents restaurants vénitiens et la belote feraient un succès de ce congrès. Or, la tenue de ce congrès me déconcerta.

J'y ai découvert toutes les formes autoritaires qui étaient alors utilisées par les dirigeants français. Dans les séances plénières du congrès, Charles Durand, ancien arbitre et vice-président de la FFR, menait les discussions et faisait peu de cas des états d'âme et des remarques qui pouvaient éventuellement être formulées par les congressistes. Il était préférable d'être d'accord avec ses propositions. Si, par hasard, une opposition s'élevait, l'incendie était immédiatement éteint par Charles Durand qui, pourtant, venait de demander aux congressistes de s'exprimer. Toute critique était acceptable à condition que cela aille dans le sens souhaité. Un jeune Marocain impertinent avait osé ne pas être d'accord avec une proposition. On lui coupa vite la parole. « Tu veux que je te rappelle ce que l'on a fait pour toi ? » Autres questions ? Pas de questions ! Je compris que ce management sans partage n'apporterait pas à la France le degré de sympathie que tous étaient disposés à lui accorder, compte tenu de sa représentativité internationale. Le rôle de la France et son aide n'étaient pas remis en cause, au contraire. Mais ne pas laisser le droit de s'exprimer soumettait les participants. En sport comme ailleurs, ces manières ne marchent pas. Cette façon de trancher implique le rejet des idées et des justifications, et au final, génère l'exclusion. C'est ce mode de fonctionnement qui alors s'imposait et il s'imposerait également à mon endroit.

Avec mes conceptions du jeu et mes prises de position publiques, j'allais devenir persona non grata à la FFR. Jamais personne ne m'a demandé de venir dialoguer. Au contraire, je trouvais toujours en face de moi des exécutants, au demeurant accueillants, qui faisaient leur boulot, mais je n'étais jamais en contact avec les responsables. La première alerte survint quand je me présentai à la FFR pour récupérer, un samedi matin de match international, les deux invitations auxquelles j'avais droit en tant qu'ancien international. Le préposé aux billets me signifia gentiment que je n'étais pas sur la liste. Je crus comprendre « sur la liste des internationaux » et après tout, il pouvait ne pas me connaître. Je lui montrai donc ma carte d'international. En principe, c'est un laissez-passer fédéral. Rien n'y fit et l'on me conseilla de m'adresser directement au secrétariat général. J'avais bien vu en entrant dans le bâtiment que pas mal de dirigeants étaient présents au siège, mais ils disparaissaient subitement tous pour une réunion importante. Je téléphonai à *Libération* pour voir si l'on pouvait m'obtenir une place dans la tribune de presse, comme journaliste. Il n'en était pas question, et c'était logique, je n'avais pas de carte de presse. J'ai souvent eu à subir ces humeurs fédérales.

Durant cette même période, j'ai été invité par le président départemental du comité de l'Yonne à animer un débat sur le jeu du moment. Il me proposa, pour venir de Toulouse, de me rembourser les frais de déplacement à hauteur de 3000 francs (500 euros). Il était clair que j'en serais de ma poche puisqu'un déplacement en avion, une nuit d'hôtel et deux repas dépasseraient certainement la somme donnée par un petit département. L'initiative de l'Yonne ne fut pas du goût de la FFR et elle mit un veto à ma venue. Albert Ferrasse dévoila les dessous de cette affaire à un journaliste de *L'Équipe* lors du retour de l'équipe de France en Irlande. Le journaliste fit état de son étonnement de me voir écarté du rugby national. Le Président reprocha à la presse de « toujours défendre la veuve et l'orphelin ».

Il lui fit part de mes soi-disant exigences financières pour participer à ce débat dans l'Yonne et justifia ainsi l'« ukase » fédéral. Du coup, la simple invitation se transforma en polémique. Heureusement, et je l'en ai remercié, le président du comité départemental, Guy Abraham, prit ma défense et il démentit l'information. Il précisa : « Villepreux n'a rien demandé, les frais avaient été évalués par le comité départemental et proposés à l'intéressé qui avait accepté. Villepreux avait été invité sans arrière-pensée, simplement parce qu'il était l'entraîneur d'un grand club, mais aussi parce qu'il a travaillé pour le rugby à Tahiti dans un contexte où le rugby n'est pas roi et qu'il était intéressant de connaître ce qu'il a réalisé là-bas car ici, en Bourgogne, nous sommes dans le même cas. » En bon serviteur de la Fédération, il précisait avoir obéi aux ordres donnés en haut lieu. Très optimiste, il finit l'entretien en disant : « Finalement, ça va faire parler de l'Yonne et faire savoir à pas mal de gens qu'on y joue également au rugby. » Ce fut le cas puisque *L'Équipe* titra l'article « Pierre Villepreux, c'est "Salman Rugby "». Un titre accrocheur pour évoquer les problèmes rencontrés à l'époque par l'écrivain Salman Rushdie qui luttait (et lutte toujours) pour la liberté d'expression et contre l'obscurantisme religieux. Toutes proportions gardées, ce genre de comportement me semblait tellement ridicule que je n'en pris pas ombrage. À aucun moment, je n'ai souhaité me poser en victime, tout au contraire. Je trouvais cette façon d'agir plutôt maladroite et, somme toute, on aurait voulu me rendre sympathique auprès de l'opinion que l'on ne s'y serait pas pris autrement. Je reçus pas mal de courrier d'amis, mais aussi d'inconnus m'assurant de leur soutien. Quelques-uns étaient particulièrement éloquents sur la façon dont ils percevaient ce système fédéral, pétri d'interdits, fait d'abus d'autorité, de non-dits toujours affligeants. C'était une façon de faire déstabilisante pour ceux qui les subissaient. Ces situations absurdes, qui ne pouvaient être résolues par le dialogue, le seraient par la résignation ou par l'humour, plus sûrement par les deux à la fois.

Quatre jours avec l'Angleterre

Mais le plus cocasse restait à venir. Je fus sollicité par téléphone par mon ami Don Rutherford, directeur technique de l'Angleterre, pour aller dispenser quelques conseils à l'équipe de la Rose en janvier 1989. Une autre invitation qui, compte tenu des relations houleuses que j'avais avec Jacques Fouroux et la Fédération, a pris des dimensions insoupçonnables, avant de se transformer en une véritable « affaire », après que l'Angleterre avait battu la France à Twickenham 11 à 0, mettant fin à la possibilité d'un Grand Chelem tricolore dans le Tournoi.

Dans un passé proche, j'avais déjà collaboré avec la Fédération anglaise pour des stages de formation d'entraîneurs, dans diverses régions. J'avais été frappé par le professionnalisme anglais, ce souci de faire en sorte que rien ne soit perdu du discours théorique et pratique. Tout était filmé et, quand j'étais sur le terrain, grâce à un micro sans-fil, mes interventions auprès des joueurs étaient clairement audibles par tous les entraîneurs sur le bord de touche ou dans les tribunes. Ce qui est banal aujourd'hui, mais qui n'existait alors pas en France. Une vidéo, un concentré de mes interventions, avait été réalisée. Quelle ne fut pas ma surprise de voir un an plus tard des cassettes de mes interventions dans la boutique de la Fédération anglaise à Twickenham ! Cette initiative prise par la Fédération anglaise, sans mon autorisation, aurait pu me surprendre, mais à partir du moment où j'avais accepté cette invitation, il devenait logique qu'elle soit exploitée pour aider à la formation de leurs cadres, et aussi à des fins commerciales. Bref, je débarquai donc à Faro, au Portugal, dans un lieu accueillant où il faisait bon s'entraîner à cette période de l'année. Une trentaine de joueurs sélectionnés pour le Tournoi à venir étaient présents. Mis au courant par l'encadrement de mon intervention dans leur travail, je reçus un excellent accueil de la part de l'équipe, facilité par le fait que j'en connaissais bien quelques-uns, ceux de Bath avec qui j'étais intervenu à la demande de leur coach, Jack Rowell, lors de séances d'entraînement de ce club venu à Toulouse jouer les Masters. Jack, qui avait remporté huit titres avec ce club, avait pris en main l'équipe nationale en duo avec l'ex-troisième ligne du XV de la Rose, Roger Uttley, un de mes adversaires quand je jouais avec l'équipe de France. En quatre jours de travail, avec des idées auxquelles ils n'étaient pas habitués, il ne fallait pas prétendre transformer le jeu anglais. Il eut fallu être magicien et je ne l'étais pas.

Comment faire en quatre jours ce que nous avions fait en trois ans et plus à Toulouse, dans un cadre propice ? En fait, l'objectif était davantage d'apporter au staff technique anglais (déjà très étoffé et préfigurant ce qu'est la réalité d'aujourd'hui : préparateur physique, responsable des phases statiques, responsable de la technique individuelle, staff médical, etc.) un autre discours, une autre démarche de perfectionnement et quelques avancées novatrices, certes discutables, mais qui sortaient des traditions et des formes d'entraînement figées utilisées en Angleterre. Don Rutherford me raconta qu'il avait proposé Rowell à la tête de l'équipe nationale parce que si Bath marchait bien, c'est qu'il y avait des raisons et qu'il fallait aller chercher les compétences où elles étaient. C'était un homme curieux, ce qui expliquait ma présence. Il était plus intéressé par la qualité du jeu de Toulouse que par sa réussite, même si selon moi, les deux allaient de pair.

Ce furent donc quatre journées de travail avec des joueurs qui ont grandement fait honneur au rugby anglais dans cette période, et même bien après puisque certains se sont investis ensuite dans la vie des clubs ou de leur Fédération. Pour ne citer que les plus marquants : Rob Andrew, Will Carling, Andy Robinson, Dean Richards, Rory Underwood, Jason Leonard, mais aussi le très drôle pilier de Bath, Gary Chilcott, qui, à mon départ, vint me voir et me dit avec beaucoup d'humour : « Pierre, c'était super. Mais dès que tu seras parti, on va refaire comme avant. » Il va de soi qu'entrer dans d'autres formes de travail, ce n'est pas forcément les adopter ni mieux les maîtriser, mais il en reste toujours quelque chose. Et quand je vois travailler aujourd'hui certains techniciens anglais et que j'écoute leur discours, je me dis que ce premier moment de curiosité lié à une autre façon d'enseigner le jeu a certainement apporté un changement dans leurs réflexions. J'ai toujours pensé que c'était la multiplicité des styles et des méthodes qui doit faire l'unité d'un jeu, si l'on entend par ce concept la recherche d'un jeu plus élaboré et spectaculaire. C'est le choix de cette manière de faire qui est utile à son évolution.

Bien sûr, j'étais parti de France sans demander l'autorisation fédérale, un point du règlement de la FFR que j'avoue avoir volontairement ignoré. Je n'ai pas communiqué sur cette invitation. J'en avais parlé à Jean Fabre qui s'était montré ravi et visiblement honoré pour notre club. Précédemment, la Fédération anglaise n'avait fait aucune demande d'autorisation, connaissant d'avance la réponse française. Alors, hypocritement, il fut décidé que je passerais des vacances à Faro et, dans ce cadre, on profiterait de ma présence pour me faire intervenir avec l'équipe nationale anglaise. Qui a lâché l'information ? Je n'en sais rien. Mais un jour, après mon arrivée, je reçus à l'hôtel un coup de fil de France 2 me disant que la chaîne envoyait un reporter faire un sujet. Patrick Montel et un cameraman me suivirent toute une journée. Un Français au chevet des Anglais, voilà bien un délit sympathique et une reconnaissance pour le rugby français ! En tout cas, on aurait pu le penser. Si je fus dans les années qui suivirent invité quelquefois par le staff anglais à dispenser mes idées, c'est certainement que mon discours leur faisait ressentir un besoin, même s'ils avaient du mal à s'approprier cette méthode qui n'est pas dans leur culture.

À ma connaissance, il n'y eut pas immédiatement de réaction majeure ni de déclaration officielle du côté fédéral sur cette escapade au Portugal. Médiatiquement, il en fut tout autrement. L'affaire prenait de l'importance au fur et à mesure que l'on se rapprochait du match Angleterre-France. Un match capital pour un éventuel Grand Chelem, puisque la France était alors invaincue et devait rencontrer l'Écosse au Parc des Princes pour le dernier match. Beaucoup de rumeurs circulèrent dans la semaine qui précéda la rencontre. On m'avait vu du côté de Londres… Pierre Salviac, toujours très à l'aise dans ce genre de situation, laissait croire que je serais dans le vestiaire anglais pour un dernier conseil. Le pire était à venir puisque les Anglais marquèrent un essai, suite à un jeu de ligne parfait qui fut promptement vu comme caractéristique du rugby de Villepreux. Ce raccourci, après la victoire anglaise, fut facilement emprunté et fortement amplifié. Il fit de moi, aux yeux d'une partie de l'opinion, le coupable de la défaite française, donc un traître, pour ne pas dire un « collabo ». Collabo pour avoir demandé à la Fédération anglaise deux billets récupérés dans ses bureaux et facturés au prix coûtant par la RFU ? Sincèrement, je n'ai pas vu le coup venir et ce n'est qu'en rentrant en France que j'ai mesuré l'ampleur des dégâts créés par la désinformation et la mauvaise foi de mes détracteurs. J'aurais pu me consoler en voyant la satisfaction manifestée par ceux qui contestaient à la fois le système et le style de jeu français, mais ce ne fut pas le cas. On ne fit pas dans la demi-mesure. L'opinion prit parti. La moitié se déclarait contre cette incartade, l'autre moitié pour. Jean-René Godart, bien connu du monde des médias et grand supporter du XV de France, s'affubla dès la fin du match d'un chapeau sur lequel il avait inscrit « Villepreux 3 Fouroux 0 ». On en rit, mais cela n'arrangea en rien mes relations avec l'entraîneur de l'équipe de France.

Cette fois, la réaction vint du président Ferrasse lui-même qui, par journaux interposés, déclara que non seulement je n'avais jamais demandé l'autorisation de la FFR pour aller donner des conseils aux Anglais mais que j'avais « violé les règles de l'International Board en vigueur en s'improvisant chroniqueur technique dans la presse ». J'ai donc apprécié que quelques personnalités du rugby prennent la parole dans le journal *Rugby Drop* en 1989 :

André Boniface : « Ils [les Anglais] ont demandé ce service à Villepreux car le Stade Toulousain les avait impressionnés lors d'un match contre un grand club anglais. [...] Les réflexions ont été plus aigres à cause de la déception de la défaite. [...] La Fédération se permet des choses qui dépassent tout. [...] Moi, mon rêve, ce serait de conseiller les All Blacks. »

Claude Spanghero : « D'après le règlement du moins, Pierre Villepreux aurait dû demander la permission pour aller entraîner sur une longue période ou pour aller jouer à l'étranger. Mais pour donner quelques conseils, je ne vois pas pourquoi il demanderait quoi que ce soit. Pourquoi pas demander la permission pour aller pisser ? »

Jean Gachassin : « Pierre Villepreux, en tant qu'ancien, peut avoir des amis qui lui demandent des avis sur le style de jeu qu'il applique dans son club. [...] De toute façon, ce n'est pas en quatre jours que l'on peut révolutionner une équipe de club et encore moins une équipe nationale. [...] On [la France] représente quelque chose, les systèmes de jeu de certains entraîneurs sont reconnus. Cela redore le balafon [sic] du rugby français. »

Robert Paparemborde : « Pour une fois que les Anglais nous demandent quelque chose, je trouve cela plutôt bien. Cela veut dire qu'ils ont à apprendre de nous. […] S'il y a des gens qui estiment qu'on peut leur apporter quelque chose, il faut y aller tout de suite. »

Claude Dourthe : « Je trouve cette histoire exagérée. Ridicule même. Il a effectué un travail énorme au Stade Toulousain avec Jean-Claude Skrela… C'est un enseignant, un éducateur et un ancien joueur de haut niveau. Il est donc très compétent. Ce n'est pas un délit grave. »

Roland Bertranne : « Je trouve plutôt bien que des entraîneurs puissent partir à l'étranger. Seulement, l'accord fédéral est nécessaire et c'est normal. Pierre Villepreux savait bien à quoi il s'exposait en ne demandant pas l'avis d'Albert Ferrasse… De plus, l'histoire Villepreux a été récupérée par la presse. C'est juteux lorsqu'il y a conflit entre deux personnes et, à l'origine, c'est une affaire entre Villepreux et Ferrasse. »

Jean-Michel Aguirre : « Il y a emprise des médias sur l'affaire de Londres. Certains ont affirmé des choses non vérifiées. […] Il faut définir la liberté de chacun et, quand on n'est pas cadre technique de la Fédération, on doit être libre. Il faut se demander si ce n'est pas parce que c'est Villepreux que cela s'est mal passé. Si c'est ça, c'est grave. On transforme une affaire de personne en règlement. »

Raoul Barrière : « Encore une fois, ce n'est pas parce que vous prêtez votre concours pendant quatre jours à une équipe que vous allez la transformer. L'aide demandée correspond à un désir d'ouverture des Britanniques avant la Coupe du monde 1991. C'est bien qu'il y ait des échanges. »

« Villepreux devait-il s'intercaler ? » titrait un quotidien relatant cette affaire qui n'aurait jamais dû en être une. Pourquoi aurais-je dû me justifier ? J'étais tout autant un enseignant d'EPS qu'un entraîneur et, à ce titre, j'avais toujours délivré ma réflexion, tant méthodologique que pédagogique, dans le cadre de livres et mémoires que j'avais écrits sur le rugby. Cette méthode n'était pas propriété personnelle. Elle s'inscrivait dans la continuité du travail réalisé par ceux qui l'avaient conçue et ceux qui avaient contribué à son évolution. Je ne peux d'ailleurs que les remercier de m'avoir influencé. Si j'avais eu, comme certains pouvaient le penser, une ambition quelconque pour prendre la place de quiconque à la FFR, je pense que je ne m'y serais certainement pas pris de cette manière. Politiquement parlant, se positionner en opposant du système n'était pas l'option idéale pour y parvenir. Mieux, pour y être accepté, il fallait aller dans le sens de ce qui se faisait et se disait à la FFR.

Je voulais être ce que j'étais. Dans une forme de non-adéquation, dans l'affirmation des différences quand elles se manifestent, mais toujours dans le respect des idées des autres. La liberté d'être soi, de dire et de faire a toujours guidé ma relation avec les autres. Mais ce choix a un coût pour ceux qui s'y tiennent, puisque c'est aussi savoir refuser les traditions et ne pas se conformer à une marche à suivre dictée par une institution. Si je me suis tenu à ne rien cacher de ce que je pensais, des méthodes de travail, des conceptions, je l'ai fait parce que pour moi le rugby appartient à tous et, quand on a la possibilité d'en débattre et de mettre son savoir à la disposition des autres, on participe à son évolution, sa progression.

Dans ce moment particulier d'opposition dure, stupide, je n'ai jamais renoncé à garder mon libre arbitre. Je n'ai jamais cherché à me libérer des entraves qui m'auraient pourtant permis d'accéder à une autre considération. Mais j'y aurais soldé mes convictions. On était loin d'une promenade de santé. Avec cet état d'esprit, le processus est long, difficile à gérer, on est souvent tenté de renoncer, mais les erreurs, qui dans mon esprit ne sont jamais des échecs, deviennent des leçons pertinentes. Dans ces moments qui dérangent, qui génèrent des tiraillements, des doutes peuvent déstabiliser et conduire à des contradictions, mais ils sont aussi une richesse car la respectabilité n'affranchit pas des tâtonnements ni des errements. J'ai simplement fait, durant cette période turbulente, le choix de ma vie rugbystique au travers d'un jeu qui n'a jamais prétendu vouloir être celui de tous.

La main de Ferrasse

Dans cette longue période, je n'ai eu aucune relation ni discussion avec le milieu fédéral, et encore moins avec Albert Ferrasse. En 1991, lors des Masters, à la fin du match, je profitai de sa présence dans la tribune officielle pour le forcer à serrer la main que je lui tendais. Devant un parterre surpris par ma démarche, il ne pouvait me refuser la sienne. Je lui dis simplement qu'il serait temps « de ranger les couteaux et de se servir de tels événements et de la ferveur qu'ils génèrent comme un moyen d'utiliser toutes les forces vives du rugby et accepter les différences ». D'abord surpris par mon intervention, il me répondit qu'il me verrait après le match. Logique et curieux, j'allai le solliciter après le banquet. Il n'évita pas l'entrevue et me dit sans sourciller « que tous mes problèmes relationnels étaient la conséquence de mes relations avec Jacques Fouroux ». Pourquoi une telle confidence ? Elle me fit sourire et m'apparut d'autant plus commode que Jacques Fouroux ne filait pas le parfait amour avec les dirigeants fédéraux depuis quelque temps. Je ne pensais pas que c'était le moment d'en discuter. J'acceptais l'explication d'un président qui arrivait en fin de parcours. Son départ était programmé pour laisser la place à Jean Fabre. Que fallait-il faire ? Continuer à « ferrailler », comme le disait Fouroux ? Il ne s'agissait ni d'opportunisme ni de réconciliation, mais simplement d'en finir enfin pour redonner du sens à des relations qui étaient sorties de la normalité. Plus grave, cet entêtement fédéral avait fini par exaspérer l'opinion et avait indirectement contribué à mon exposition médiatique.

À partir de là, la suite du feuilleton fut moins chaotique et le peu de fois où j'ai été amené à rencontrer le président Ferrasse, il ne fut jamais question de « folles embrassades ni de grands sourires » comme j'ai pu le lire ici ou là. Cela s'est fait comme cela aurait toujours dû se faire, même avec ce personnage autoritaire, puisque pendant plus de vingt ans, il fit face sans broncher à la vindicte de la société rugbystique. Un mode de fonctionnement, symbole d'une passion jamais démentie, qui apparaît maintenant dépassé et logiquement impossible. Bizarrement, par la suite, beaucoup le regretteront. Personnellement, dans ce rabibochage rapide et peu satisfaisant, je tiens à préciser que je n'ai jamais recherché un retour en grâce ni une quelconque disgrâce.

Les rapports avec Fouroux

Parlons de mes démêlés avec Jacques Fouroux et des incompréhensions qui émaillaient régulièrement les chroniques de presse. Devenu célèbre comme capitaine pour avoir mené la France à un Grand Chelem, le joueur avait en revanche été rarement reconnu. On lui reprochait de conduire le jeu de cette équipe en exploitant essentiellement la domination de sa ligne d'avants et sa puissance, délaissant un jeu plus expansif qui aurait davantage utilisé les lignes arrière. De devoir toujours prouver ses qualités a grandement influencé l'entraîneur qu'il devint dans les années 1980. Il n'est pas si simple de parler de quelqu'un qui n'est plus là, mais ce ne serait pas lui rendre hommage de taire comment je l'ai perçu.

D'abord, je crois qu'il dut faire face, comme entraîneur, aux réticences qu'il avait connues comme joueur. Les attaques dont il faisait l'objet, puisqu'il n'était pas homme à ne pas réagir, le conduisirent à se disperser dans de trop nombreux combats. Certains en valaient la peine, mais d'autres étaient dérisoires. Là où il aurait fallu faire le tri, Jacques s'est enivré dans des combats vains contre un essaim d'ennemis qu'il se créait lui-même. Il « ferraillait » tout le temps (j'adore son expression très gasconne), comme par jeu, avec tous ceux qui n'épousaient pas ses idées et n'allaient pas dans son sens. C'était plus fort que lui. Je suis certain que le technicien aurait pu et dû être entendu et écouté, mais le Fouroux « provocateur » l'emportait sur la volonté de partager. Il lui aurait fallu penser le jeu différemment. En restant sur les concepts qui étaient les siens quand il était joueur, il n'a pas réellement souhaité aller vers d'autres compétences. Jacques croyait en son charisme et ses façons de meneur d'hommes, et il avait raison parce que c'était sa force. D'ailleurs, personne ne les lui contestait. Mais il mobilisait des combattants soumis alors qu'il eût fallu, à mon sens, les rendre plus responsables.

Le progrès en rugby, comme dans tous les sports, est lié justement à l'histoire du jeu, aux idées reçues qui ont fonctionné et qu'il s'agit à un moment de remettre en cause pour produire autre chose. Il n'y a jamais eu de majorité absolue dans notre sport en faveur d'un seul style de jeu. C'est plutôt bien, mais ce qui est préjudiciable, c'est qu'il n'y ait pas davantage d'adhésion à une démarche plus globale d'enseignement du jeu qui fasse référence, du débutant jusqu'au plus haut niveau. La validité d'une telle politique sportive est intemporelle.

Partager et chercher à évoluer dans le bon sens, je crois que Jacques Fouroux a pourtant amorcé cet effort. Plusieurs initiatives de sa part le prouvent et auraient pu permettre un rapprochement. En 1985, juste après le titre de Toulouse, il provoque une réunion des entraîneurs de première division. Son discours de présentation se veut séduisant, mais le vrai débat, celui sur la façon de faire évoluer l'entraide attendue par les entraîneurs, n'a pas lieu. Le décalage est trop grand entre les options et les formes de travail de l'entraîneur de l'équipe de France et celles des entraîneurs en vogue à l'époque, dont pas mal de profs d'EPS. Ces derniers auraient souhaité entrer dans un débat de fond et d'intelligence sur le jeu dans son ensemble, alors qu'il nous était proposé de nous pencher sur les seules touches et mêlées, et les lancements qui vont avec. Dans l'esprit de Jacques, il s'agissait des facteurs essentiels de la performance d'une équipe. Mais, surtout, je regrettais qu'il ne profite pas de l'occasion pour échanger avec ses opposants. Sincèrement, j'aurais bien aimé lui faire part de mes idées. Mais je pense qu'il y aurait perçu une certaine dévalorisation de sa fonction. Dommage.

La deuxième opportunité de rapprochement eut lieu en janvier 1986 dans le hall d'Orly. Alors que je rentrais à Toulouse le mercredi soir, après trois jours passés à l'INSEP dans le cadre de mon mémoire, je tombe nez à nez avec Jacques. Une fois les banalités échangées, je profite de cette occasion pour obtenir son accord afin d'utiliser huit joueurs du XV de France lors du prochain rassemblement pour faire des tests en situation de jeu. Je lui précise que j'avais déjà fait les mêmes tests avec le Stade Toulousain, les Anglais, les All Blacks. J'avais besoin, pendant une heure, de quatre avants et quatre joueurs des lignes arrière. Il refusa. Je n'étais pas surpris, mais il justifia sa décision par le manque de respect que je montrais à l'égard de qu'il faisait en équipe de France. Je répondis que ma conception du jeu n'était pas la sienne, mais que je ne voyais ni irrespect ni insolence dans le fait de ne pas être d'accord. Alors que j'actais son refus et que j'allais m'en aller, il me retint, me demandant en quoi consistaient ces tests. L'explication sembla l'intéresser. À ma grande surprise, il changea d'avis. Il me donna rendez-vous au château La Voisine, le lieu de rassemblement de l'équipe de France avant les matchs internationaux. J'eus bien à disposition huit joueurs, mais personne du staff ne vint s'intéresser à ce que je faisais. Je rentrai au château pour dire merci mais ne rencontrai personne, sauf quelques joueurs à qui je demandai de transmettre mes remerciements. Je trouvais cela vraiment regrettable. L'occasion de dialoguer était intéressante, d'autant que ces tests en situation concernaient la disponibilité du joueur et se voulaient révélateurs, selon moi, des manques de vision constatés dans le jeu de mouvement dans le Championnat, voire dans les matchs internationaux.

Lors d'un entraînement du XV de France, je suivis des tribunes, avec le public, l'entraînement mené par Jacques. Sans doute lui avait-on fait part de ma présence, car, le lendemain, je lisais dans les journaux un entrefilet très acide me concernant. Certainement, et je le regrette, j'aurais peut-être dû aller le trouver. Cette fois-là, la balle était dans mon camp. Une telle initiative m'aurait peut-être évité que notre opposition défraye la chronique pendant la Coupe du monde 1987. Navrant épisode que j'appellerai le « clash d'Auckland ».

Mais revenons en 1986, à l'intersaison. Il réunit les mêmes entraîneurs qu'en 1985, ou presque, mais cette fois-ci, la presse est également invitée. Cette fois, Jacques monopolisa la parole pour justifier les raisons des défaites des Français au bout du monde d'où, chacun le savait, il n'est jamais facile de revenir tête haute. Il maniait bien la dialectique et savait hausser le ton quand il le fallait pour tenir son auditoire. Les raisons évoquées éludaient complètement le jeu produit par les Français. Son argumentation s'appuyait sur le mental et le physique déficients des joueurs. Je ne pouvais pas éviter de lui demander son analyse sur le jeu français réalisé à la fois contre les Australiens et contre les « Baby

Blacks », ainsi appelés car l'équipe néo-zélandaise était constituée de beaucoup de jeunes et nouveaux joueurs. Lors de ces deux matchs, la France domina en mêlée, mais n'entreprit pas beaucoup. Je fus, vite fait bien fait, « renvoyé à 10 mètres ». J'ai conservé dans mes cahiers de notes les éléments de sa réponse. Pour faire vite : « Puisque tu évoques le jeu du XV de France (ce pourquoi on était là, du moins me semblait-il), je vais vous parler du jeu du Stade Toulousain. » S'en suivit une analyse concernant deux matchs de la fin de saison 1986, dont la finale. Selon lui, « Toulouse avait gagné en pratiquant un jeu réducteur comme le XV de France ». Il se déclarait lui-même partisan du beau jeu, mais précisait qu'il avait été cocufié par la recherche de ce beau jeu et qu'il s'était adapté, comme nous l'avions fait au Stade lors de ces deux matchs et, qu'en fait, parler du Stade en ces termes, c'était aussi une façon de nous rendre hommage. Je répondis « que l'on n'était pas ici pour parler du jeu du Stade Toulousain ou alors il fallait qu'il me laisse sa place et qu'il prenne la mienne dans les gradins, que j'allais mener le débat, mais que l'on n'était pas là pour ça ». Je tentais de repréciser ma question différemment en demandant : « Pourquoi les intentions du XV de France se révélaient-elles si différentes d'un match à un autre ? » « Parce que, répondit-il, il cherchait à s'inspirer du jeu du meilleur club français. » Rires dans la salle et fin de la passe d'armes. Ensuite, il évoquera le patrimoine du rugby français : « L'attaque en première main ». C'était mon credo comme arrière quand j'étais joueur, mais aujourd'hui, on ne pouvait plus découper le rugby en tranches. Il fallait devenir compétitif dans tous les secteurs du jeu, et d'abord, selon moi, dans les phases de mouvement, ce qui demandait de créer un autre modèle de joueur, et donc de mettre en place une formation différente pour s'adapter à un jeu en pleine mutation. J'aurais aimé parler de cette mutation, sur et hors du terrain, de projet de club et de jeu, de formation, indispensable pour fédérer autour d'une démarche les entraîneurs et les éducateurs afin d'anticiper le jeu de demain. Il fallait s'inscrire dans une évolution préparant au professionnalisme et aux nouvelles contraintes que cela ne manquerait pas de créer. Autant de sujets d'actualité nécessitant du temps pour mettre en place une politique nationale unitaire. Jacques ne voyait comme innovation que le choix du demi de mêlée pour lancer en touche. Une option qu'il avait choisie pour l'équipe de France et qu'il cherchait à imposer au niveau national. Il était capable d'avoir une autre profondeur de vue. Si seulement il avait accepté de mettre un bémol à sa quête pour convaincre ceux qui n'adhéraient pas à ses idées… En évoquant ces problèmes de fond, nous aurions certainement gagné du temps et bâti mieux et plus vite la meilleure politique, celle qui nous aurait rendu peut-être compétitifs pour gagner la Coupe du monde. Jacques Fouroux démontra ensuite qu'il pouvait pratiquer l'ouverture. Quand il quitta l'équipe de France et qu'il prit, comme dirigeant, la responsabilité de la commission technique de la FFR, il invita toutes les têtes pensantes et les formateurs reconnus de l'Hexagone (essentiellement des profs de gym) à plancher, en liaison avec la DTN, sur l'évolution du jeu. La commission réforma et construisit le « guide de formation » qui reste à ce jour le support essentiel sur lequel s'appuie la formation fédérale.

Pour l'anecdote, cette commission se constitua dans le désordre puisque Robert Bru et Jean-Michel Aguirre, placés sans leur accord sur la liste des participants à la première réunion, refusèrent.

Je me souviens d'avoir alors reçu un appel de Robert me demandant si j'avais été invité à cette commission. Ma réponse négative le conforta certainement dans son refus. La question, concernant mon absence, fut abordée d'entrée de jeu par René Deleplace. Jacques Fouroux répondit qu'« en haut lieu, ma présence n'était pas souhaitée ». Ce n'est que plus tard, en parlant avec un des cadres techniques de la DTN impliqué dans cette commission, que j'appris que Jacques Fouroux n'y était effectivement pour rien. J'étais bien en tête de liste. En revanche, le président Ferrasse, en accord avec les membres du bureau fédéral, avait autorisé cette commission à condition que je n'en fasse pas partie. La remarque du Président à l'issue des Masters avait un étrange écho. Il avait mis en avant le rôle de Jacques Fouroux dans la détérioration de mes relations avec le milieu fédéral. Cette commission disparut progressivement et logiquement à partir du moment où les différences d'approche et de méthode, entre la formation dispensée par la DTN et celle du courant impulsé par les enseignants d'EPS, ont de moins en moins existé, pour finalement s'éteindre.

En effet, regroupés depuis 1986 dans l'association Les Stages de Marciac (du nom de la ville de son fondateur gersois René Castagnon), les professeurs d'EPS, face à l'ostracisme dont ils faisaient régulièrement l'objet, décidèrent d'avoir leur propre réflexion en matière de rugby. Dans ce sport d'hommes, le cliché d'un intellectualisme stérile, véhiculé par les enseignants, ne plaisait pas. Consciente du fossé qui nous séparait de la Fédération et des méthodes de formation en vigueur, l'association Marciac organisa un stage malgré le refus fédéral. Ce rejet fut sa meilleure publicité et les demandes de participation affluèrent lors de la deuxième édition. Plus tard, Max Godemet, alors entraîneur national auprès de la DTN, fut le premier à répondre à l'invitation lancée à la FFR. L'ouverture pratiquée par Fouroux a largement contribué à décrisper les tensions entre les deux parties.

Le clash d'Auckland

Un des moments les plus invraisemblables du feuilleton avec Jacques Fouroux se situe lors de la première Coupe du monde, en 1987. Envoyé par *Libération*, j'arrive pour les quarts de finale. La France joue contre les Fidji. Le jeu fidjien me ravit. Jeu de liberté, d'envie, de créativité, de joie et de gestes d'artistes, qui contraste avec celui des Tricolores qui passent près du K.-O. En effet, les Bleus ne renversent la situation que grâce à une mêlée conquérante. Je faisais part, dans ma chronique, des différences de style, comme l'avait souligné toute la presse en général. Est-ce cet article qui a déclenché la colère de Jacques Fouroux ? Je ne sais pas ! L'équipe de France n'avait pas encore rejoint l'Australie pour les demi-finales que j'allais en compagnie de Jean-François Fogel, alors journaliste à *Libération*, assister à l'entraînement de l'équipe de France sur les terrains proches de leur hôtel. Ma présence fut signalée au staff technique et les joueurs quittèrent soudainement le premier terrain d'entraînement pour se diriger vers un autre plus éloigné. C'est en marchant vers celui-ci qu'un journaliste m'approche pour me signaler que l'entraînement se ferait à huis clos pour tout le monde si je persistais à vouloir y assister. Il me précisa que, pour l'instant, la porte du stade était fermée. Henri Fourès, mon ex-président au Stade Toulousain, en gardait l'entrée. Surpris et un peu déconcerté, je fis savoir qu'il n'y avait aucune inquiétude à avoir, que je m'abstiendrais de suivre l'entraînement afin de laisser les journalistes faire leur boulot. Je n'eus même pas la possibilité d'aller saluer Denis Charvet et Éric Bonneval, les deux joueurs de mon club, qui n'osèrent pas m'adresser un petit bonjour amical.

Cet épisode fit le bonheur de la presse internationale. Je ne pensais pas faire si peur. J'avais même du mal à comprendre les raisons de ce ressentiment que je perçus comme de l'hostilité. Je fus surtout déçu par mes deux ex-présidents, Henri Fourès et Yves Noé, qui, compte tenu de nos rapports passés, auraient pu m'expliquer cette attitude à mon égard. La France s'imposa en demi-finale contre l'Australie en produisant un rugby léché. Celui que j'aime. Un jeu curieusement très différent de celui qui avait été le sien lors des matchs précédents. Je me consolais en me disant que je n'étais pas le seul à avoir des relations tendues avec l'entraîneur de l'équipe de France. Bon nombre de journalistes n'étaient pas en odeur de sainteté, et même des ex-joueurs, dont Didier Codorniou (recalé par Jacques pour cette Coupe du monde) ou le regretté Robert Paparemborde qui remettait en cause les conceptions de jeu et d'entraînement. Nous préférerons croire que cette opposition et cet incident ont pu servir de motivation pour l'équipe et qu'ils ont été utilisés pour permettre au XV de France de réaliser une demi-finale euphorique.

Malgré tout, en 1990, Jacques me tendit la main pour me proposer l'entraînement du XV de France avec Daniel Dubroca. Peut-être que si j'avais accepté, cela aurait mis fin à tant d'années d'incompréhensions mutuelles, dont j'endosse une part de responsabilité. Il lui aurait fallu convaincre tout le système fédéral qui ne « souhaitait pas mettre le loup dans la bergerie ». C'est ce qu'avait déclaré un haut dirigeant fédéral à un journaliste qui voulait savoir pourquoi on ne faisait pas appel à mes services pour prendre en main l'équipe nationale. « Ne pas mettre le loup dans la bergerie. » Cette réponse traduit bien la méfiance dont je faisais l'objet. En fin de saison 1990, dans un contexte tendu de fin de règne, Jacques Fouroux en terminait avec l'entraînement du XV de France. Rien n'allait plus avec les dirigeants qui l'avaient pourtant soutenu envers et contre tous. Ces mêmes dirigeants n'ont pas perdu l'occasion, dans ce moment difficile, de se désolidariser. Jacques avait aussi perdu l'appui de certains ex-partenaires qui avaient une bonne image auprès de la presse. Parmi eux, « Patou » Paparemborde, plutôt fan des conceptions du jeu du Stade Toulousain. Patou pensait et disait qu'il était temps d'investir la Fédération pour prendre la suite du pouvoir en place. Il utilisait *La Lettre du rugby*, un petit journal un peu corrosif créé par Gérald Martinez dont il était proche, pour communiquer ses idées et faire part des faits-divers de la vie fédérale et de ses hommes. Bien sûr, les propos et les discours tenus dans cette lettre n'allaient pas dans le sens du poil des dirigeants en place.

C'est dans cette période floue qu'Albert Ferrasse annonce qu'il ne se représentera pas aux prochaines élections. Progressivement, il va lâcher Jacques Fouroux. Je reçois alors un coup de fil de Patou qui me fait part de son projet de conquête de la FFR. Je reconnais que je lui ai alors accordé mon soutien sans réserve. Dans le projet qu'il me présente, il entend me solliciter avec Jean-Claude Skrela pour prendre des responsabilités au niveau du XV de France. Mais on n'en était pas là et, dans la conjoncture du moment, même si Jacques Fouroux était moins en situation d'imposer ces vues, c'est lui qui gérait sa succession. Daniel Dubroca fut donc choisi. Mais qui à ses côtés ? Beaucoup de noms ont été couchés sur le papier pour l'épauler. Jérôme Gallion… qui refuse. Pierre Berbizier… mais il est encore joueur et n'est pas trop en phase avec Daniel Dubroca… Ce dernier commence seul, mais un mauvais résultat suffit pour qu'on lui cherche un collaborateur. J'ai parfaitement en mémoire ce coup de fil de Jean Trillo. Jean n'est pas homme à perdre son temps et à mettre des gants pour présenter les raisons de son appel. La question fusa : « Veux-tu devenir entraîneur du XV de France ? » La question fut suivie d'un rire qui pouvait laisser penser à un gag. Mais je compris vite le sérieux de la proposition. Elle émanait, me dit-il, de Jacques Fouroux lui-même. Jean me précisa que cette proposition lui avait d'abord été faite, mais il pensait que j'étais l'homme de la situation, compte tenu de ce que j'avais réalisé avec Toulouse. J'ai apprécié sa sincérité, les liens d'amitié entretenus sur le terrain ayant certainement autant joué que mes compétences. Je lui demandai pourquoi Jacques Fouroux ne m'avait pas appelé directement. Il me dit qu'il avait peur d'essuyer un refus catégorique. Plus diplomatiquement, c'était sûrement mieux de passer par lui. Sincèrement, je n'aurais pas été fâché d'avoir à répondre directement à Jacques, loin de là. Cela n'aurait cependant rien changé à ma réponse tant il m'aurait semblé impossible de donner suite à une proposition aussi étrange et inattendue.

Mille raisons s'imposaient pour refuser. D'abord, mes relations conflictuelles avec la Fédération. Je ne voyais pas la nature de la confiance que l'on pourrait m'accorder et celle-ci est indispensable pour travailler dans de bonnes conditions. De plus, même si la « cote » de Jacques Fouroux dans le système fédéral n'était pas au mieux, il restait incontournable. Oui, on aurait pu décréter devant l'opinion publique avoir arrondi les angles. Mais nos modes radicalement différents de penser le rugby, le fait de ne pas partager la même passion sur le jeu, auraient créé des tensions perverses face aux premières difficultés rencontrées. Celles que la presse s'empresse de véhiculer quand cela se présente. Ce type de mauvaises tensions précède en général l'explosion attendue. Aussi, je ne connaissais pas Daniel Dubroca ni sa conception, non pas du jeu car il appartenait à l'école agenaise qui ne se démarquait pas énormément du rugby que j'avais en tête. Je ne connaissais pas ses conceptions de travail pour mettre en place ce jeu ni les contenus des entraînements. Ceux que j'aurais proposés risquaient d'être différents. De plus, dans un livre qu'il venait d'écrire relatant sa carrière de joueur, il avait fait part à mon égard d'une considération plutôt négative, ce qui n'était pas favorable pour avancer main dans la main, en tout cas dans la sérénité. Pour finir, je venais d'apporter mon soutien au projet de Patou Paparemborde, et je me voyais mal retourner ma veste, même si le challenge pouvait être gratifiant. Sincèrement, même si la tentation aurait pu être grande, je ne me voyais pas accepter. J'ai toujours pensé qu'il ne fallait pas croire que l'on va changer et transformer les gens, modifier leur regard. Les sourires d'alors n'effaçaient pas les précédentes crispations sur les visages. Mon refus a poussé Jean Trillo à accepter la proposition. Il accompagnerait bien Dubroca pour la prochaine Coupe du monde.

La dernière fois que j'ai rencontré Jacques Fouroux, c'était en 2003, après la Coupe du monde, pour répondre à une invitation du journal *Attitude Rugby*. Deux rédacteurs avaient convié les ex-entraîneurs du XV de France à dialoguer sur leurs expériences passées dans le cadre des thèmes récurrents qui, chaque fois, agitent l'environnement de l'équipe nationale, quelles que soient les personnes qui sont en fonction. Étaient présents Jacques Fouroux, Pierre Berbizier, Daniel Dubroca et moi-même. (Jean Trillo et Jean-Claude Skrela s'étaient excusés.) Furent évoqués les problèmes touchant la formation, la préparation des joueurs, etc. Mais, au cours de l'entretien, un regret émergea : celui de ne pas avoir l'occasion de communiquer et de partager nos expériences respectives, et donc les compétences acquises par les uns et les autres. Ce manque de dialogue fut largement évoqué, on y trouva une explication dans l'ego qui poussait chacun à vouloir exister sans les autres, avec ses seules idées, afin de prouver qu'elles étaient bien meilleures et relativement différentes à celles des prédécesseurs. Pierre Berbizier précisa que « certainement, on était des cons de ne pas avoir partagé mais que le pouvoir fédéral n'a jamais réellement favorisé ce type d'échange ». Cela permet à ceux qui choisissent d'avoir un plus grand contrôle et une plus grande influence sur ceux qui sont choisis. Jacques Fouroux, magnanime, précisa que, quand on accepte un tel poste, « on est tous dans le même bateau et que l'ajout des compétences ne pouvait être qu'un plus pour le rugby ». Un discours qui me convenait bien, à condition d'accepter que l'on tolère d'autres modes de penser le jeu. C'est la condition pour que le débat d'idées joue son rôle fédérateur dans le cadre d'une évolution positive, celle qui donne le sentiment d'avoir été écouté. Il précisa que « mon opposition lui avait fait mal ». Cela pouvait se comprendre, mais il était alors le mieux placé pour créer un autre climat. En tout cas, ce fut un moment riche et parfois très drôle, car Jacques avait cet art, formidable et effrayant, de rendre caricatural ce qui était sérieux.

Je n'ai plus revu Jacques. En 2005, comme beaucoup, je me suis rendu à Auch à ses obsèques pour lui apporter « mon hommage ». J'ai pris au passage à Toulouse mon ami de toujours, Christian Massat. Je suis entré dans l'église par la porte de derrière, celle où passent ceux qui n'ont pas envie d'être vus, et c'est ce que je souhaitais. Je ne voulais ni discuter ni évoquer notre histoire. On n'aurait pas manqué de le faire si j'étais allé m'installer avec la famille du rugby. Argumenter en ces circonstances devenait complètement dérisoire puisque l'adversaire ne pouvait plus « ferrailler ».

XV de France à l'approche

Une deuxième opportunité d'entraîner l'équipe de France se présenta rapidement. Fin 1991, les turbulences à la Fédération durant cette année de Coupe du monde étaient de plus en fortes et les luttes de pouvoir s'étaient constamment accentuées. On parlait depuis longtemps d'une éventuelle alliance entre Jean Fabre et Albert Ferrasse. Jean, avec lequel j'en discute, me le confirme. Il considère que rien ne sera possible sans son appui. Au départ, il ne souhaitait pas cette alliance. Mais, la jugeant incontournable, il se résoudra à l'accepter par la suite. Le président Ferrasse, réélu en avril 1990, déclare par voie de presse qu'il cédera sa place en janvier prochain à Jean Fabre.

En juin, Jean est presque en place. Il fait partie de la délégation qui accompagne le XV de France en tournée aux États-Unis pour deux test-matchs. Il est accompagné de Michel Crauste, joueur de légende que personne ne peut rejeter. Il compte bien l'impliquer dans sa prochaine gouvernance. Canal + venait de me demander d'être consultant à l'occasion de la prochaine Coupe du monde qui aurait lieu en Grande-Bretagne et en France. La chaîne me demande d'accompagner Thierry Gilardi aux États-Unis pour commenter les deux tests des Français. Je suis logé dans l'hôtel de l'équipe de France, ce qui me permet de côtoyer le président Ferrasse et les deux Jean, Fabre, le futur président, et Trillo, le nouvel entraîneur qui accompagne maintenant Dubroca. Avec le président Ferrasse, et compte tenu du contexte, tout semble apaisé. Du moins, on fait comme si… Et c'est très bien ainsi.

Cette promiscuité fut intéressante et me permit une discussion, presque un débat philosophique, avec Jean Trillo, sur les facteurs de la performance sportive. Jean considérait que tout projet de jeu empêche le joueur de se libérer, pour ne pas dire de progresser. Il disait croire beaucoup plus au mental d'une équipe, aux affects qui existent dans le groupe, aux facteurs émotionnels que cela génère. Échanges passionnants qui auraient pu durer longtemps sans que personne n'en sorte vainqueur. Il est vrai qu'il ne peut y avoir de projet de jeu efficace sans que les joueurs se l'approprient affectivement. Le bien vivre ensemble, cette relation fusionnelle entre les membres d'une équipe, n'a pourtant jamais suffi pour avoir des résultats sur une longue durée. Elle peut devenir rapidement destructrice. Les exemples ne manquent pas. Pour ma part, j'ai toujours conçu le projet de jeu dans le cadre de principes qui guident l'action de tous comme essentielle. Sinon, on ne reste que dans le jeu spontané, intuitif. Je ne crois pas que les joueurs du Stade Toulousain aient eu l'impression d'être privés de liberté et d'avoir évolué dans un système où ils n'auraient pas développé toutes leurs potentialités. Ce n'est pas verser dans la facilité que de penser que les joueurs d'un collectif pouvaient prendre du plaisir et s'épanouir dans un projet de jeu ouvert, riche et complexe, comme l'était celui du Stade, parce qu'il donnait du sens à leur engagement et mobilisait encore plus leur passion.

Jean Fabre me confirma son désir de me voir prendre des responsabilités après la Coupe du monde. Je lui annonçai pour ma part mon départ à Trévise, mais cela ne sembla pas le gêner. Il me proposa de venir me chercher le moment voulu, ce qu'il fit. Je le reçus à Trévise fin novembre. Il réaffirma qu'il allait bien succéder à Albert Ferrasse en janvier 1992 et qu'il comptait sur moi pour prendre en main les équipes de France à cette date. Son plan : Jean-Claude Skrela et Jean-Michel Aguirre seraient en charge de l'entraînement. Le projet me paraissait cohérent puisque Aguirre, professeur d'EPS formé par Robert Bru, avait les mêmes conceptions que moi. L'information circula en France. L'interview réalisée les jours suivants à Trévise par France 2 visait bien à me faire dire que j'acceptais la proposition. Je biaisais en précisant que j'aviserais en temps voulu, mais que j'étais effectivement intéressé, ce qui équivalait à un accord. Je n'ai pas quitté Trévise cette année-là. Jean Fabre n'est jamais devenu président de la Fédération.

Les intrigues politiques ont eu raison de son projet exemplaire pour le rugby, celui qui manquait. On attendait Fabre, voire d'autres, mais curieusement, c'est Bernard Lapasset qui sut le mieux manœuvrer et surgir de nulle part, renvoyant Fabre et son équipe à un simple projet. Ce carton rouge a tout une histoire et Jean raconte en détails, dans son livre *La quatrième mi-temps*[3], comment les manœuvres et intrigues le poussèrent vers la porte de sortie.

Personnellement, je crois qu'il fit une erreur en communiquant beaucoup trop tôt sur ma venue. Il aurait été préférable d'attendre qu'il soit réellement en place. Beaucoup trop de personnes influentes à la Fédération ne souhaitaient pas ma présence et ils étaient encore au pouvoir. Autre facteur déstabilisateur, ils y voyaient aussi une montée en puissance de gens catalogués à gauche. Interprétation absurde quand on sait comment Jean avait fédéré derrière un projet tous les bords politiques au Stade Toulousain. Je me suis souvent demandé comment auraient réagi ses opposants du moment si Jean Fabre était devenu président de la FFR. Quoi qu'il en soit, les parcours des uns et des autres auraient probablement été différents. Mais on ne refait pas l'histoire. Dire que ces moments me permirent d'avoir un réservoir d'énergie, des potentialités suffisantes pour continuer à me battre, serait mentir. Je ne dirais pas que j'ai bien vécu ces conflits. Quand j'ai été ébranlé dans les différentes affaires, je me suis battu. Pas pour gagner quoi que ce soit, mais pour affirmer le respect auquel je pensais avoir droit. En gagnant avec le Stade Toulousain, je me suis exposé à exister et à avoir des avis sur ce en quoi je croyais. Il se trouve que mes idées

3 Éditions Cépaduès.

allaient à l'encontre de ce que pensaient les autres. Le plus dur à vivre, dans ces moments-là, sont les turbulences médiatiques, mais pires encore sont les effets pervers qu'elles ne manquent pas de générer sur l'opinion. Entre turbulences et confusion, on finit à un moment par ne plus rien maîtriser. Le désordre vous dépasse et il devient impossible, dans la cacophonie ambiante, de remettre de l'ordre. Remettre de l'ordre dans ma tête, ce fut aussi une des raisons qui m'ont incité à changer de contexte et à repartir vers l'Italie, à Trévise cette fois.

Champion avec Trévise

J'avais été sollicité fin 1990 pour entraîner Trévise, l'équipe des frères Luciano et Gilberto Benetton. Toulouse, cette année-là, avait répondu à une invitation des Dogi, la sélection des Barbarians italiens, pour faire un match dans le Nord de l'Italie. Nous avions gagné de quelque cent points devant une bonne sélection italienne composée d'internationaux peu préparés pour entrer dans le carrousel d'un jeu de mouvement, qui furent vite dépassés par la vitesse que nous donnions au jeu. Impressionné, le président de Trévise m'interpella et me demanda de le rencontrer. J'ai donné suite à sa proposition. Ce fut une année spéciale, belle et émouvante, avec un milieu de saison éprouvant. Je fus un peu perturbé par la venue de Jean Fabre à Trévise pour me solliciter afin de prendre en main l'équipe de France. Le bon résultat final a fait oublier les difficultés rencontrées par cette équipe pour faire face à cinq défaites consécutives. Mais, en ne lâchant rien sur le jeu que je voulais leur voir pratiquer,

Trévise devint champion d'Italie. Avec le jeu s'installa la confiance et les Vert et Blanc devinrent imbattables. C'était la première fois dans ma carrière d'entraîneur qu'il fallait gérer autant de mauvais résultats d'affilée. J'ai appris, dans ces moments de doute, que la défaite peut être mauvaise conseillère et qu'il s'agit alors de savoir partager, de mieux faire participer et responsabiliser, d'écouter sans pour autant renier ses convictions.

Après Ferrasse... Lapasset

Mais, de 1991 à 1996, on ne peut pas dire que j'aie fait dans la continuité. Après le titre de champion d'Italie obtenu avec le Benetton-Trévise, je revins à Brive, mon club des débuts, pour un court passage, vite fait et pas bien fait. J'ai terminé à l'USA Limoges, le club de la ville où j'avais été nommé puisque j'y enseignais à l'université. Autant de séjours courts mais ne manquant pas d'intérêt, pour des motifs bien différents.

Durant cette période, on pourrait penser que mes relations avec la Fédération allaient rentrer dans la normalité. Cela se révéla exact avec certains dirigeants. Mais pas avec tous. Il n'y eut plus, du moins publiquement, de contentieux saillants. Mon implication avec Brive m'amena à rencontrer, avec Jean-Jacques Gourdy, le nouveau président Bernard Lapasset. Le président briviste l'avait sollicité pour en finir avec le passé et faire en sorte d'apurer, pour le bien du club, les mécomptes existants. Nous avons été reçus rue de Liège.

Mais l'entrevue commença mal puisque, à peine assis, Bernard Lapasset étala une coupure du journal limousin *Le Populaire du Centre*, une interview réalisée à mon arrivée au CAB. Une des questions concernait mon appréciation de l'éviction de Jean Fabre l'année précédente. J'y regrettais la manière qui avait permis à Bernard Lapasset de s'emparer du pouvoir fédéral grâce à un renversement d'alliance. L'article faisait état de « magouilles ». Ai-je prononcé ce mot ou est-ce le journaliste qui avait traduit mon discours ? Je ne sais plus. Cela étant, ce mot ne trahissait pas ma pensée. Cet entretien devenait polémique, surtout quand Bernard Lapasset me précisa de ne jamais oublier qu'il avait été élu par un vote démocratique. Je lui rétorquai que je n'avais pas remis son élection en doute, mais la manière dont elle avait été obtenue. Je ne désirais pas m'engager sur ce terrain, je n'étais pas venu pour cela. Il sortit également quelques coupures de *Allez Brive*, le journal du club. Jean-Jacques Gourdy y exprimait une analyse de cette élection qui était on ne peut plus proche de la mienne. Ce qui était logique puisqu'il avait soutenu Jean Fabre durant la campagne. On se regarda. J'eus bien, je dois le dire, l'envie de prendre la porte. Mais bon, on y était, alors nous irions au bout des choses. En fin politique qui sait choisir son entrée, il aménagea sa sortie. La conversation devint plus positive. Tout semblait clair et apaisé quand nous quittâmes la FFR, mais nous étions loin du *Embrassons-nous, Folleville !* Derrière les mots et les sourires, je me sentais encore en quarantaine et savais qu'il faudrait du temps pour assouplir tout cela et éviter tout dérapage de ma part.

Il aurait certainement fallu aussi, pour qu'il en soit ainsi, que j'accepte de ne plus écrire dans *Libération*. J'assume de ne pas avoir été plus complaisant dans mes chroniques avec Dubroca et Trillo puis avec Berbizier, leur successeur, que je ne l'avais été avec Fouroux. Quand le jeu me convenait, je le disais. Sinon, mon analyse, que l'on disait sans concession, égratignait. Pierre Berbizier m'en voulut beaucoup de ne pas avoir valorisé ses deux victoires acquises en terre néo-zélandaise. Il n'a pas manqué de me renvoyer la balle quand je fus appelé pour assister Jean-Claude Skrela, devenu entraîneur du XV de France. Très critique à notre égard dans ses chroniques dans *L'Équipe*, il m'a en tout cas conduit à gamberger sur le sens de mon engagement. Quand on entraîne l'équipe nationale, rester fidèle à ses convictions l'emporte sur les réponses catégoriques, malgré les écueils et tout en acceptant les interrogations que peuvent susciter d'autres compétences. Je m'en suis expliqué avec lui beaucoup plus tard, ce qui a grandement contribué à renouer des liens plutôt plaisants. Je n'ai pas manqué de me faire son avocat pour qu'il entraîne l'équipe d'Italie quand le président de la Fédération italienne, Giancarlo Dondi, m'appela pour me demander ce que je pensais du technicien Berbizier, qui, lui avait-on dit, avait un caractère spécial. Je lui répondis que je ne savais pas quel caractère avait Pierre, mais qu'il avait des compétences et que c'était certainement ce qui devait primer pour faire son choix. Bref, mes chroniques ne m'aidaient pas à gagner un état de grâce définitif auprès des dirigeants fédéraux maintenant en place, dont, cela va sans dire, leur président.

La vie est surprenante. Je n'ai revu Bernard Lapasset que deux ans après cette entrevue de Paris. Les circonstances, cette fois, auraient pu être autrement plus dramatiques que les bisbilles déjà décrites. Je me trouve sur l'autoroute entre Limoges et Brive. Je vois avec stupeur sur la voie opposée, en fin de virage, un véhicule en recherche d'équilibre déraper et monter sur le bas-côté. Le véhicule fait plusieurs tonneaux avant d'arrêter, sur le toit, sa course folle quelque 100 mètres plus loin. Je m'arrête. Je sors de ma voiture, enjambe la rambarde de l'autoroute et me précipite vers la voiture accidentée. Deux passagers sortent de l'auto déglinguée. En premier, Jean-Louis Barthes, secrétaire de la Fédération, et quelques secondes après, Bernard Lapasset. Les deux sont passablement choqués et ont un peu de mal à me reconnaître, surtout Jean-Louis. Ils ne sont pas grièvement blessés, mais suffisamment pour devoir passer un examen dans une clinique de Limoges. J'ai donc pris en charge dans mon auto les deux accidentés, qui avaient alors retrouvé leurs esprits, pour les conduire au centre hospitalier. Ce qui prouve, s'il en était besoin, que le pouvoir est fort peu utile dans certaines circonstances.

Pas de prophète à Brive

On n'est pas forcément prophète en son pays. Après le détour par Trévise, j'ai fait un passage éclair à Brive, comme directeur sportif. Brive est une petite ville. Les responsabilités sont beaucoup plus hiérarchisées auprès de l'opinion. La santé du club est liée aux résultats de l'équipe fanion, pas à la qualité d'un projet plus large qui touche le club, et pas seulement l'équipe majeure. Là où il fallait du temps, on demandait des résultats immédiats. Les dés étaient pipés.

Je n'avais pas mesuré, ou trop tard, le pouvoir des anciens dirigeants et joueurs, ceux qui ne sont plus au club mais qui veulent continuer à influer en revendiquant une appartenance et une reconnaissance. Les rivalités qui existaient alors dans ce club n'ont pas créé les meilleures conditions pour avancer sereinement. Mon éloignement, pendant plus de vingt-six ans, m'avait certainement fait perdre de vue le contexte social et le climat local : celui de la vie d'un club qui a été longtemps dans le gotha du rugby français et qui avait du mal à accepter qu'il faille reconstruire cette image. Dans une petite ville toujours dans l'effervescence du match passé et de celui à venir, plus que dans une grande métropole, les joueurs sont directement au contact de l'environnement local. On peut certainement le considérer comme une ressource quand on gagne. À l'inverse, ce contexte est une menace quand les résultats se font attendre.

Le projet n'était pas ambitieux, il était adapté à la réalité et au niveau sportif. Il y avait à tous les niveaux des hommes valables avec des compétences techniques, donc capables de le réaliser. En fait, ce n'était pas ce projet de club qui gênait. C'était bien plus : l'apologie du beau jeu que je faisais dans ma communication. Un débat difficile à remporter quand, dans la tête de beaucoup, il apparaît irréalisable, comme une aimable rêverie. En défendant un style, le président Jacques Gourdy, toujours solidaire, et moi-même avons grandement rêvé la réussite des objectifs sportifs recherchés. Rapidement, je perdis l'appétit de me battre et choisis de partir, non sans avoir précisé lors d'une conférence de presse en présence de mes détracteurs les raisons de ce départ.

J'en garde toutefois un bon souvenir. Celui d'avoir eu l'occasion de redynamiser l'équipe de mon vieux lycée Cabanis, les Muguets. J'eus le plaisir de partager le style qui m'était cher et d'avoir attiré plus de 2000 personnes pour une simple finale d'académie jouée en nocturne au stade d'Amédée-Domenech. Je devais le faire pour tous les moments d'émotion entassés dans ma vie de potache. Un contexte qui a grandement contribué à mon épanouissement sportif. Nous avons effectué, avec cette équipe de lycéens, un petit voyage en Angleterre. Lors d'un match contre une bonne sélection scolaire de la région londonienne, j'ai rencontré des techniciens de cette région qui avaient assisté à une conférence que j'avais faite, deux ans auparavant, sur ma démarche d'enseignement du jeu. L'un d'entre eux vint me féliciter après le match pour la démonstration exécutée. La théorie l'avait intéressé, mais pas persuadé. Je le cite et traduis : « Je n'étais pas convaincu et trouvais la mise en application de la théorie difficile à maîtriser mais, aujourd'hui, j'ai pu apprécier son efficacité et sa qualité… L'intelligence des comportements, tant individuels que collectifs, dans le déroulement et la continuité du jeu développé, fait toute la différence… » J'ai répondu que « comme toute méthode, cela fonctionne bien quand les joueurs ont foi en ce qu'on leur propose ». « C'est ce petit plus psychologique, lui dis-je, qui aide grandement à faire l'alchimie du bon jeu. »

Rugby à tous les étages à Limoges

Que de bonheur à Limoges ! Après Brive, j'ai eu le plaisir de retrouver l'université et de créer une section rugby de haut niveau, pour les garçons et les filles. Je me suis aussi occupé au club, où je retrouvais la majorité de mes étudiants, de former l'équipe féminine des Gazelles, équipe universitaire intégrée au club, et d'organiser deux tournois internationaux à VII ainsi que de voyager au bout du monde avec ces jeunes filles et jeunes hommes. Pourquoi cet amalgame club-université ? Pour créer une dynamique et utiliser toutes les ressources locales. Sollicité par les dirigeants du club, j'acceptai d'entraîner, à condition d'avoir carte blanche. En clair, je voulais avoir la paix, ne pas avoir à justifier ni le jeu, ni les résultats, ni la composition de l'équipe. Ce fut accepté et totalement respecté par les dirigeants. Certains sont devenus des amis et je garde d'excellentes relations avec les autres. Le rugby comme support de vie, de liberté, de découverte, de plaisir partagé, ceux du moment et ceux à venir. Un pied de nez, croyez-vous, au rugby sérieux, celui où il faut gagner à tout prix, un rugby en marge de la réalité ? Pas du tout. Personne, ni au club ni à l'université, n'avait envie de perdre.

Quand le projet prit du sens, tous se sont investis pour défendre des valeurs, un certain esprit et un certain style. Ce fut pour moi une bouffée d'oxygène, dans ce contexte favorable, de ne pas avoir sans cesse à se justifier, ne pas se sentir contraint d'affronter son image d'entraîneur « intello », « passéiste », en quête d'esthétisme et de production de formes spectaculaires avant la recherche du résultat. Les résultats arrivèrent quand même. Champion de France universitaire en garçons, il n'y avait pas alors de compétition féminine universitaire. Champion en club dès la deuxième année avec les filles qui remportaient le titre de deuxième division, j'ajoute que trois d'entre elles évoluèrent en équipe de France par la suite. Enfin, l'équipe première du club accéda à la Fédérale 1 et joua la finale. Mais, entre-temps, j'avais été obligé de laisser le club aux mains de mon adjoint, puisque j'avais répondu favorablement à la demande de Jean-Claude Skrela pour le rejoindre entraîner l'équipe de France, en début de Tournoi 1996.

- 8 -
LE XV DE FRANCE DE SKRELA ET VILLEPREUX

Skrela se jette à l'eau

J'avais fait depuis longtemps le deuil de me voir confier des responsabilités techniques au sein de la FFR, en tout cas depuis la non-élection de Jean Fabre. Pourtant, après la Coupe du monde 1995, le rugby est de nouveau en émoi, mais sans moi. Le professionnalisme est définitivement proclamé et la France doit trouver un nouvel entraîneur, puisqu'on ne veut plus de Pierre Berbizier. Les noms circulent. J'ai Jean-Claude Skrela au téléphone. Il me dit qu'il vient d'être sollicité par Bernard Lapasset pour diriger le XV de France. Il me demande mon avis. J'y vois, de la part de Jean-Claude, une grande confiance. Rien d'étonnant de sa part. On avait vécu ensemble au Stade Toulousain beaucoup de moments forts, ceux où notre passion commune pour le jeu nous a permis de savoir jeter l'inutile et le superflu et de faire avec le strict nécessaire. Ce sont ces vibrations communes, par rapport au jeu recherché, qui permettent à un couple d'entraîneurs de s'inscrire dans la durée et de réaliser les objectifs avec l'énergie qu'il faut. À Toulouse, grâce à l'autonomie de fonctionnement que nous avait donnée Jean Fabre, nous n'étions dépendants de rien ni de personne. La confiance ne se décrète pas, elle s'acquiert dans l'action et dans le désir de faire ensemble, celui qui décuple la volonté. Je dirais que dans l'histoire de notre périple commun au Stade Toulousain, il y eut incontestablement des moments d'évolution mais aussi de stagnation. Le jeu que l'on a construit n'avait pas à être considéré comme meilleur ou plus faible que celui des autres. Mais ce sont les efforts que l'on a produits avec Jean-Claude pour le transformer et le faire évoluer sans cesse qui ont été, d'après moi, déterminants. Cette recherche de l'excellence, avec des moyens financiers limités, s'est traduite par un engagement sans faille de notre part, celui qui a permis la construction et la solidité d'un respect mutuel et, progressivement, d'une amitié qui nous a grandement servi un peu plus tard, quand nous nous sommes retrouvés avec des responsabilités à la FFR. Ce lien fort a contribué à éviter de nous affronter sur des désaccords dérisoires pour peu que l'on prenne le temps de s'en expliquer.

Je réponds donc à sa question sans la moindre hésitation ! Il doit accepter ce poste. Mais je lui conseille de se préserver d'un système de fonctionnement qui n'est pas le sien, ce qui veut dire qu'il doit bien s'entourer de pare-feu pour fonctionner le mieux possible, étant entendu que l'équipe nationale n'est pas un club, que les objectifs ne sont pas les mêmes. Il ne trouvera pas la même autonomie que celle accordée au Stade Toulousain. J'ai eu des contacts réguliers avec lui. Pas facile de prendre ce poste quand des joueurs découvrent le professionnalisme et, avec lui, les avantages qu'il sont censés en retirer. Les difficultés qu'il rencontra au début, même si les résultats furent corrects, étaient autant liées aux intérêts personnels des joueurs qu'aux problèmes que le professionnalisme crée dans le management et la gestion d'une Fédération. En effet, cette dernière se doit, elle aussi, d'évoluer en lâchant du pouvoir à la Ligue professionnelle qui, à terme, ne pourra que s'imposer. Beaucoup voient dans cette évolution la fin des valeurs ancestrales du rugby, la vente de son âme au diable.

J'étais alors entraîneur à Limoges, mes relations avec Jean-Claude m'amenaient à parler dans *Libération* du jeu de l'équipe de France. Je le faisais un peu différemment, même si je n'étais pas trop complaisant. J'appris qu'André Herrero était monté au créneau pour que je rejoigne Jean-Claude. Il ne le trouvait pas suffisamment autoritaire et lui reprochait un discours technique un peu vague. Il lui fallait, disait-on, « un associé plus charismatique » pour faire passer le fameux projet de jeu attendu depuis de longues années pour le XV de France. Jean-Claude n'a jamais été un orateur, mais ses compétences de terrain ne pouvaient être remises en cause. L'homme charismatique, c'était bien moi. Or, cela n'entrait pas dans les intentions de Bernard Lapasset, toujours réticent à mon égard. Pourtant, un premier pas fut franchi fin 1995 quand il fut question d'une cellule de réflexion qui aurait pour mission d'aider Jean-Claude Skrela dans sa fonction. Jean-Claude et Jo Maso, qui avait remplacé André Herrero démissionnaire de son poste de manager des Tricolores, m'en avaient bien parlé. Elle fut effectivement mise en place. Jean-Claude Ballatore, André Quilis et moi-même fûmes pressentis.

Avant que cette cellule ne devienne effectivement opérationnelle, je fus convoqué à Brive par Bernard Lapasset. Il était accompagné pour l'occasion de Gaston Lesbats, vice-président de la FFR, et de Marc Gosse, le président de comité du Limousin. Je n'ai pas un bon souvenir de cette réunion. Leur discours a réveillé en moi des sentiments un peu endormis. Il n'est pas facile de décrire l'émotion qu'elle me procura, tant j'ai eu l'impression que je devais me justifier et les assurer que je n'allais pas dépasser les droits accordés dans cette cellule. Je fus le seul à être convoqué. Témoigner par des mots du malaise ressenti est difficile. La phrase de Lapasset en conclusion de cette entrevue, « et surtout, que je ne te voie pas sur le terrain », est assez explicite. Je n'ai pas résisté. J'ai dit qui j'étais, comment je fonctionnais, j'étais capable de respecter des engagements, et mon passé en faisait foi. Alors, savoir rester à ma place dans la fonction que l'on voulait bien m'attribuer, il n'était pas utile de me le rappeler. Avant cette réunion, j'avais fait part de mon accord à Jo et Jean-Claude qui m'avaient fait comprendre que mon intégration passait par là. Je suis parfaitement resté à ma place dans cette commission plus rassurante, pour Jean-Claude, qu'efficace. Elle fut un moyen, pour moi, de retrouver un certain crédit auprès des dirigeants fédéraux, mais elle n'a pas définitivement calmé la défiance de Bernard Lapasset. Elle sera toujours présente dans nos relations futures quand je deviendrai collaborateur de Jean-Claude auprès de l'équipe de France, puis directeur technique national. J'y reviendrai.

Entraîneur adjoint ?

Pourtant, fin 1996, en dépit des réticences de Bernard Lapasset, on me fait savoir que j'intègrerai le XV de France pour le prochain Tournoi. Jo Maso, André Herrero, Jean-Claude Skrela et d'autres, mais également une presse très favorable à mon arrivée, ont permis cette opportunité à un moment qui arrivait tard. Je veux dire qu'il y a, dans la carrière d'un entraîneur, une période optimale pour être performant. Savoir faire et savoir être s'acquièrent avec l'expérience et grâce à l'analyse sans concession de ce vécu. Mais, pour cela, il faut être au summum de ses compétences. Il faut l'envie, les fameuses motivations qui permettent d'entreprendre et d'avancer. Cette sensation, je crois l'avoir connue avant cette date. La presse a donné une large place à ma nomination. Certainement beaucoup trop. Cela soulignait surtout le caractère chaotique de la relation précédente entre Villepreux et la Fédération.

Alors, pourquoi avoir accepté ? En grande partie parce que c'était Jean-Claude. Avec lui, je savais où je mettais les pieds. Mais aussi parce qu'il y avait Jo. Nous avions fait avec lui un bout de chemin, d'abord comme joueurs, et nos affinités mutuelles pour un style de jeu nous avaient beaucoup rapprochés. Il était devenu manager de cette équipe, ce qui ne pouvait que favoriser son bon fonctionnement. Il conservait Max Godemet en charge de la préparation physique. Ce groupe me semblait être en mesure de bien fonctionner, ce qui me semblait important même si je savais que je n'aurais pas les coudées franches pour avancer. Cependant, cette nomination fut largement valorisée par la presse. Je n'étais pas le Messie, mais les articles de l'avant Tournoi 1997 en font foi.

Mais en sport, on est jugé sur des résultats. L'espoir que peut faire naître l'arrivée d'un entraîneur se transforme tout aussi vite en désespoir si les résultats ne suivent pas. La compétence côtoie à vitesse grand V l'incompétence, et vice versa d'ailleurs. Des courriers avant le premier match, j'en reçus énormément, ceux des sympathisants, ceux des conseilleurs et d'autres qui ne voulaient rien dire. Je les ai tous gardés. Curieusement, certains m'ont de nouveau écrit quand nous avons dû faire face à des résultats ponctuellement mauvais. Mais le ton, la forme et le fond avaient changé. Quelques-uns ne signaient plus, mais l'écriture les démasquait.

Je prenais officiellement mes fonctions d'adjoint ou de co-entraîneur, personne n'a souhaité réellement donner une qualification à ma fonction. Était-ce important ? Oui. La fonction clairement désignée procure des droits et devoirs. Nous avions bien fait une réunion avant le Tournoi à Colomiers, en présence de Bernard Lapasset. Elle visait à préciser notre futur mode de fonctionnement et, en partie, les objectifs à court comme à long terme puisqu'il s'agissait déjà de préparer la Coupe du monde de 1999. Le discours du Président fut on ne peut plus clair : Jean-Claude Skrela restait bien le responsable avec deux adjoints, Godemet et Villepreux.

Le 15 mars 1997, dernier match du Tournoi contre l'Écosse et Grand Chelem pour la France. Cette performance fut saluée par la presse. Celle-ci ne manqua pas, au fur et à mesure des victoires, de mettre en avant ma présence et, de fait, de m'accorder le mérite de la performance des Tricolores. Exprimé autrement, je faisais la une et Jean-Claude la page 2. Jean-Claude ne me parla pas de l'intérêt que suscitaient ma présence et les victoires, mais il me fit part d'un article où je parlais de « mes joueurs ». Cette expression est couramment employée par les entraîneurs. Elle tend à accorder des responsabilités qui pèsent sur la gestion du collectif et du jeu. Je l'ai immédiatement rassuré en lui disant que je n'avais jamais utilisé cette expression dans aucun de mes propos et déclarations. Pas besoin d'autres explications, on savait que ce ne serait pas la dernière fois que cela se produirait. Nous avions su coopérer sans faille à Toulouse. Je ne voyais pas pourquoi on donnerait un sens différent à notre collaboration en équipe de France, même si le contexte était légèrement différent. On n'avait pas à être perturbés par ce type d'expression médiatique, d'autant que ce résultat et son analyse ne prêtaient pas à croire que les 47 points marqués à l'Écosse allaient nous conduire directement sur le toit du monde. Mais ce fut un match d'envie de jeu et de plaisir partagé avec le public qui ne souhaitait plus quitter le Parc des Princes.

Deux Grands Chelems

Un Grand Chelem fut obtenu avec un jeu en construction, avec des joueurs que nous obligions un peu à provoquer le jeu. Ils y répondaient un peu contraints et forcés, mais les victoires entraînaient l'audace et inévitablement des fautes de jeu. Il fallait en passer par là pour évoluer et créer, dans le temps imparti avant la Coupe du monde, un collectif de joueurs ayant une autre conception du jeu. Les victoires permirent que les fautes provoquées par ambition soient tolérées et plus facilement acceptées par la presse. Surtout, ces victoires pouvaient être un tremplin pour mobiliser les joueurs sur le jeu souhaitable à long terme, du moins c'est ce que je croyais. Cette réussite aurait dû nous aider et donner du crédit au travail entrepris. Il est difficile de savoir si cette adhésion fut réelle. En tout cas, le dernier match contre l'Écosse répondit à notre attente. Après avoir bafouillé les trois premiers matchs, le jeu proposé prit, lors du dernier, une forme plus en adéquation avec ce que nous attendions. Le jeu que nous souhaitions n'a de sens que s'il est présent dans la tête des joueurs, y compris dans les défaites. Comme il n'y en avait pas, tout était plus facile. La victoire donne du temps et il en faut quand on veut réussir sur le long terme.

« Pierre Villepreux ne fait plus peur. » Peur à qui ? Aux dirigeants fédéraux qui, avec la victoire, me trouvaient curieusement plus accessible, disaient-ils. Est-ce que j'avais changé ? Je n'en sais rien. Même Christian Carrère, qui nous recevait au château La Voisine, lieu de préparation des Tricolores, me fit part de ma transformation. J'ai été très surpris par sa remarque. Je fis l'effort d'un retour dans le temps. Sincèrement, j'ai eu du mal à situer le décalage entre ce que j'étais et ce que les gens en percevaient. Les joueurs qui, avec les résultats, trouvaient notre discours logique, abordable, cohérent, disaient apprendre dans cette façon de présenter le jeu, de les responsabiliser. La presse ne voyait plus mon discours comme des théories fumeuses, mais les considérait soudain comme fascinantes. Autant de raisons qui les poussèrent à s'enflammer derrière un discours qui, je m'en aperçus plus tard, n'avait été considéré que par la magie du résultat. « Que de temps perdu », écrivait Jacques Carducci dans *L'Équipe* pour stigmatiser l'erreur fédérale de ne pas avoir fait appel à mes services plus tôt. Effectivement, ce premier succès, nous ne l'avions pas spécialement attendu, mais il s'agissait de bien d'utiliser. Non à des fins cocardières, mais bien de s'en servir dans les matchs à venir : contre les Italiens d'abord, et lors de la prochaine tournée en Australie pour peaufiner le système de jeu et ainsi le mettre à la disposition d'un collectif. Il s'agissait d'agrandir l'effectif pour choisir, à terme, les meilleurs, les plus à même de rentrer dans le style choisi pour disputer la Coupe du monde 1999.

Je vais tenter d'exprimer comment j'ai vécu et perçu ce parcours jusqu'à la Coupe du monde 1999. Ce témoignage m'appartient et concerne un parcours de 38 matchs. Trois années soldées par 25 victoires et 13 défaites, dont deux Grands Chelems et une finale en Coupe du monde. Les convictions qui étaient les miennes pour arriver au rugby souhaité se sont heurtées au manque de patience général qui surgit dans l'environnement dès que les résultats ne sont pas présents. Les composantes perverses qui influencent la gestion d'un projet sportif – en positif quand ça gagne, en négatif quand ça perd – proviennent de nombreuses sources. Les dirigeants, la presse, le monde du rugby. Leur avis et leurs messages ont alors, directement ou indirectement, une emprise sur le staff technique, et encore plus sur les joueurs. Il faut alors être très fort pour s'exclure de ces influences et avancer, quoi qu'il arrive. Être soi, sans les autres, divise et exclut.

Accepter d'écouter ou laisser croire que l'on écoute, c'est entrer dans un processus de séduction qui n'est ni meilleur ni pire, mais qui présente les mêmes limites. Pour dépasser ce type d'ingérence extérieure, il faut qu'il y ait un « oui » fusionnel des joueurs, non seulement par rapport au jeu recherché mais aussi par rapport aux formes de travail et au temps nécessaire pour le réaliser. Il ne s'agit pas d'une aliénation. Tout au contraire. Il s'agit d'une appropriation toujours plus grande qui, à terme, devrait démystifier le pouvoir d'un staff technique.

C'est ce principe de collaboration entraîneurs/joueurs, par rapport au jeu, qui avait fait la force de Toulouse. Ce partage du jeu unit et permet de dépasser tous les problèmes affectifs et humains qui peuvent émerger. Ils deviennent mineurs, donc mieux maîtrisables et, dans le temps, ils ne grèvent pas la performance. Mais ne dépendre que de soi, même parce que cette autonomie a été donnée et légitimée par le président, était certainement plus facile en club qu'en équipe nationale, où le pouvoir hiérarchique était très prégnant. D'autre part, un staff en équipe de France ne bénéficie pas, comme en club, de la présence constante des joueurs. Mais, même si les résultats pouvaient avoir des effets stimulants, les moindres accrocs se révélaient tout aussi aliénants pour continuer de progresser. Nous n'étions plus alors dans une continuité de construction du jeu, celle qui place dans « le bien-être », dans une remise en cause du jeu lui-même et des formes de travail pour le réaliser si elle est acceptée par tous. Là, elles aboutissaient à un état général « embrouillé » qui devient un moment facilement exploitable auprès des joueurs, pour ceux qui communiquent autour de l'équipe.

« Il y a des hauts, il y a des bas », dit la chanson. Alors, il a bien fallu s'adapter. Entre ce Tournoi 1997 et cette finale de Coupe du monde, nous avons traversé des périodes déstabilisantes et d'autres plus calmes, à défaut d'être paisibles. Cet engagement jeu/joueurs s'est parfois plutôt bien réalisé, et l'évolution fut intéressante, qualitativement parlant. Ce fut le cas pour le deuxième Grand Chelem en 1998. Il succéda à une période trouble sur laquelle nous allons revenir. Du beau jeu, de belles victoires, des essais, de l'envie, du spectacle. Par exemple, 18 essais, dont 7 pour le dernier match contre le Pays de Galles à Wembley. Entre ces deux Grands Chelems, les objectifs pour aller dans les meilleures conditions à la Coupe du monde semblaient aller de soi. La bonne volonté était là et avait permis des progrès, mais il fallait aller plus loin. Et pour que l'évolution soit réelle, il fallait que l'engagement du collectif se fasse dans la durée. Cela signifiait ne pas avoir peur d'éventuels revers. C'est avec cet état d'esprit qu'il me semblait important de gérer les matchs hors du Tournoi.

Logiquement, sur ces bases nous avons sélectionné une équipe largement remaniée pour affronter les Italiens, avec seulement quatre joueurs ayant participé au dernier match. Grippé toute la semaine précédant ce match, je n'ai pas participé à la préparation. Les Italiens de Georges Coste ont été remarquables dans le jeu, ils étaient pleins d'envie. Ce fut suffisant pour battre pour la première fois la France. Cette défaite aurait-elle pu être acceptable ? Selon moi, oui, considérant les changements dans l'équipe de France et la qualité, ce jour-là, de l'opposition italienne. Elle fut exhibée comme un véritable camouflet et ce n'est pas la large victoire contre la Roumanie à Bucarest, dans la foulée, qui gomma les traces laissées par cette défaite.

S'ensuivirent deux tests perdus en Australie. Rien de dramatique, si ce n'est le manque d'envie des joueurs. D'abord dans leur implication dans les entraînements, parce qu'ils vivaient mal la concurrence entre eux. Ce qui ne favorise pas la vie collective. Faut-il incriminer les joueurs ou les limites d'une surcharge de rugby qui commençait à peser sur des joueurs professionnels qui se projetaient vers d'autres intérêts que ceux de jouer au rugby après une longue saison ? Nous avons bien essayé de varier la forme des séances tout autant que le fond, mais il manquait ce désir collectif, et la seule satisfaction de jouer les tests ne suffisait pas pour certains. C'est de ce désir que naît la volonté de progresser ensemble. Sans ce désir, il n'y a rien. Pour notre défense, ces fameuses fins de saison, qui pèsent plus dans les esprits que dans les jambes, sont devenues bien trop souvent un tourment pour les entraîneurs, contraints de créer des motivations factices. Peu d'équipes ont réussi cet exploit. Si, une. Celle de Pierre Berbizier en gagnant deux tests en Nouvelle-Zélande en 1994. Quand ce fut le cas, le temps d'un match, ce fut toujours en réaction à une prestation précédente ratée ayant entraîné son lot de critiques.

Ce manque d'appétit pour se lancer dans un jeu plus emballé n'explique pas tout. Mais ce constat est suffisamment répétitif dans la vie du rugby français pour le considérer comme une tare qu'il sera difficile de soigner, surtout quand une tournée peut amener des personnalités inconciliables à cohabiter. C'était le cas cette fois-là. Les comportements hors terrain de certains joueurs, qui leur ont valu d'ailleurs une lourde sanction, en attestent. Il y eut d'abord la remise en cause du capitaine, Abdel Benazzi. Jamais de manière directe, mais on percevait, à certains symptômes ou expressions, qu'il ne faisait pas l'unanimité. Abdel avait durement apostrophé ses équipiers dès le retour au vestiaire, à la suite de la défaite dans le premier test. Il soulignait ce manque de vaillance et n'avait pas fondamentalement tort. Je lui dis en aparté qu'il avait raison, mais que ce n'était pas le moment.

Nous avons subi deux défaites et, comme c'est toujours le cas, une remise en cause, par presse interposée, des formes d'entraînement. Ce n'est jamais très sain. Les solutions miracles mettaient en avant les insuffisances de toujours, celles que l'on oppose au jeu de mouvement. Il fallait retourner à ce que l'on appelle « les fondamentaux ». Retrouver une mêlée conquérante devenue subitement ordinaire, de la précision dans les touches, de la vaillance dans les phases d'affrontement, là où le combat avait été défaillant, etc. Toute la communication que nous avions faite, ou plutôt celle que j'avais pu faire sur les vertus et l'art d'un jeu de mouvement accompli, devenait caduque et maintenant discutée, puisqu'elle n'apportait plus momentanément les résultats attendus. Le jeu de mouvement, oui, tout le monde en voulait, mais comme conséquence de bouts de rugby, ceux qu'il s'agit d'abord de bien faire pour approcher ensuite le jeu de mouvement recherché. Ce n'était évidemment pas ma conception. Pour moi, c'était même le meilleur moyen de ne jamais atteindre ce à quoi j'aspirais. C'était oublier comment l'on apprend et comment se perfectionne le jeu : par le jeu. J'en fus d'autant plus déçu que Jean-Claude n'avait jamais bradé tous les aspects incriminés dans le travail proposé.

Dans cette tournée, le ver était dans le fruit et il allait y rester. La confiance accordée au départ, les vrais sourires, le plaisir partagé, qui avaient entretenu un climat propice pour progresser lors du premier Tournoi, se transformèrent en doutes et grimaces provoquant une moindre implication. Un climat que les médias surent alors entretenir. Je sais, cela fait partie du travail de journaliste que de se pencher sur les états d'âme des joueurs. Il n'y avait rien là-dedans de fondamentalement méchant et nous pouvions encore nous appuyer sur quelques joueurs qui, eux, baignaient dans ce jeu. On avait encore un peu de temps pour convaincre les craintifs et c'est aussi une chance pour un entraîneur d'équipe nationale de pouvoir faire le choix d'autres joueurs plus adaptés et plus disponibles en cas de mauvaise volonté.

Absence de politique sportive

Ce qui accrédite la performance d'un entraîneur, ce sont les résultats. Je ne l'ai personnellement jamais oublié. Je compris que ma conviction intime ne suffirait pas et qu'il faudrait accepter de passer plus de temps à des aspects du jeu qui, dans l'instant, ne me paraissaient pas essentiels. Je savais qu'ils n'apporteraient rien de plus à la construction solide du jeu, souhaitable pour que ce dernier s'exprime au mieux lors de la Coupe du monde, avec des joueurs confiants pour l'entreprendre et en faire leur credo. Pour qu'une méthode ait un impact, elle se doit d'être compréhensible et jugée acceptable par le milieu, qui finira par l'inclure dans le patrimoine commun. Alors, elle aura une chance d'être admise par ceux qui vont l'appliquer, les joueurs et les entraîneurs qui s'en imprégneront, la transmettront à leur tour. Mais la France n'est pas dans cet état d'esprit. On navigue dans un milieu partisan et suffisamment opportuniste pour savoir changer de camp et de cap en fonction des résultats. Deux méthodologies s'opposent et se combattent : l'adhésion plus ou moins affirmée à une méthodologie de formation relance, dès le premier résultat négatif, les interrogations et parfois la polémique. Là où il devrait y avoir un consensus qui fédère, via la formation et les formateurs, on entretient l'équivoque et le problème. Même s'il est débattu, il n'est jamais réglé. Démocratiquement parlant, il peut paraître intéressant que les partisans de l'une ou l'autre méthode n'imposent pas leur point de vue. Un avis contraire ne me paraît pas dangereux, mais il génère beaucoup d'ambiguïtés et conduit à des non-choix et des incertitudes. Celles-ci sont un frein pour les joueurs, pas franchement placés dans les meilleures conditions psychologiques pour avancer et être disponibles à la fois pour le jeu ambitionné, la méthodologie et les formes de travail et les exigences qu'elles réclament.

Leurs réticences s'expliquent et peuvent se concevoir. En effet, quand les résultats ne suivent pas ou quand ils évaluent leurs difficultés personnelles à évoluer favorablement dans ce contexte de perfectionnement, alors leurs intérêts personnels l'emportent. Cela se traduit par un « non » ou un moindre engagement qui devient vite une limite pour que leur potentiel soit exploité dans le sens voulu. Pire, la vie de groupe en est polluée et les états d'âme qui se font jour sont véhiculés de manière pernicieuse, en « off », vers la presse, qui ne manque pas de traduire le malaise ambiant.

Nous avons toujours été confrontés à la remise en cause de la pertinence d'une conception de formation et de perfectionnement, chaque fois que les résultats ne nous ont pas été favorables ou que la qualité du jeu laissait à désirer. Ce fut le cas lors de la Coupe Latine, en septembre 1997. Nous avions choisi, à tort ou à raison, de rechercher des leaders de jeu capables, grâce à leur expérience, de faire passer le message du jeu. Retour donc de Saint-André comme capitaine, de Cabannes et Lacroix exilés en Angleterre. La presse n'avait pas oublié alors de célébrer le rugby haut de gamme qu'ils réalisaient avec leur équipe. Fabien Galthié était logiquement réintégré après une grave blessure contre l'Irlande lors du Tournoi précédent. Nous n'avions pas oublié en cette occasion et dans ce contexte de bien repréciser le projet de jeu et l'esprit de celui-ci.

Nous avons dû mal nous y prendre. Cette Coupe Latine fut difficilement et mal gagnée. En France, en général, il en faut moins que ça pour déchaîner passions, contestation et questionnements. Par presse interposée, certains joueurs auraient dit ne pas comprendre comment on voulait les faire jouer. Surprenant avis puisque pendant le Tournoi, tout le monde avait compris. Mais toute question mérite une réponse, même si elle est transformée en une autre question. Je répondis au journaliste de mieux me préciser sa source, ce qu'il me refusa. Bien évidemment, le fameux « off » sévissait encore.

D'insuffisances en approximations constatées, la presse ne manqua pas de dénoncer la suffisance du staff. On nous reprochait d'avoir souri dans les vestiaires, de ne pas nous être rendus à une réception, et bien d'autres fautes qui me donnèrent un sentiment de culpabilité. Personnellement, je n'ai jamais pensé qu'il faut faire une tête d'enterrement quand on fait un mauvais match, qui plus est quand il est gagné. Peu importe. Je me dis que l'analyse à faire ne se situait pas à ce niveau. Répondre à ce genre de digressions était accorder du crédit à qui les écrivait. Était-il possible de faire autrement ? J'ai toujours pensé que le jeu était rassembleur, qu'il fallait accepter les problèmes rencontrés. Ils pouvaient être utilisés positivement à condition d'avoir l'aide et le soutien des joueurs, et cela tenait à leur adhésion au jeu choisi. Il fallait avancer. J'ai toujours considéré que, dans l'adversité, on peut trouver les arguments pour convaincre, car quand on est en difficulté, ce que l'on comprend est en proportion avec ce que l'on vient d'apprendre. Eh bien non. Le pire était à venir puisqu'à l'horizon, en novembre, se présentait l'Afrique du Sud pour deux test-matchs.

Les Springboks gagnent et sèment la zizanie

Avec Jean-Claude Skrela, nous étions aller voir jouer les Springboks à Gênes contre les Italiens, la semaine précédant le premier test à Lyon. Les Italiens résistèrent vingt minutes, puis les vagues vertes submergèrent les Azzurris. Ils luttèrent jusqu'au bout, mais perdirent par plus de 60 points. Le jeu tout-terrain des Sud-Africains présentait, quand le ballon et les attaquants se mettaient en mouvement, une distribution et une répartition des joueurs par rapport à la balle qui m'interpellèrent. Pour y faire face, il fallait être capable d'y opposer une distribution défensive en adéquation avec cette répartition dans l'espace de jeu, à la fois sur la balle comme dans les espaces plus éloignés du ballon. Cette redistribution des rôles et des tâches, quel que soit le poste occupé, était une réelle novation. Dans mon mémoire fait à l'INSEP, j'avais bien écrit qu'on verrait un jour des avants capables de jouer comme des trois-quarts, et vice versa. Je pensais que cette mutation interviendrait plus tard, mais on en voyait les frémissements dans le jeu des Springboks. Mais cette innovation me semblait largement suffisante pour nous déboussoler défensivement. On risquait gros, par manque de repères tant individuels que collectifs. Se lancer immédiatement dans un chantier de transformation d'habitudes ne nous avait pas semblé pertinent.

Nous avons montré aux joueurs les images de ce match et l'avons analysé. Je ne suis pas sûr que c'était une bonne idée car, au fil de la séance vidéo, on sentit bien que pointait chez eux une certaine anxiété. La visite du président Lapasset nous donna l'occasion de lui faire part de notre inquiétude pour faire face à cette nouvelle donne. Mobiliser le collectif sur la défense devenait incontournable et ce fut fait. Ce ne fut pas suffisant. Les Sud-Africains nous dominèrent pendant plus de 50 minutes sur de larges mouvements qui nous conduisirent à trop défendre sur la balle et moins sur les espaces là où, justement, nos adversaires se disposaient en plus grand nombre dans un deuxième temps. On aurait pu penser que la puissance physique des Springboks serait comme à chaque fois déterminante. Même si elle fut à la hauteur, c'est ce repositionnement permanent sur des joueurs que nous attendions ailleurs qui fit la différence. De manière imagée, je dirais que notre défense était au four quand il aurait fallu être au moulin, et vice versa. Cette inadaptation au jeu sud-africain devenait presque caricaturale. Les essais et les points se sont accumulés. La facilité avec laquelle les essais étaient marqués pouvait laisser croire à un non-implication individuelle en défense. Du moins, c'est ce que ressentit le public. On ne plaquait pas et, de fait, on mettait en avant les valeurs traditionnelles que l'on attend de tout rugbyman : vaillance, courage, fierté. La faillite était pourtant ailleurs, surtout dans l'incapacité collective de la défense à faire face à un jeu offensif sortant des normes et auquel on ne donnait pas de sens. On refit surface en fin de match grâce aux charges rageuses et courageuses de nos avants. Un hold-up dans les dernières minutes, à 36-32, demeurait étonnamment possible.

Cette fin de match fut-elle un bien ou un mal ? Masqua-t-elle aux joueurs et à l'environnement, voire à nous-mêmes, l'écart qui nous séparait de nos adversaires, à savoir cette incapacité à trouver la juste mesure défensive face au rapport de force favorable aux Springboks ? Fallait-il se servir psychologiquement de ce final efficace ou mettre en avant nos incapacités ? Philippe Saint-André, le capitaine, choisit l'option positive du final en rentrant aux vestiaires. Pourquoi pas ? Il n'était pas mal de se rassurer pour le match suivant. Personnellement, lors de la conférence de presse qui s'ensuivit, je mis également en avant ce courage de fin de match. Mais, en réponse à la question de savoir ce qu'il avait manqué aux Français dans ce match, j'évoquais leur manque « d'intelligence situationnelle ». Personne dans la salle ne me demanda ce que je voulais dire en évoquant ce concept vieux comme le monde. J'aurais pu expliquer que notre collectif n'avait pas, à ce moment-là, les aptitudes et encore moins les capacités permettant de s'adapter à la mutation de jeu que nous proposaient les Sud-Africains. Mais il aurait fallu aussi expliquer où et comment se situe cette mutation. Nous n'avions pas alors à disposition cette intelligence collective qui permet de réduire, voire de résoudre, les changements liés à la distribution dans l'espace de jeu que nous avaient proposé nos adversaires. Transformer en une semaine le mode de penser le jeu, tant offensif que défensif, donner du sens au jeu adaptatif pour y répondre dans le cadre d'un challenge collectif, était impossible. Cela prend du temps. Ce n'était pas concevable en une semaine. Il devenait alors préférable de rester sur le positif de la fin de match et de valoriser la réaction qui permit de marquer trois essais qui firent douter les Springboks.

Il convenait de rester sur cette dynamique de fin de match pour aborder le suivant… La presse a beaucoup communiqué sur ce test. Il allait, en effet, entrer dans l'histoire à double titre. D'abord, ce fut le dernier match du XV de France au Parc des Princes et l'on parlait d'honneur et d'hommage à rendre à une structure qui avait accueilli le rugby depuis 1972. De quoi tirer un surplus de motivation qui, pensait-on, allait permettre de prendre une revanche. Ce match entra également dans l'histoire parce que ce fut la défaite la plus large enregistrée par la France contre les Sud-Africains, qui l'emportèrent par 52 à 10.

Cette fois-ci, et quand on perd de la sorte, les explications sont dérisoires. Il faut des coupables et les plus incriminés ne furent pas les joueurs, mais les entraîneurs. L'énorme déchaînement médiatique dura trois ou quatre jours. Je fus la cible prioritaire de *L'Équipe*, un journal qui m'avait pourtant encensé dans le passé, que ce soit au Stade Toulousain ou à mon arrivée en équipe de France. On y raillait mon intellectualisme, le rugby injouable que j'ambitionnais, on y caricaturait la fameuse « intelligence situationnelle » qui est maintenant utilisée sans vergogne par tout journaliste qui se respecte, on y faisait part du peu d'intérêt que j'accordais, soi-disant, aux valeurs fondamentales nécessaires dans ce sport dont l'éternelle prédominance du combat, etc.

Le parti pris manifeste de *L'Équipe* était orchestré par Jérôme Bureau. J'appris beaucoup plus tard que le rédacteur en chef du quotidien avait profité de cette défaite pour en terminer avec une gestion du jeu qu'il jugeait trop intellectuelle, peu de mise en rugby. Il appela clairement à notre démission et confia à un journaliste, Marc Van Moere, le soin de saboter soigneusement mon image. Je fus donc mis au pilori. Il ironisa sur la comparaison valorisante du « fantôme » que m'avaient donnée les journalistes anglo-saxons quand j'étais joueur. Il transformait la formule en décrivant un entraîneur réellement « fantomatique, vendeur de fumée ». Ce n'est pas la critique qui m'a gêné. Être critiqué sur des conceptions de jeu et de formation ne m'a jamais gêné, mais utiliser un moment de ma vie de joueur que personne ne pouvait m'enlever, s'en servir irrespectueusement m'a profondément touché. Et ce n'est pas son courrier, que je reçus une semaine plus tard et dans lequel il disait être allé trop loin, précisait que ses écrits avaient dépassé sa pensée et s'en excusait, qui atténuerait l'effet produit. Cette lettre était la preuve même du manque de courage de son auteur. Je reçus d'autres courriers, ceux de gens mécontents, mais aucun ne tombait aussi bas. Heureusement, d'autres encore étaient plus encourageants.

L'autre déception majeure liée à ce match concerne l'entraîneur des Springboks de l'époque, Nick Mallett, qui vint s'immiscer sans y avoir été invité dans l'émission de France 3 qui avait lieu après le match. Il discourut vaniteusement sur ce qu'il aurait fait s'il avait été à notre place. Pour avoir gagné des matchs sur des scores importants, en club comme en équipe de France, j'ai toujours cherché à échanger positivement avec les entraîneurs adverses. Mais les effets pervers du professionnalisme commençaient à poindre.

Vu le peu d'empressement manifesté par les uns et les autres pour répondre à l'invitation de Pierre Salviac dans son émission « Sport Dimanche », je m'y collai. Difficile débat, volontairement polémique de sa part. Il me posa la question, pas anodine, de savoir ce qui était déterminant, le système de jeu ou la qualité des joueurs qui composent le collectif. On avait valorisé dans la presse le système de jeu toulousain qui avait été gagnant avec des joueurs de bon niveau, mais tous n'étaient pas des stars du jeu, loin s'en faut. Ce système n'était ni idéalisé ni contraignant pour les joueurs, bien au contraire, et il était parfaitement applicable à tous les niveaux de la pratique rugbystique, du débutant au plus haut niveau. Alors, si la question était bien : « Ce système est-il applicable à l'équipe de France ? », ma réponse était oui. Et la défaite ponctuelle contre les Springboks, aussi traumatisante fût-elle, ne remettait pas en cause les potentialités des joueurs français pour la faire vivre et la rendre efficace. Cette question, qui n'avait pour moi rien d'embarrassant, aurait mérité un débat dans un autre cadre.

Remise à plat

Côté FFR, on n'était pas en reste. Un vent de tempête s'était levé… Jean Dunyach, manager général, Jo Maso, manager sportif, Jean-Claude et moi-même avons été conviés à un débriefing par Bernard Lapasset dans un restaurant parisien. À l'abri des oreilles indiscrètes, le message présidentiel fut on ne peut plus clair. Il rappelait, pour ne pas dire exigeait, que Jean-Claude soit le seul et unique responsable technique. Je compris que j'avais dû outrepasser mes droits. Je ne m'en étais pas vraiment aperçu car notre mode de fonctionnement avec Jean-Claude ne s'était jamais fait sur la prédominance de l'un sur l'autre. Nous partagions et croisions nos responsabilités, qui n'en étaient pas car elles étaient basées sur une relation de confiance mutuelle. Pourquoi me fit-on passer le message que l'équipe de France n'était pas un moyen d'expérimentation et de validation d'une méthode d'enseignement du rugby ? Je ne pouvais pas souscrire à cette critique. J'ai toujours conçu le perfectionnement d'une équipe, y compris de haut niveau, dans la continuité d'une formation qui fait apparaître individuellement aux joueurs et au collectif les exigences de progrès nécessaires pour libérer leur potentiel. Je n'ai jamais été un dresseur qui fabrique le jeu et les hommes et qui leur impose comment jouer. Il ne s'agit pas pour moi de répéter et de reproduire. On supportait mal le ton « trop professoral » qui était le mien au travers d'une méthode qui visait à conforter le plaisir de jouer, mais aussi à assumer les échecs comme les victoires, en acceptant tous les désagréments, voire les lassitudes que cela peut impliquer dans le groupe. Sincèrement, je pensais qu'après un an de fonctionnement, Bernard Lapasset avait appris à me connaître et qu'il avait fait la part entre ce que j'étais réellement et l'idée que l'on se faisait de moi et qu'on lui rapportait. Il était alors un président attaqué par la presse et, après le Grand Chelem de 1997, je lui ai même apporté tout mon soutien. Comment faire autrement puisque lui-même avait déclaré « avoir été épaté » par mon « changement », même si je ne voyais pas vraiment où et quand j'avais changé ?

Le ton polémique engendré par cette défaite nécessitait une explication au monde du rugby, par voie de presse. Fallait-il le faire ou non ? Personnellement, je pensais que c'était une bonne chose. J'ai donc proposé un texte qu'il accepta pratiquement dans son intégralité. Curieusement, Jo Maso, quelques années plus tard, me reprocha ce courrier qui n'avait rien à voir avec une justification quelconque et qui n'était absolument pas une défense personnelle en tout cas. Pourquoi ne pas me l'avoir dit à ce moment-là ? Autre mesure, cette fois très politicienne, Bernard Lapasset nous demanda de rencontrer les anciens internationaux membres du Conseil directeur de la FFR afin de discuter avec eux, en utilisant la vidéo du match, de nos options de jeu. Le manque de vaillance et la fragilité de la défense française étaient en cause. Nous avons donc rencontré André Herrero, Claude Dourthe, Christian Paul et quelques autres membres du Conseil fédéral la semaine suivante.

Avant de procéder au visionnage du match, nous avons montré des moments de préparation. Ce ne fut pas inutile pour justifier ce que nous faisions et disions. Les images et les discours montraient clairement que nous ne faisions pas abstraction de la défense ni du combat pour être performants. Mais, curieusement, nous n'avons visionné qu'une petite partie du match. Nous ne sommes même pas arrivés à la moitié de la première mi-temps. Celle-ci avait montré des Français plutôt à leur avantage et, si ce n'est deux essais venus d'interceptions, nous n'étions pas dominés aussi outrageusement que le score final pouvait le laisser penser. Surpris par ces images, on nous reprocha « d'avoir fait un montage ». Ce n'était pas très sympathique parce qu'en plus d'être des entraîneurs « loosers », nous étions désormais des manipulateurs. Le débat qui suivit n'a pas apporté de solutions miracles… Il n'est jamais inintéressant de confronter idées et points de vue.

Rebondir dans le Tournoi 1998

Certains joueurs, et non des moindres, firent les frais de ce débriefing. Puisqu'il y avait séparation des pouvoirs, celui du président allait donc devenir prépondérant pour la sélection à suivre. Face à cette défiance présidentielle, il n'est pas inutile de signaler que j'ai dit à Jean Dunyach que j'étais prêt à partir si le staff le désirait. En aucun cas je ne souhaitais faire cette proposition à Bernard Lapasset, pour bien des raisons. Je n'ai pas senti de leur part de réticences, alors il fallait rebondir. Les questions que je me suis personnellement posées à ce moment-là, alors que le Tournoi approchait, étaient :

Un, comment procurer la paix à l'équipe pour bien se préparer ? Deux, comment ne pas tomber dans le piège de la critique émanant des clubs et de la presse ? Trois, comment utiliser ce 52 à 10 pour vaincre contre les Anglais et retrouver le sourire ? Enfin, il ne fallait surtout pas parler de Grand Chelem, il s'agissait bien de ne pas oublier ce 52 à 10. À ce stade, comment présenter positivement une prochaine évolution ? Par la mise en place d'un nouveau groupe, le choix d'un nouveau capitaine qui devra avoir le temps de s'installer, et en utilisant la dynamique d'une équipe beaucoup plus jeune. Y aurait-il un changement de méthode ? Non. Mais il fallait apporter toutes les précisions nécessaires quant aux objectifs du travail en opposition, qui englobe tout autant l'attaque que la défense. Il ne fallait pas non plus négliger tous les points particuliers qui sont apparus dans ce 52-10.

Réunir au plus vite un collectif nous apparut incontournable. Mais il fallait que notre analyse soit suivie d'un travail d'entraînement qui tiendrait compte des novations dans la distribution collective des joueurs, par rapport au déplacement du ballon et du porteur de balle. Cela me semblait urgent pour arriver à une prise de conscience des manques qui avaient provoqué la défaite et des exigences tactiques et techniques que cela allait imposer au groupe. On ne pouvait pas mettre en place ce changement seulement une semaine avant de rencontrer l'Angleterre au Stade de France pour le premier match du Tournoi.

J'avais mes idées sur les formes de travail à réaliser pour guider ce changement. Il s'agissait bien d'amener les joueurs à participer à la construction d'un jeu. Il fallait leur inculquer une intelligence de déplacement différente en fonction de leur proximité ou de leur éloignement du ballon. Ce qu'il fallait qu'ils assument n'était plus lié aux tâches de leur poste, mais bien à un rôle momentané dépendant du rapport de force existant en fonction de telle ou telle action. C'est dans cette circulation inédite et novatrice des joueurs que les Springboks nous avaient surpris. J'en fis part à Jean-Claude et l'on se retrouva à Narbonne avec pas mal de nouveaux. Exit Thierry Lacroix, Philippe Saint-André et Laurent Cabannes. Ce dernier ne se privait pas de dire qu'il avait mesuré ses limites du moment et qu'il en finissait donc avec sa carrière internationale. Devait-on faire appel à ces joueurs ou préparer la Coupe du monde avec des jeunes ? Honnêtement, je n'en sais rien ! Ce choix ne m'avait pas paru incongru, mais le résultat ne nous a pas donné raison. Et nous n'aurions pas évité les reproches si les résultats avaient été peu ou prou les mêmes. Compte tenu de ces nouvelles exigences, l'entraînement sur le terrain ne fut pas simple. Après une mêlée, il n'était pas aisé de demander à un pilier, qui devait habituellement aller le plus vite possible où était le ballon, de ne plus le faire et de rester dans la zone où a eu lieu la mêlée. Autant de comportements individuels et collectifs qu'il fallait modifier. Un tel bouleversement par rapport au modèle de jeu précédent aurait pu créer chez certains de l'anxiété, compte tenu de la perte des repères habituels et de la peur de ne pas pouvoir répondre à ces nouvelles exigences. Il y avait des questions, mais il s'agissait plus de rentrer dans une connivence avec eux que de les persuader. Ce fut une grande première en ce qui concerne ce qui allait être appelé « la circulation des joueurs ». Il n'y eut pas ou peu de questions sur cette évolution du jeu français. On continua à travailler sur ces bases dans la semaine de préparation avant France-Angleterre. Autant il fut relativement facile de mettre de l'ordre dans cette distribution à partir des phases statiques, autant les repères n'étaient pas encore vraiment trouvés quand le jeu prenait de l'ampleur. Avec le temps, on finirait bien par y arriver…

De la défaite à un deuxième Grand Chelem

Il fallut attendre le Tournoi, le premier essai, contre l'Écosse, de Christian Califano positionné comme un ailier pour marquer l'opinion. Qu'est-ce qu'il fout en position d'ailier, « Cali » ? Les questions et l'incompréhension ont plus touché l'environnement que les joueurs qui se sont progressivement adaptés. Pierre Salviac me demanda de revenir dans l'émission de France 2, « Sport Dimanche ». On y évoqua la victoire française et ce fameux essai de Califano. Après cette victoire, on remporta un deuxième Grand Chelem avec deux victoires significatives à l'extérieur contre l'Écosse et le Pays de Galles, avec chaque fois 7 essais à la clé.

J'ai toujours considéré que certaines défaites s'inscrivent dans l'évolution du jeu. Elles font mal, mais sont utiles. Toutes les nations vivent ces épisodes en creux. Pour les nations les plus fortes, ce sont des moments déterminants de remise en question. Faut-il encore aller chercher la bonne analyse, celle qui a trait au jeu des adversaires du jour… Les raisons d'un revers, et quelquefois la faute, n'en incombent totalement ni aux joueurs ni aux entraîneurs. Mais comme toujours, face à l'opinion, ce sont ces derniers qui sont mis en cause. Contre les opinions dispensées ici et là, la défaite et le jeu proposé par les Sud-Africains nous ont bien aidés à progresser.

Pour faire face aux attaques de la presse, nous aurions pu mettre en avant les justificatifs médicaux transmis par les Sud-Africains faisant état de dix-neuf joueurs asthmatiques sur les vingt-deux joueurs inscrits sur la feuille de match… Leur fraîcheur physique en fin de match atteste d'une forme qui aurait pu justifier une déroute. Mais cette analyse facile et simpliste ne tenait pas. Seul notre jeu était en cause, en décalage par rapport à une évolution du jeu qui allait s'accélérer avec le professionnalisme.

La saison se termina assez bien puisque lors de la tournée de printemps en Argentine et aux Fidji, trois victoires sans trop d'effort récompensèrent les acquis du Tournoi. Gagner sans avoir à se faire mal peut quelquefois aider dans le perfectionnement du jeu. Avec huit matchs sans défaite après l'au revoir raté du Parc des Princes, l'équipe engrangeait de la confiance.

- 9 -

COUPE DU MONDE 1999

La victoire contre les All Blacks à Twickenham

Alors, content ? Oui ! Pourquoi ? Parce qu'on a gagné, aurais-je pu répondre le 31 octobre 1999 après la victoire française contre les Néo-Zélandais en demi-finale de la quatrième Coupe du monde. Non. Le sentiment qui m'habitait après ce match, qui conduisit la France pour la deuxième fois en finale, était beaucoup plus nuancé. J'étais content pour le rugby français, pour les supporters, pour les joueurs, mais surtout parce que ce match, le XV de France l'avait joué avec intelligence devant un adversaire archi favori. Nos précédentes prestations pour en arriver à ce stade n'avaient pas convaincu le milieu. Et quand une équipe joue avec intelligence, le jeu de l'adversaire apparaît plutôt rudimentaire, comme si l'on se moquait de leurs fautes et de leurs erreurs. C'est ce sentiment d'impuissance qui sembla frapper soudainement les All Blacks et qui magnifia les actions et les gestes des Tricolores.

Si l'histoire s'est inscrite ce jour-là en positif pour ce collectif, c'est qu'il a maîtrisé le temps d'un match ce qui n'était pas prévu et, avec de la réussite, il a gagné la confiance indispensable en lieu et place de la peur qui l'habitait. Il faut rappeler que les All Blacks, quatre mois avant, les avaient humiliés dans le stade venteux de Wellington. La valeur rugbystique de ce collectif n'était pas dans sa réelle conviction ou sa croyance dans le choix d'un jeu stratégiquement programmé. La preuve, nous n'avons pas proposé une attaque efficace en première main. Mais en rugby, il faut être capable de se servir des autres. C'est ainsi que nous avons profité des balles adverses offertes par leur jeu au pied ou procurées par une bonne défense et des fautes de main. Notre spontanéité a fait merveille. Elle a agrémenté le spectacle et il ne pouvait en être ainsi qu'à condition de ne rien lâcher dans l'engagement défensif. Ce ne fut pas le cas en début de match. On était ballottés et peu solidaires collectivement. Le désarroi était perceptible. Christophe Lamaison, regard tourné vers la tribune, réclamait le soutien du staff, espérant y trouver le message technique pour redonner des couleurs au bleu des maillots français. Par la suite, hormis un flottement en début de deuxième mi-temps qui aurait pu être déterminant, l'engagement en défense et en contre-attaque fut la clé de ce succès. C'est ce message que l'on a essayé de faire passer pendant trois ans, celui qui était le nôtre au Stade Toulousain. Quand je regarde la vidéo d'avant-match, les mots forts de Jean-Claude ont toujours maintenu les joueurs dans cet état d'esprit défensif, pour mieux préparer les attaques : « Allez les chercher le plus haut possible, faites-les tomber, ne les regardez pas jouer. » Ces métaphores ont été à la base de notre réussite grâce à quatre essais et au jeu au pied de Lamaison, enfin rassuré.

Cet état d'esprit déclencha des certitudes qui dynamisèrent les Français. La confiance croissante des Français était proportionnelle à l'angoisse qui allait étreindre et éteindre les Néo-Zélandais. Un sentiment de supériorité s'est progressivement installé dans les têtes françaises. Ce sentiment d'assurance a permis au collectif de sentir, à un moment donné, que rien ne pouvait lui arriver. D'ailleurs, le public ne s'y trompa pas et se mit à soutenir inconditionnellement les Bleus. Ce qui influença aussi l'arbitre, beaucoup moins tatillon vis-à-vis du jeu français en deuxième période.

Une mauvaise préparation

Nous voici donc en finale. Mais pour en arriver là, il avait encore une fois fallu se coltiner des difficultés de gestion, liées aux mauvais résultats, au jeu, aux hommes. Dans la période de préparation d'une Coupe du monde, la dernière ligne droite est capitale. On avait gagné deux Grands Chelems et il n'était pas irréaliste d'en remporter un troisième consécutif, celui qui aurait permis de préparer la Coupe du monde dans les meilleures conditions. L'objectif était celui-là. Mais j'ai aujourd'hui la conviction que le joueur français ne se prépare pas pour le long terme. Il a besoin de défi immédiat. Il a besoin de savoir s'il fera bien partie de la fête. Demander à quelqu'un de se préparer à un événement bien avant que la liste des sélectionnés ne soit annoncée n'était pas encore dans les réflexes des joueurs, professionnels depuis peu. Pendant trois ans, nous avions toujours essayé de communiquer sur des objectifs de performance minimale en ce qui concernait cette échéance mondiale. À savoir : jouer les demi-finales. Il ne pouvait pas en être autrement puisque nos adversaires en poule étaient le Canada, la Namibie et les Fidji, des nations qui ne nous avaient jamais battus. En quart de finale, logiquement, nous serions amenés à rencontrer l'Irlande ou l'Argentine. Statistiquement, les confrontations précédentes avec ces deux nations nous étaient largement favorables. Il fallait dans mon esprit être prêts pour cette demi-finale. Pour moi, il fallait exploiter le mieux possible les compétitions en amont, particulièrement le Tournoi 1999 et la tournée dans l'hémisphère Sud, en les prenant comme les étapes d'un chemin, ce qui ne voulait pas dire qu'il s'agissait de brader la victoire.

Dans les trois années passées avec le XV de France, tout a été fait au niveau fédéral et du management de l'équipe pour placer les joueurs dans les meilleures conditions de réussite possibles afin qu'ils se consacrent pleinement à la préparation de celle-ci, une fois rendue la sélection des trente élus. Le choix d'avoir impliqué quelques joueurs leaders indiscutables, le capitaine en tête, pour optimiser la vie du groupe, mais aussi d'avoir voulu leur avis dans les choix sensibles de certains joueurs, tant pour la sélection des trente que ponctuellement pour les matchs, a été selon moi un point très positif.

Malheureusement, ce Tournoi 1999 ne fut pas réussi. Trois défaites et une seule victoire contre l'Irlande ne pouvaient effacer les carences (essentiellement défensives) constatées contre nos autres adversaires. Lors du denier match du Tournoi contre l'Écosse pour une dernière défaite, je rentrai avec Raphaël Ibañez, capitaine meurtri qui, tête baissée, me lâcha : « On n'y arrivera pas. » C'était un message de désespoir significatif et peu rassurant avant de se rendre dans l'hémisphère Sud affronter les Samoa, les Tonga et la Nouvelle-Zélande avec deux matchs, dont un test. Là encore, nous en reviendrons avec une seule victoire contre les Samoa et trois défaites, dont celle très lourde infligée par les Blacks à Wellington.

Au-delà des mauvais résultats et de la tension que cela a engendré en interne comme en externe, je retiendrai une certaine incohérence de notre part, celle qui consista à trop modifier et mixer les compositions d'équipe. Cela créa un mal-être chez les joueurs. Je crois qu'ils avaient plus l'impression de devoir prouver leur valeur pour être pris pour la Coupe du monde que de jouer pour l'équipe de France. Cette concurrence exacerbée ne développe pas la solidarité et l'on sait combien cela est important au rugby. L'intérêt de ces trois matchs fut perçu différemment par les uns et les autres, et la qualité de la vie collective s'en ressentit grandement. L'implication de certains joueurs dans ces matchs laissa à désirer.

Ceci étant dit, il y a peu d'équipes nationales qui acceptent d'aller jouer à trois heures de l'après-midi dans les îles du Pacifique où la chaleur atteint les 40 degrés au soleil. Jamais les All Blacks ne s'y sont hasardés, par exemple. Mais on ne peut retenir ce facteur comme une excuse. Pour l'anecdote, avant le test contre les All Blacks perdu 50 à 10, je me souviens être allé observer les Néo-Zélandais qui jouaient un match de préparation en nocturne à North Harbour. C'était précisément contre les Samoa que nous avions rencontrées à peine dix jours auparavant. J'étais aux côtés de Bernard Lapasset. Contre les Bleus samoans, même si nous avions marqué cinq essais, nous avions souffert. Face aux Blacks, la faiblesse de l'opposition qu'ils délivrèrent malgré leur courage fut criarde. Ils encaissèrent quelque 60 points malgré de mauvaises conditions atmosphériques. Compte tenu de nos moyens et possibilités du moment, et surtout de l'état d'esprit de ce groupe, j'ai fait part à Bernard Lapasset de mon inquiétude quant à nos chances de réaliser une performance honnête le samedi suivant. Je ne manifeste que rarement mes craintes (je l'avais fait aussi quand nous avions rencontré les Springboks en 1997). Quand je fais ce type de constat, c'est que je perçois que le rapport de force, même avec la meilleure préparation du monde, sera difficile à renverser. Mais cela n'avait pas eu l'air de l'inquiéter. Plus alarmant, lors du dernier entraînement collectif en opposition, titulaires contre les autres, la passivité, le manque d'envie et d'implication avaient amené Jean-Claude Skrela à renvoyer tout le monde aux vestiaires et à pousser un coup de gueule qui, malheureusement, ne fut pas suivi d'effet. Le travail en opposition ne prend tout son sens que si les deux collectifs collaborent sainement aux situations de jeu proposées par l'entraîneur. Hélas, ce n'était pas le cas. Lors de cette tournée, certains joueurs perdirent du crédit, mais pas seulement auprès du staff puisque l'influence des leaders fut déterminante quand il fallut faire le choix des trente sélectionnés. L'état d'esprit manifesté au cours de cette tournée fut largement pris en compte et en poussa quelques-uns vers la sortie. Dans ces cas-là, il valait mieux partir en vacances, oublier cette mauvaise parenthèse et se préparer à passer les deux mois et demi de stage dans le cadre d'un climat assaini par des objectifs clairs pour les heureux élus. Plus facile à dire qu'à faire.

Distorsions

Je ne vais pas cacher les difficultés rencontrées. Les quatre stages d'une semaine, réalisés respectivement à Val d'Isère, Font-Romeu, Limoges et Banyuls avant le démarrage de la Coupe du monde, ont permis de présenter et de discuter des objectifs de préparation et de la stratégie pour entrer dans la compétition. La dominante « préparation physique » a peu à peu laissé la place au travail technique et au jeu. Nous avons essayé de répondre au besoin des joueurs et de mobiliser des compétences extérieures pour répondre à leurs soucis. Ce fut le cas à Font-Romeu où les tensions entre joueurs me sont apparues excessives. J'ai proposé de faire appel à Vincent Lafon, un professionnel de la stratégie et du management des organisations, spécialiste de la gestion de l'échec et du succès. Il présentait aussi l'avantage de connaître le milieu du rugby puisqu'il avait été joueur au Bordeaux Étudiants Club et avait été formé à la Section Paloise. Sa contribution visait à renforcer l'esprit collectif en abordant aussi les sujets latéraux. Il démontra combien les exigences et contraintes d'une telle préparation, si elles créent de l'émulation et de l'ambition, laissent aussi place à des moments de doute, d'énervement, voire de déprime individuelle et de tensions entre participants, ceci conduisant à former des petits groupes qui fonctionnent par affinités ou réunissent des joueurs d'un même club. Son discours sur les clés du succès favorisa le débat, libéra la parole. Quand il aborda la question des conflits humains, l'intérêt s'accrut. Il les présenta comme « naturels dans les grands projets préparés et mis en œuvre sous la pression et qu'il faut les accepter ; leur absence serait un signe de faible implication des acteurs. Parce qu'il faut accepter la survenue de ces conflits, il faut savoir les circonscrire, puis les faire disparaître le plus tôt possible par rapport à l'événement. » Ce qui fit dire avec beaucoup de pertinence à Christophe Juillet : « Je suis en concurrence directe avec Thomas Lièvremont pour le poste de troisième ligne centre, mais le facteur clé du succès pour notre équipe est qu'il soit et que je sois le meilleur possible afin que notre émulation profite à tous. » Un tel propos pouvait agir comme un vrai catalyseur. D'autres, comme Richard Dourthe, ont évoqué leur incompréhension à « être pourri par la presse sportive ». Ibañez renchérissait sur ces critiques médiatiques « faites pour blesser plus que pour informer ». L'intervenant a répondu en précisant que « l'injustice médiatique est un risque qui pèse sur toutes les personnes publiques et que ce n'est pas pour cela qu'il faut oublier tous les avantages à tirer de la présence dans les médias, surtout pour un sportif professionnel. » Il leur indiqua également que ces critiques traduisaient certainement les grands espoirs des journalistes, de leurs lecteurs et auditeurs par rapport au XV de France dans cette Coupe du monde. Critiqueraient-ils autant une « petite » équipe engagée dans la compétition ? C'est parce qu'ils mettaient la barre très haut que les journalistes étaient très exigeants, voire très injustes. Les joueurs et le staff devaient accepter de voir cela : « Rien ne serait pire que l'indifférence, il faut savoir lire dans les critiques une attente forte, et donc de la confiance. » Une réflexion qui fut tout à fait reçue par les deux parties. Les échanges ont continué, mais quels effets ont-ils eus à long terme ? Dans le court terme, ce fut intéressant puisque, le lendemain matin, Raphaël Ibañez nous sollicita pour remplacer l'entraînement prévu par une réunion entre joueurs car « ils avaient certains points à régler entre eux ». Rien ne filtra de cette réunion, mais l'entraînement de l'après-midi fut d'une excellente qualité.

Le bal des demis de mêlée

Cette équipe manquait de leaders de jeu. Ceux qui savent orienter le jeu, donner le bon tempo, faire les choix justes dans les moments critiques. Philippe Carbonneau pouvait en être un. Une mauvaise blessure l'en empêcha. Son remplacement devenait problématique. On fit appel à Stéphane Castaignède, le demi de mêlée de l'AS Montferrand. On le savait, il manquait d'expérience à ce niveau. L'unanimité ne s'était alors pas faite sur le retour de Fabien Galthié, mais ni Skrela ni Villepreux ne se sont ensuite opposés à son intégration après la blessure de Mignoni.

Sans jamais réellement trembler, cette équipe a gagné les trois matchs de poule en inscrivant treize essais et en n'en concédant que cinq. Pourtant, son jeu fut très critiqué durant cette phase qualificative. Les comportements des joueurs aussi. Notamment quand Ibañez sortit du terrain contre la Namibie sans serrer la main de Marc Dalmaso, qui ne la lui tendit pas non plus. Ces tensions entre joueurs ont existé, et pas seulement entre ces deux-là. Fatigué des débats stériles et des polémiques sur ces sujets, j'ai finalement délaissé les conférences de presse.

Pierre Mignoni s'est blessé avant le match contre les Fidji. Galthié est alors rappelé. L'interprétation de son retour et le rôle qu'il prétend avoir joué dans la réussite de l'équipe en quart et demi-finale n'engagent bien sûr que lui. Fabien avait mal vécu son éviction initiale et ce n'est pas le joueur qui était en cause. Mais quand je le lui ai proposé, il n'a jamais voulu connaître les raisons de cette non-sélection qui n'incombait ni à Jean-Claude ni à moi-même. Quand il a été rappelé, nous l'avons reçu et, à sa demande, lui avons expliqué comment nous souhaitions jouer. Je n'ai pas le souvenir qu'il ait fait de remarque particulière ni qu'il ait eu quelque exigence, si ce n'est celle d'être titulaire, ce qui me semblait la moindre des choses, vu le contexte. L'histoire est ainsi faite. Un concours de circonstances : les blessures de Carbonneau et de Mignoni entraînèrent le retour non planifié de Fabien Galthié, ce qui lui a permis de retrouver de nouveau la lumière qu'il n'aurait jamais dû quitter grâce à son talent. Concours de circonstances aussi pour d'autres joueurs qui se retrouvèrent titulaires à la suite des blessures de Christian Califano et Thomas Castaignède, deux joueurs pour nous inamovibles. On cherchait un arrière et Thomas aurait certainement occupé le poste s'il ne s'était pas blessé. De toute façon, cela a fait le bonheur de Christophe Lamaison, et celui du XV de France si l'on en juge par sa prestation en demi-finale.

Les joueurs ont-ils pris le pouvoir ?

Si Jean-Claude Skrela a donné aux joueurs la possibilité de visionner le match perdu à Wellington afin d'élaborer une stratégie victorieuse, il est possible de dire que les joueurs ont usé du pouvoir qui leur était confié. Mais, personnellement, je n'ai pas souvenir que nous ayons changé quoi que ce soit, ni dans le discours ni dans le travail d'entraînement précédant ces phases finales. Je n'ai pas en mémoire que les joueurs nous aient sollicités pour nous « imposer » une autre gestion du groupe. En tout cas, avec les lignes arrière, c'est ainsi que cela s'est passé pour moi. Si je devais en attester, il suffirait de choisir l'avant-dernière séance d'entraînement où j'ai proposé de travailler « quand et comment utiliser le jeu au pied court », qui pouvait devenir une arme efficace de déstabilisation ou mieux, une arme pour marquer, si la situation se présentait. L'essai de Richard Dourthe, entre autres, fut la conséquence de l'exploitation pertinente d'une situation de faiblesse constatée dans la distribution défensive des Blacks. D'ailleurs, dans le vestiaire à la mi-temps, j'avais rappelé d'utiliser cet atout, surtout près de la ligne de but néo-zélandaise. Autant de petites précisions qui n'engagent que moi. C'est ainsi que j'ai vécu cet événement, dans le cadre de ma passion et toujours prêt à en débattre avec mes meilleurs amis qui sont devenus, en la circonstance, les meilleurs détracteurs du rugby de mouvement, de créativité.

Y a-t-il eu une adhésion à ce que nous avons fait ? Pas sûr. Mais en apparence oui. Malgré les retours des leaders, notamment celui du capitaine Raphaël Ibañez, il ne semblait pas y avoir de désaccord sur nos conceptions comme la presse l'a relevé et mis en exergue. Quand le partage s'est fait, ce ne fut pas sur des bases dissonantes. Mais entre le dit et le non-dit, il faut garder la juste mesure. Oui, certains joueurs étaient en attente d'un jeu plus structuré, un rugby de combinaisons et de mises à disposition de comportements programmés, tant individuels que collectifs, mais rassurants. Le travail et le mode d'entraînement que nous proposions n'y répondaient effectivement pas tout le temps. C'est pourtant bien avec ce jeu adaptatif que nous prônions, à partir des balles rendues par l'adversaire, que cette demi-finale s'est gagnée. Cette équipe n'avait pas les moyens d'imposer un jeu préétabli, au sens strict du terme, vu son potentiel du moment et sa composition. Elle ne pouvait que s'adapter au jeu adverse, tant défensivement qu'offensivement, et tenter d'en tirer profit. C'est ce qu'elle a fait. Mais si elle a pu le faire, c'est qu'elle a été efficace en imposant beaucoup de pression à ses adversaires, créant ainsi des situations d'incertitude qui furent exploitées avec à-propos.

Cette prise de pouvoir des joueurs, souvent évoquée à propos de ce match, était-elle un réel coup d'état ou une rébellion passagère ? Je n'ai pas la réponse. Mais, si la première hypothèse est retenue, pourquoi les joueurs n'ont-ils pas trouvé la bonne stratégie et les bonnes ressources tactiques, mentales et physiques pour devenir champions du monde, une semaine plus tard ?

Cette victoire sur les All Blacks conforta le technicien que je suis car, dans ce job, on n'est jamais réellement satisfait du jeu produit. Mais le scénario du match, l'enthousiasme du public, la joie des joueurs et l'effet produit par le retournement de situation donnèrent à cette fin de match une valeur inattendue. Une émotion toute particulière m'envahit quand j'y repense. Mais, de manière contradictoire, cet exploit ne pouvait totalement me satisfaire car il a été acquis sur fond de problèmes et de polémiques qui furent, à mon avis, les conséquences d'incompréhensions. Le climat au sein de ce groupe, lié aux conflits dans les relations personnelles et aux nuisances perverses et harcelantes de la critique, n'a pas permis de maintenir un degré de motivation élevé et constant, affaiblissant ainsi la qualité de la vie affective du groupe. Il faut aussi prendre en compte l'état de disponibilité et, d'une certaine manière, d'ouverture des joueurs, voire la non-existence d'affinités quant au jeu. Ce climat m'a empêché de ressentir et de partager la fierté procurée par le plaisir d'avoir atteint les objectifs de départ et d'avoir transformé le rêve en réalité, car battre les All Blacks a été un véritable exploit.

J'ai toujours pensé que la réussite est une conjonction d'intérêts entre entraîneurs et joueurs, sur le jeu et sur les formes de travail pour y parvenir. Quand des désaccords interviennent, c'est que les joueurs se sentent possesseurs de connaissances supérieures à ce qu'il faudrait. Cela leur confère un pouvoir et un crédit disproportionnés, perturbant obligatoirement les relations avec l'entourage, avec toutes les conséquences affectives que cela entraîne. Que les incompréhensions existent, c'est normal. Mais ma déception, dans ce qui fut vendu comme une « prise de pouvoir », est surtout venue des leaders de l'équipe, ceux à qui l'on avait toujours fait confiance et que le staff a toujours impliqués pour que ce groupe fonctionne dans les meilleures conditions sur et hors du terrain, y compris dans le choix des joueurs sélectionnés. Je ne suis pas sûr qu'ils aient joué pleinement leur rôle. Qui, en effet, était mieux placé qu'eux pour capter les problèmes, percevoir les états d'âme du collectif et les blessures cachées des uns et des autres ? Cette collaboration, ce partage ne s'est pas fait. Si crise il y avait, ils auraient dû en débattre sainement à visage découvert avec nous. En restant dans le non-dit, en laissant dire, en nous tenant à l'écart des bavardages de couloir, ils ont ouvert la porte à toutes les interprétations, y compris les plus médiocres parce que les plus faciles. Mais, il ne faut pas rêver, je n'attends pas des joueurs qu'ils manifestent des compliments excessifs quand tout va bien, et rabaissants quand cela tourne moins bien, vis-à-vis des compétences d'un staff.

Quand on entraîne, peut-on prédire la durée d'une relation empathique avec un collectif ? Certainement pas. Celle-ci est rarement un état durable car le groupe est soumis aux résultats, aux intérêts, aux réticences, aux contrariétés et frustrations, voire aux satisfactions obtenues trop rapidement. Autant de joueurs, autant de paramètres qui peuvent amener à un « amour sans lendemain », une fois l'état d'exaltation de départ passé. Quand on entraîne au haut niveau, il vaut mieux le savoir.

Une finale qui n'a pas eu lieu

La finale contre l'Australie à Cardiff n'a pas eu lieu. Elle fut mal préparée. L'enthousiasme du match précédent, le bordel ambiant dans un hôtel ouvert à tous, la recherche de places pour les fiancées, la famille, les amis, il semblait que toute la France allait soudainement atterrir à Cardiff. Nous avons passé une semaine de récupération plus que d'entraînement. Les Australiens, on les connaissait. Un jeu d'alternance intelligent main/pied géré autour de Stephen Larkham, leur ouvreur, tête pensante d'un système fait d'avants puissants et de trois-quarts capables de donner de la vitesse en usant du jeu pénétrant en milieu de ligne.

Pour les battre, il aurait fallu opposer un rugby d'intentions, en cherchant à faire vivre le ballon, et non en cherchant à les dominer dans un jeu d'affrontement statique dans lequel ils ne furent d'ailleurs jamais en danger. Il aurait aussi été malin de conditionner et de se servir du public qui attendait les Français dans un jeu d'envie, d'initiatives, un jeu qu'il ne faut pas confondre avec une ambition irréaliste. Je pensais sincèrement que le souffle du jeu exprimé en quart et demi-finale s'était imposé dans le mental des joueurs. Être prêt collectivement à jouer les contre-attaques, les pénalités à la main quand le ballon était rapidement à disposition, libérer les balles dans le bon tempo, vite, sans en rajouter dans les affrontements, jouer avec intelligence les balles de récupération. Tout cela était du domaine du possible pour cette équipe, puisqu'elle l'avait déjà fait. Eh bien non. Et quand on s'y est essayé, en fin de match, il était trop tard et les initiatives étaient individuelles.

C'est en ce sens que le match précédent, à Twickenham, était un exploit. Il serait devenu une performance et un match référence si nous avions conservé cette envie d'entreprendre et de provoquer le jeu jusqu'en finale. Bien sûr, chacun est libre de son analyse et du rugby qu'il a envie de voir jouer. Mais, en choisissant un jeu plus « pragmatique », le même collectif n'a jamais donné l'impression de pouvoir rivaliser et de faire douter les Australiens, alors qu'il s'était si bien approprié le succès contre les All Blacks. Surtout, on ne saura jamais si nous aurions gagné cette finale en jouant autrement.

Après trois ans passés auprès du XV de France, les bons souvenirs se mêlent aux moins drôles. Quoi qu'il en soit, l'expérience a été enrichissante. Même dans les moments difficiles, je n'ai jamais renié mon inclination pour le beau jeu, celui qui propage une grande lumière, celui qui captive aussi bien les béotiens que les connaisseurs. Quand il surgit, il met tout le monde d'accord, même ceux qui n'y voient que du mouvement pour du mouvement et ceux qui se complaisent dans du combat au plus près. Ce beau jeu n'a de chance d'exister que si tous les ingrédients de la logique, que les règles confèrent, sont toujours respectés. Alors, l'efficacité peut se marier avec le beau. La conjugaison de ces deux critères n'est pas anodine. Il faut quelques principes : Toujours chercher à avancer ! Mais avec intelligence ! Oui ! Mais où ? Comment ? Avec qui ? Alors, toutes les formes (le jeu pénétrant, le jeu déployé, le jeu au pied) prennent du sens dans leurs interactions. Je n'ai jamais conçu le jeu de mouvement autrement que dans le respect des principes incontournables, sans lesquels il y perdrait toute efficacité et se transformerait en un jeu de « ba-balle ». Mon propos n'est pas de démystifier la querelle des genres, « jeu d'affrontement ou jeu d'évitement ». Je n'ai jamais incité à faire des passes quand le rapport de force ne le permettait pas. Dans la gestion de ce rapport de force, le jeu de mouvement porte en lui-même le principe de complexité. Même au plus haut niveau, la gestion de ces formes et mouvements collectifs ne peut se satisfaire d'une conception qui isolerait les joueurs entre eux et les conduirait à réaliser une production mécanisée, réductrice, sans envergure ni possibilité d'évolution.

C'est ce message que j'ai essayé de faire passer. Il avait plutôt bien marché au Stade Toulousain, à Trévise ou ailleurs. En équipe de

France, je n'ai pas su (mais aussi pas pu) totalement faire partager mes convictions. Tout ce qui avait été rendu possible ailleurs, salué et efficace en termes de résultats, ne pouvait pas devenir caduc soudainement. Accéder à la finale de cette Coupe du monde ne m'a apporté aucune reconnaissance particulière, au contraire. Mais personne ne me volera ce que j'ai aimé dans cette aventure où le match contre les Blacks est à part. Il s'agit d'un spectacle rugbystique que je me complais encore à analyser entre amis. J'y recherche et y trouve sans cesse un possible enrichissement tactique, celui qui m'aurait encore plus enthousiasmé si j'avais été un spectateur ordinaire. Présenté comme impossible à remporter et pourtant conquis avec panache, ce match n'a pu que faire surgir émotion et délire. Il restera dans la mémoire des Français, mais aussi du monde du rugby. N'est-ce pas ce qui compte finalement ? En ne gardant en tête que le meilleur, on efface mieux les éventuelles déceptions. Je n'oublierai jamais la connivence entretenue avec quelques joueurs, ceux qui n'ont jamais rechigné à s'investir et à aller à la quête du jeu souhaité, et il y en eut quelques-uns. Avec eux, il s'agissait beaucoup plus de discussions informelles. Peut-être me sont-elles apparues dans l'instant porteuses d'un consensus, c'est possible. En tout cas, ces bonnes relations ont été l'écran de fumée derrière lequel d'autres joueurs ont entretenu des avis plus tendancieux, moins transparents, sur le rugby que je défendais.

D'accord avec Fouroux

Avec l'équipe de France, il faudrait à la fois séduire et toujours avoir des résultats. En sport, c'est impossible, et heureusement !

Avec un bilan de 66% de victoires, nos résultats sur trois ans auraient permis d'aller vers le jeu ambitionné. Même suffisants, ces succès ne pouvaient gommer les flops, je parle des grosses défaites, celles qui répandent un climat sulfureux et gangrenant. Quand cela arrive, il n'y a plus d'analyse saine nulle part, ni dans les médias ni de la part de ses pairs. Ces défaites sur lesquelles on revient constamment, alors qu'elles sont à prendre comme des passages obligés, devraient permettre d'évoluer et de repartir sur des bases de reconquête. Or, elles deviennent un boulet que l'on traîne, une espèce de tache que l'on pointe du doigt régulièrement. On finirait presque par se sentir obligé de se justifier, mais il faudrait alors le faire auprès de la France entière. Ce serait usant. On y perdrait volonté et envie. Lors de la Coupe du monde 1999, on n'y a pas échappé bien que nous n'ayons perdu qu'un seul match jusqu'à la finale et que les victoires auraient pu être exploitées dans le cadre d'une analyse plus fine et plus positive, indépendamment de la façon dont elles avaient été acquises.

Pour conclure cette période, je serai pour une fois d'accord avec Jacques Fouroux. Lors du débat organisé par *Attitude Rugby* avec Dubroca, Berbizier et moi-même, il fit valoir que si le jeu et ses conceptions pouvaient nous opposer, le seul point commun qui nous liait, c'est que jamais personne n'avait fait l'unanimité dans cette fonction. Alors, se justifier, expliquer, convaincre, nier, réfuter est inutile. Il vaut mieux être philosophe et se dire que notre façon de vivre le sport est sans doute culturellement « franchouillarde ». Espérons qu'il restera des traces de ce que nous avons accompli. Elles permettront peut-être aux suivants d'en profiter et à l'institution mère d'en tirer parti pour aller vers un grand projet fédérateur, et non de répondre aux crises de l'équipe nationale, comme ce fut toujours le cas, par des effets placebos qui n'ont jamais rien résolu, sinon cela se saurait.

Le pouvoir des médias

Je ne peux clore ce chapitre sans parler de l'environnement médiatique. Dans cette fonction d'entraîneur de l'équipe nationale que j'ai occupée avec Jean-Claude Skrela, il est banal de dire que communiquer est important. Plus subtilement, la manière dont on communique est encore plus déterminante. J'avais été suffisamment défendu et encensé par la presse avant de prendre ces responsabilités pour dire que mon parcours aurait été certainement différent sans ce parti pris favorable. Pourtant, j'ai aussi été amené à vivre des moments conflictuels, disons des relations moins aimables avec la presse que précédemment. Dans la communication que j'ai pratiquée, j'ai toujours exprimé ce que je ressentais et pensais. J'ai perçu que dire ce que l'on pense quand cela ne correspond pas à ce que les interlocuteurs attendent est souvent une erreur. Le journaliste, lui, « fait le métier », il prend l'info, la provoque et, volontairement ou non, l'interprète. Elle peut éventuellement être dénaturée positivement ou négativement en fonction du degré de sympathie et d'affinité que vous entretenez avec lui. Derrière tout journaliste sommeillent un sélectionneur et un technicien. Si certains ont une bonne analyse du jeu, d'autres l'ont moins. Mais, sauf exception, ce sont les succès avant tout qui guident leurs commentaires. Il est logique d'aller à la rencontre du vainqueur, mais d'une certaine manière, les bons résultats limitent les échanges puisque le pouvoir est entre les mains du technicien quand la réussite est présente dans le temps. En revanche, les mauvais résultats octroient plus de poids au journaliste, à son interprétation, aux avis extérieurs, à ceux du milieu. La moindre faille est exploitée et souvent analysée au premier degré.

Quand Bernard Lapasset déclare en 1999 dans *Midi Olympique*, avant la Coupe du monde, « nous n'avons ni combattants ni système de jeu », pourquoi ne pas demander à « Saint Bernard » ce qu'il entend par combattants ? Et la définition d'un système de jeu ? Peut-être que sa réflexion sur le sujet nous aurait apporté les clés de futurs succès. Nous avions alors besoin de solidarité de la part de la gouvernance fédérale, et certainement pas de propos discréditant nos compétences.

Autre exemple, quand, en plein Mondial 1999, on laisse transpirer que la blessure de Pierre Mignoni est diplomatique et que nous lui aurions demandé de se retirer pour avoir une raison d'appeler Galthié… là, le délire est à son comble. Quand *Midi Olympique* vilipende Maso, Skrela et Villepreux pour avoir refusé de laisser prendre l'avion du XV de France à trois de ses envoyés spéciaux, dont Jacky Souquet (journaliste que j'ai toujours beaucoup apprécié), je tombe des nues. Je m'en suis expliqué depuis avec Jacques Verdier, le rédacteur en chef du « Midol », en présence de quelques rédacteurs de ce journal. Mais voilà, je n'ai eu d'explication sur cette histoire que deux ou trois mois plus tard. Je n'avais jamais été au courant de cet incident et je suis encore aujourd'hui incapable de savoir qui a refusé d'embarquer les journalistes et pourquoi. Ce genre de dysfonctionnement est monnaie courante, mais c'est la règle, il faut l'accepter ou rompre la relation, ce qui n'arrange rien, bien au contraire.

Quand on est dans un contexte de haute performance, les sources de désaccord, voire les relations conflictuelles, sont nombreuses, alors il faut trier. Cependant, d'explications en rabibochages, on ne s'occupe que de la partie apparente de l'iceberg, et très rarement de la partie immergée, les problèmes de fond. Quand la critique se déverse à flots, être crédible devient difficile, on se retrouve seul devant l'opinion et, de fait, en manque de crédit face à ses joueurs qui ne manquent pas d'emboîter le pas des détracteurs puisque eux aussi sont impliqués dans les mauvais résultats. Le plus navrant est la façon dont sont publiées avec aplomb des informations non vérifiées. Le « on m'a dit » est une aberration. Qui ? Où ? Quand ? Dans quel contexte ? Droit à l'information, concurrence, vente, tout prête à croire que l'aspect « people » est désormais bien installé dans le sport. Il est devenu un créneau porteur pour l'information. Je ne pense pas me tromper en affirmant que le domaine sportif est certainement aujourd'hui celui qui attire avant tout autre le lecteur ou le spectateur.

Bien sûr, dialoguer avec les médias s'apprend. C'est une formation incontournable pour ceux qui sont sur le devant de la scène. On y apprend à ne pas sortir du cadre, à rester dans sa logique, dans ses valeurs, à mieux repréciser les objectifs, à parler sur ce qui est essentiel, mais en conséquence… à moins défendre ses convictions. Apprendre à communiquer, c'est indispensable pour mener mieux et, pourquoi pas, avec bonheur la vie d'entraîneur puisqu'il s'agit bien de savoir lire le jeu de l'autre et d'agir en y répondant avec cohérence, comme dans une partie. Le coût de ces techniques est d'y perdre sa franchise.

Cette réflexion n'est nullement l'épilogue d'une quelconque déception. Il n'y a ni rancœur ni rancune dans ce que j'expose ici. Il serait vain et illusoire de vouloir rendre le monde du sport beau et gentil, mais pour ceux qui sont au cœur de l'action et du débat, savoir se préserver est humain. Cela n'enlève rien au respect qui se doit d'exister entre les uns et les autres, ceux qui font l'actualité et ceux qui la commentent. Globalement, je dirais que j'ai eu en général de bonnes relations avec les journalistes. Mais surtout certaines très bonnes avec ceux qui faisaient l'opinion, ceux qui pesaient par leurs réflexions et leur plume. Ils se reconnaîtront et je les remercie pour le respect, la confiance et le soutien accordés dans les bons et mauvais moments. Avec certains, les tensions ont été aplanies avec intelligence ; avec d'autres, il y a eu des plaquages hauts… Ils se comptent sur la moitié des doigts d'une main et, de toute façon, je doute de pouvoir faire maintenant un effort d'explication ou de réconciliation avec eux, même si aujourd'hui je suis loin des sphères de la performance et des turpitudes qu'elles engendrent. En réalité, je n'ai jamais attendu autre chose des médias que des savoir-faire qui éclairent le côté sportif, ludique, humain, social du sport. Dans ce métier, il convient d'être dérangeant, voire provocateur, et quand il s'agissait de débattre du jeu, rien que du jeu, j'ai toujours été leur interlocuteur. L'utilisation de la richesse de notre sport, de ses valeurs, peut, me semble-t-il, se faire avec intransigeance et rigueur, et non avec acidité sous peine de transformer le sens des mots ou des paroles prononcés. Quand c'est le cas, la critique devient satire, par définition irrespectueuse, porteuse de ressentiment, voire d'hostilité et de discrédit. Avec le recul, je me dis que j'aurais peut-être dû changer mon style de communication.

J'aurais pu adopter la « positive attitude » chère aux Britishs. Je parle de cette capacité à transformer le stress négatif, qui tend à accentuer les incompréhensions et malentendus, en une attitude positive plus consensuelle, moins passionnelle. C'est un autre style, une forme de dédramatisation qui relativise toujours la place à accorder au sport, à ses objectifs de résultats, et qui minimise ses excès. Si j'avais fait cet effort, serais-je en accord avec moi-même ? Aurais-je défendu mes convictions, ancrées derrière des repères acquis et validés tout au long de ma carrière ? Aurais-je défendu autant de balises et de valeurs qui ont toujours guidé ma façon de vivre le rugby sans pour autant qu'elles ne me dictent la marche à suivre sans plus me questionner ?

Après l'équipe de France

Après cette finale, j'ai quitté l'équipe de France et personne ne m'a demandé d'y rester. D'ailleurs, je ne l'aurais pas accepté. J'étais vraiment content d'en avoir fini. Jean-Claude, un moment indécis, me dit ne pas vouloir continuer. Quand bien même il aurait souhaité le faire, je ne pense pas que la place lui avait été réservée. Il y avait un bout de temps que Bernard Lapasset avait choisi son successeur. En tout cas, il ne nous fut à aucun moment demandé un avis sur qui pouvait prendre notre place et, personnellement, je n'ai pas été convié à un quelconque debriefing. J'avais 57 ans, j'avais bien pensé à ma réintégration. Plusieurs solutions s'offraient à moi. Reprendre mon poste à l'université de Limoges ? Pourquoi pas ? Me lancer dans le grand bain du professionnalisme en répondant à la demande faite par plusieurs clubs ? Ce dernier choix, je n'avais pas envie de le retenir. Ce court passage dans le milieu d'un professionnalisme pas encore complètement achevé m'avait fait prendre conscience que pas mal de contraintes liées au « tout économique » pointaient derrière les avantages. À terme, le professionnalisme à tous crins risquait d'entraîner le rugby vers un processus de déshumanisation, de dégradation de ses valeurs historiques. La notion de travail allait remplacer progressivement celle de pratique sportive. Certainement, les facteurs favorables à la visibilité et à l'audience du rugby prévaudraient, mais ils feraient aussi émerger des contre-valeurs moins reluisantes pour l'homme. Pour autant, fallait-il se désintéresser de cette probable évolution et la refuser ? Certainement pas, on ne revient jamais en arrière, il faut faire avec et essayer de préserver l'essentiel dans la mesure de ses moyens quand on est dedans.

Allais-je rester à la FFR ? En effet. Cette fois-ci, nous n'avons pas été écartés. Le poste de directeur technique national allait être vacant. Robert Antonin, alors en fonction, rejoignait l'International Rugby Board. Marie-George Buffet, alors ministre des Sports, questionna le président sur le devenir de Jean-Claude et de moi-même au sein la Fédération et en profita pour faire état de la succession de la DTN, lors d'un dîner après la Coupe du monde où avaient été conviés Bernard Lapasset et le staff technique. J'avais entretenu des relations cordiales avec la ministre quand elle venait voir les matchs du XV de France et je savais qu'elle accueillerait favorablement la demande de la FFR si le poste m'était proposé. J'étais intéressé. Mais de là à penser que cela se ferait avec la bénédiction générale… je ne l'aurais pas parié. Côté Fédération, je n'avais certainement pas que des partisans, mais c'était le cas en dehors également. Un détracteur, théoricien reconnu dans le rugby (je ne le cite pas pour qu'il puisse garder le respect de ceux qui ont apprécié à juste titre ses écrits), envoya un courrier au président de la FFR, mais aussi à *L'Équipe*, au *Midi Olympique*, à *La Dépêche du Midi*, à *Sud Ouest*, à *L'Indépendant*, au *Midi Libre*, à *La Montagne* et à diverses chaînes TV. Il y dénonçait, entre autres griefs, mon incompétence pour assumer les responsabilités de ce poste où le rugby allait, selon lui, devenir « un ersatz inintelligent, défiguré, sans âme, sans souffle » avec mes conceptions de jeu et de formation. Rien que ça. Avec une telle opinion sur mes capacités, je devais comprendre qu'il était obligé d'alerter l'opinion et de « s'inquiéter pour l'avenir du rugby ».

Malgré ce type de croc-en-jambe, j'acceptai le poste. Le rugby professionnel allait donner à ce sport une autre dimension. La mise en place d'un projet prenant en compte cette évolution relevait, pour certains aspects, directement de la responsabilité de la DTN. Jusqu'à présent, il faut le dire, la DTN existait avec des pouvoirs limités au sein de la Fédération, en tout cas pas ceux que l'État lui accordait en vertu des textes en vigueur. C'était clair, le ministère voulait une DTN reconnue. Pour la petite histoire, la DTN n'était même pas mentionnée sur l'organigramme fédéral. Dès ma nomination, je fus sollicité par le ministère pour « réparer cet oubli ». Cette reconnaissance de la part de l'État était logique puisque son implication financière n'était pas neutre dans le fonctionnement fédéral, avec la mise à disposition de 67 cadres techniques et 8 entraîneurs nationaux à la DTN.

Me voici donc en place rue de Liège, dans un petit bureau jouxtant le siège de la Fédération. Ma première action fut de rencontrer Robert Antonin afin de recueillir ses informations sur cette fonction que je connaissais de façon incomplète. Il s'agissait aussi de me « caler » par rapport aux missions en cours ou en prévision. Lors de ma première visite au ministère, on me demanda si je comptais utiliser dans mon service les compétences de Jean-Claude Skrela. Je n'eus donc aucun mérite à obtenir un poste d'entraîneur national pour Jean-Claude. Je proposais au président et aux élus de lui confier la mission passionnante de gérer le projet du futur Centre national du rugby, qui fut par la suite construit à Marcoussis. Je suggérai également de recruter un directeur administratif pour optimiser la fonctionnalité d'une structure qui se devait de répondre à toutes les exigences nouvelles que le rugby de demain ne manquerait pas de réclamer. Proposition qui fut acceptée d'autant plus facilement qu'Antoine Audi fut choisi et bénéficia d'une mise à disposition de la part de l'Éducation nationale.

À ce poste, la mise en place d'un projet validé conjointement par la FFR et par le ministère de tutelle nous conduisit à mener pendant quatre ans des actions concernant le développement, la formation et la gestion de la haute performance, grâce à la réflexion et aux compétences de l'équipe de la DTN et grâce aux cadres techniques qui officiaient dans toutes les régions.

Il serait fastidieux de faire part de tout le travail réalisé, des actions menées et de leurs résultats. En voici quelques-unes en vrac :

- La restructuration administrative de la DTN
- La restructuration des comités par secteurs

- La restructuration de la filière haut niveau
- L'opération « emploi jeunes » avec l'aide de l'État
- Le dossier sécurité
- La finalisation du plan de formation du joueur
- Le cahier des charges des centres de formation en partenariat avec la Ligue du rugby
- La mise en œuvre des nouveaux diplômes fédéraux et d'État
- La construction du projet « Planète ovale » qui deviendra opérationnel pour la Coupe du monde 2007 en France.

Tout cela a pu être mené à bien grâce à l'aide du ministère qui voulait que la « petite » DTN trouve sa vraie place au sein de la « grande » FFR. Il fallait aussi lui accorder des responsabilités, à la mesure de celles en cours dans les autres grandes Fédérations, mais pas davantage. Cela passait auprès des élus par une vraie reconnaissance. Le challenge n'était pas gagné d'avance et, s'il avait une petite chance d'aboutir, il devait s'imposer aux yeux de tous par le travail réalisé et par les résultats. Il était utopique de croire que ce soutien favorable, à défaut d'être inconditionnel, surgisse sans contrepartie. Sans l'aide financière du ministère, l'ambitieux (mais réaliste) projet sur quatre ans, proposé au Comité directeur, n'aurait pu être accepté. Souvent, j'ai retrouvé la même défiance avec les élus, celle qui s'installait quand ils craignaient que l'on décide à leur place et qu'on occupe un espace qui leur revenait. Cette attitude de repli était d'autant plus surprenante que personne ne contestait leur place au sein de la DTN. À ce poste, je n'avais pas à prouver que j'existais. Cependant, j'avais envie de mettre en place une politique visionnaire et, pour ce faire, il fallait fédérer l'ensemble du système derrière des idées et des actions. Cela passait par le choix, dans l'équipe de la DTN, d'hommes responsables capables d'être des forces de proposition dans leur domaine de compétence, des relais pour dynamiser les régions avec les cadres techniques et les actions programmées. Il me semblait devoir générer et apporter plus de responsabilité et d'autonomie à tous les niveaux. En fait, il s'agissait d'une liberté d'action, celle que je donnais aussi à mes joueurs en jeu, indispensable pour évoluer favorablement vers un métier qui, je le sentais bien, était en totale mutation.

Directeur technique national

Ces changements dans la manière de faire et d'agir ont interpellé les élus et entraîné des résistances. Les élus fédéraux et régionaux percevaient encore le cadre technique dans l'unique relation qu'il devait entretenir avec les entraîneurs et éducateurs des clubs. Avec des ballons dans le coffre de sa voiture, il faisait le tour des clubs de sa région pour dispenser la bonne parole. L'accepter derrière son ordinateur, comme concepteur et animateur d'une dynamique régionale qu'il aurait impulsée de manière responsable, passait mal. Par réaction, le système fédéral exerce alors son pouvoir. Il ne s'oppose pas réellement, mais il traîne des pieds. Et malheureusement, cette opposition se fait au détriment du partage des responsabilités et des rôles. Il n'a pas été compris que nous recherchions à atteindre de nouveaux objectifs beaucoup plus valorisants et enrichissants pour le rugby. Cette image (pas de tous heureusement) des présidents de comités régionaux, forts de leurs prérogatives dans leur région, contrastaient avec leur soumission lors des comités directeurs de la FFR, où ils acceptaient sans discussion les questions et les actions proposées par le pouvoir fédéral. La discussion, le mécontentement, voire la contestation, s'exprimaient bien trop souvent en aparté, une fois la messe dite. Face au changement proposé par la DTN concernant la gestion et le fonctionnement de certaines commissions, j'ai vu des élus vouloir démissionner, mais revenir tout aussi vite puisqu'en refusant leur démission, le président renforçait leur pouvoir. Mais, plus grave, on repoussait le changement souhaitable et sa dynamique à plus tard. Cette lourdeur hiérarchique freinait la quête de l'innovation. Ce manque de « rébellion », essentiellement dû à une gestion trop centralisée, m'a semblé alors être un obstacle pour faire évoluer la culture gouvernementale de la Fédération qui s'est confortée depuis toujours dans l'allégeance de tous les services. À la Fédération, on n'était pas à sa vraie place.

Entrer dans un autre mode de gouvernance, un mode plus participatif qui tempère les ego et fasse moins oublier l'intérêt du rugby, c'est ce que j'ai essayé de faire avec l'équipe de la DTN et avec les cadres techniques. J'étais à ce poste non pas pour faire mais pour faire faire. Les cadres techniques sont au plus près du terrain et de la réalité, ils ne peuvent pas être des exécutants dans ce métier. Il leur faut aussi avoir une âme de chercheur. Il s'agissait pour moi, responsable de cette équipe de techniciens du jeu et de son développement, non pas de diriger et de décider au sens pur et dur du terme mais bien d'animer dans le cadre d'objectifs révisables, flexibles, pourquoi pas factices ou inaccessibles, ceux que le rêve impose. La liberté d'initiative doit être maximale si l'on considère que la performance humaine s'exprime beaucoup mieux dans des domaines qui sont hors des objectifs imposés. C'est alors une manière d'exploiter l'intelligence buissonnante qui existe en chacun quand il lui est permis de s'en servir. Quand j'étais à Toulouse, à Tahiti ou en Italie, j'avais eu cette liberté, ce droit à l'erreur et à rêver. Je ne pouvais pas oublier que ce fut un facteur déterminant pour la dynamique successive des projets impulsés.

J'ai fait l'expérience de toutes les dérives d'un tel mode de management. J'ai été amené quelquefois à m'expliquer avec le Président de ce qu'il appelait « les dérapages de la DTN ». Il faut dire que les première et deuxième années, la mise en place du projet de la DTN fut fortement soutenue par le ministère. Dans la convention d'objectifs 2001, l'aide financière fut pratiquement multipliée par dix. Mais, en même temps, la mise en œuvre de notre projet fut contrariée par les difficultés financières que rencontrait la FFR. D'ailleurs, deux ans plus tard, celle-ci fit l'objet d'un rapport de la Cour des comptes. L'évaluation réalisée par la Cour mit en avant « une gestion et exploitation financière manquant de clarté et de transparence », « une organisation trop oligarchique » et, enfin, « un manque de moyens et d'organisation pour répondre à un développement optimal », signifiant ainsi un manque de professionnalisme. Je fus d'ailleurs convoqué, comme tous les responsables de services, pour répondre aux questions concernant la place, le rôle et le financement des actions de la DTN.

Face à cette crise, on s'est donc serré la ceinture. Une période financièrement difficile, explicable par des contrats, très pénalisants pour la FFR, passés avec des agences (dont celle de Jean-Claude

Darmon), mais très avantageux pour ces dernières. Les lourds investissements du projet Marcoussis étaient aussi un secteur sensible. Autre facteur inquiétant, les nombreux accidents graves qui survenaient et qui pouvaient mettre à genoux la Fédération, malgré les contrats d'assurance. Les mesures prises eurent des effets salutaires, mais le coût de la licence fit un bond énorme, y compris pour les plus jeunes, ce qui freina leur recrutement. Pour répondre aux craintes des assurances, il fut arbitrairement proposé des aménagements réglementaires dans les compétitions de jeunes et dans le système amateur, qui ne pouvaient résoudre les problèmes de fond. Lors d'un Comité directeur, je me suis opposé à la mise en place des compétitions à 12 chez les seniors. Cette proposition, non issue de la DTN (elle ne fut pas consultée), fut acceptée. Elle fit des mécontents, surtout ceux qui y voyaient une dévalorisation de la mêlée. J'ai souvent dû m'expliquer sur ce choix qui m'appartenait puisque, fan d'un rugby de mouvement, la mêlée ne devait pas m'intéresser. Remarquez, c'était plutôt positif puisque l'on m'accordait un pouvoir que je n'avais pas. En revanche, le choix d'une réflexion sur une formation sécuritaire pour le joueur prenait tout son sens. Le projet « sécurité », élaboré par la DTN, fut diffusé et appliqué dans tout l'Hexagone.

Entre une DTN un brin rebelle et un pouvoir centralisé autour de quelques personnes qui maîtrisaient et décidaient de tout, rien n'était réglé comme du papier à musique. Mais le rapport de force faisait partie du jeu pour aller vers le changement. Bien sûr, les deux systèmes avaient du mal à se rejoindre. Ils fonctionnaient sans réelle collaboration, donc sans efficacité. En multipliant les intermédiaires et les missions, l'organisation fédérale ne ciblait pas et ne définissait pas clairement nos responsabilités respectives et, en conséquence, celles des élus. Ce qui provoquait une lourdeur administrative, des pertes de temps, de l'incompréhension. En fin de deuxième année, je fus invité à entrer au Bureau fédéral qui a pour mission de traiter des questions d'importance afin de les soumettre pour acceptation au Comité directeur, et de décider des actions à entreprendre, dont il rendra compte à ce même Comité directeur… La DTN se devait d'y avoir toute sa place. Je dois dire que cela a permis de bien améliorer la collaboration, même si dans le même temps un « comité de pilotage », qui réunissait chaque mois les membres de la DTN et quelques présidents de commission, avait été mis en place. Peu ou prou, ce partage entre élus et la DTN a favorisé un moindre éparpillement des responsabilités sur tous les secteurs confiés par le ministère des Sports. On se marchait un peu sur les pieds, mais c'était un passage obligé qui a permis d'évoluer positivement. Cela dit, je n'irai pas jusqu'à dire ni croire que dans cette relation DTN-FFR, j'avais rempli une des missions imposée par le ministère de tutelle qui consiste, pour la DTN, à assurer à la fois la formation des cadres techniques (ce qui fut fait), mais aussi des élus (ce fut moins évident).

J'ai eu peu de contacts de travail avec le Président pendant cette période. Une fois, ce fut même houleux. En l'occurrence, une de mes questions du jour portait sur les aides financières fédérales qui étaient accordées aux entraîneurs nationaux. Je souhaitais les gérer équitablement en fonction du travail et des responsabilités de chacun. Je ne pensais pas qu'il soit souhaitable que les négociations se fassent directement entre les entraîneurs nationaux et le Président, mais que le budget global soit géré avec équité, et ce n'était pas le cas. Cela aurait évité également des tensions inutiles entre les cadres concernés. Cela m'avait valu quelques questionnements de la part de la Direction des Sports, surprise de voir les différences de traitement existantes. On me refusa également une révision des indemnités des cadres techniques régionaux qui n'avaient pas perçu d'augmentation depuis bien longtemps. Cela aurait été légitime, compte tenu de l'augmentation du coût de la vie. Je m'inquiétai des raisons de ce refus. Le Président se mit un peu en colère. C'était rare, mais il me signifia que « je n'avais pas intérêt à vouloir m'opposer à lui ». Ce n'était pas mon intention, mais j'avoue avoir mal perçu, et surtout mal compris ce refus. Mais cet épisode a grandement contribué à accélérer mon départ de la DTN fin 2003.

La construction de Marcoussis avançait. La DTN fut un des premiers services à investir le Centre national. Jean-Claude Skrela avait bien organisé l'espace DTN, structurellement parlant. Du beau, du grand, du neuf, un outil pour travailler dans les meilleures conditions. Unité de lieu pour toutes les actions de la DTN, lieu d'échange pour ses cadres, le centre facilitait les contacts avec les autres services fédéraux, même si l'on pouvait regretter que le pouvoir central soit toujours rue de Liège. Il convenait d'utiliser ce centre et d'en faire un pôle attractif pour tous. On travailla plus et mieux sur toutes les missions qui nous étaient confiées, y compris sur la gestion des collectifs des équipes de France (mais de façon incomplète sur le haut niveau), mission qui entre de plein droit dans les compétences des directeurs techniques nationaux.

Pourquoi « de façon incomplète » par rapport au haut niveau ? Suite à notre départ de l'équipe de France avec Jean-Claude, Bernard Lapasset avait choisi un autre staff pour diriger les Tricolores, mais il avait conservé l'équipe managériale avec Jo Maso et Jean Dunyach, un facteur de continuité qui pouvait servir de lien dans les relations logiques que la DTN se devait d'entretenir avec l'équipe nationale. Quand nous étions aux commandes, nous ne nous étions pas beaucoup appuyés sur la DTN de l'époque, c'est vrai, mais nous avions toujours répondu favorablement à ses demandes pour intervenir et participer à des actions diverses quand Robert Antonin nous avait sollicités. Mais j'avais retenu la leçon. Puisque nous étions en charge de la formation, il convenait qu'il y ait bien une réelle cohérence avec la formation dispensée en amont, du débutant jusqu'aux exigences de l'élite. En ce sens, sous l'autorité de Max Godemet qui fit un travail remarquable, nous avions mis en place, avec des moyens accrus, la rénovation des Pôles espoirs, l'organisation de la détection, la structuration des compétitions de jeunes qui débouchaient sur le Top 100 (choix des 100 meilleurs joueurs de moins de 18 ans), la rénovation des stages estivaux, une tournée chaque année pour toutes les équipes de jeunes et enfin, la création du Pôle France, basé au Centre national pour les 30 meilleurs joueurs de moins de 19 ans appelés à participer à la Coupe du monde dans cette catégorie.

Je n'oublie pas la bataille qui eut lieu pour que les clubs professionnels valident cette filière haut niveau qui démarrait dans les Pôles espoirs et s'achevait à Marcoussis pour les meilleurs potentiels. En effet, les clubs rechignaient à voir leurs meilleurs jeunes entrer dans ces centres, arguant du fait qu'ils ne pourraient jamais s'entraîner en club avec leur équipe et qu'ils ne pouvaient plus les intégrer dans leur propre centre de formation, structure qui devenait alors une obligation pour les clubs professionnels. Il a même fallu l'intervention de la ministre Marie-George Buffet qui mobilisa grandement les médias, lors d'une réunion entre la FFR et la Ligue professionnelle. Parmi les nombreux points de divergence, il y fut débattu de la pertinence de la filière fédérale, ainsi que de la place et des objectifs des centres de formation des clubs. Je dois dire qu'une fois les premières tensions aplanies avec la Ligue professionnelle, les relations furent saines. Elles conduisirent à un travail en commun qui déboucha sur la validation et la reconnaissance de ces centres de formation, la réalisation d'un cahier des charges et la mise en place d'une évaluation annuelle par la DTN de ces centres qui, d'ailleurs, fonctionnent toujours et plutôt bien, me semble-t-il.

Dissonance entre la DTN et le XV de France

Ce cadre relationnel DTN-équipe nationale ne s'est pas réalisé. Il aurait pu nous enrichir mutuellement, et surtout se faire sans interférences nuisibles. Dès que je suis entré en fonction, j'avais sollicité un entretien avec Bernard Laporte. Il avait été court. Il avait au moins permis de préciser l'aide et les ressources que nous pouvions mettre à la disposition de l'équipe nationale, et son discours sur le jeu qu'il voulait mettre en place ne m'avait pas particulièrement gêné. Je lui avais alors proposé de venir en parler avec les cadres techniques lors de la première réunion. Il me dit alors « ne pas être à l'aise devant un public, qu'il préférait attendre et mieux connaître ce milieu ». Réponse acceptable et respectable. Mais l'entraîneur des Tricolores était difficilement joignable, il était rarement dans nos murs. Je l'ai rencontré deux fois lors des réunions techniques organisées pour toutes les équipes de France, et plus régulièrement lors des comités de sélection. Contrairement à ce qui a été dit, jamais personne, ni le Président ni l'entraîneur national, ne m'en ont refusé l'accès ou ont fait part de leur opposition à ma présence. Je n'y ai jamais exprimé d'avis sur la composition des équipes, considérant que ce choix appartient à ceux qui en sont responsables.

Pourtant, je perçus assez vite un ressentiment. Un des éléments de dissonance résidait certainement dans le fait que je défendais des opinions sur le jeu. Je valorisais encore ma méthode de formation, parce qu'elle est en cohérence avec la logique de ce sport. Mais elle n'exclut ni les valeurs traditionnelles du rugby ni davantage des formes de travail plus analytiques, et naturellement pas les formes répétitives. Je pense notamment aux « *skills* » à la mode anglo-saxonne dont j'ai pu mesurer les forces et limites pour avoir beaucoup travaillé avec eux. Elles ont toutes leur place dans des entraînements bien compris. Décrier et dénaturer les principes méthodologiques d'une démarche de travail, la caricaturer en la résumant au seul travail du mouvement général, c'est confirmer n'y avoir rien compris, et beaucoup s'y sont engouffrés bien maladroitement. Cette formation à une logique du jeu et ses conséquences sur l'entraînement a eu le mérite d'être explicitée et s'est historiquement, donc culturellement, imposée comme la méthode française (la « *french method* », disent les Britanniques).

Elle n'est pas la seule, et jamais personne n'a prétendu qu'elle était unique. Mettre en cause le soi-disant dogmatisme de ses adeptes relève de la mauvaise foi ou de la méconnaissance de ces fondements qui sont perfectibles à la même vitesse que l'évolution du jeu. Il me semble qu'en matière de formation, une Fédération se doit de faire le choix d'une méthodologie et de choisir une démarche de travail, qui doit être appliquée du néophyte au joueur de haut niveau. C'est seulement dans cette continuité d'apprentissage, liée aux contextes historique, culturel, éducatif, réinvestie avec intelligence au niveau national et à tous les niveaux de la pratique, que l'on exploitera au mieux et sans rupture les potentiels des joueurs français, ceux des clubs, puis des équipes nationales jeunes et, a fortiori, des meilleurs en équipe nationale. Cette formation unitaire est indispensable parce qu'elle évite les tâtonnements et les expériences qui visent des effets immédiats et décisifs. En quelque sorte, c'est une pédagogie par décret en fonction de ce qui marche ici et ailleurs. Cette cohérence sur la manière dont procède la formation doit se réaliser à tous les étages des différentes équipes nationales, et le système de la filière fédérale le permettait. Sinon, c'est le joueur qui en pâtit du fait d'un effritement d'identité. J'accepte qu'il n'y ait pas de méthodologie infaillible, et encore moins de méthode magique qui permette d'entraîner et de garantir le succès. Mais, en choisir une, la perfectionner, la faire évoluer est inhérent à ceux qui entraînent. Le rôle d'une DTN, c'est de donner le même sens à l'acte d'entraînement à tous les techniciens, via une méthodologie. Ce qui veut dire, une fois le choix fait, qu'il faut « accepter de perdre les idées que l'on avait » et se mettre en marche « pour en acquérir de nouvelles », sous peine de voir le système global de formation se disperser dans des écoles qui, le plus souvent, s'emparent des techniques les plus récentes, paraissant fonctionner dans l'instant. La manière de faire, de procéder, de communiquer pour le staff de l'équipe nationale devient alors déterminante. L'idée n'était pas nouvelle, mais elle n'a jamais été accomplie que partiellement, hélas.

Derrière le système de formation proposé, l'idée est de faire adhérer tout un environnement qui va ainsi tirer profit de l'action du système. La chance de la France, c'est d'avoir un grand réservoir de joueurs et de potentialités. Idéalement, la performance devrait être considérée dans sa globalité, celle des clubs et celle des équipes nationales. Cette performance a plus de chance d'être atteinte si l'on est guidé par la même conception de la formation derrière des principes communs, en clubs comme dans les sélections nationales. Cette identité de formation est indispensable si l'on veut se démarquer par une identité de jeu.

Cette navigation, entre ce qui peut se faire au plus haut niveau et ailleurs, me paraît encore aujourd'hui une défaillance qui pénalise le rugby français. Quand on met aujourd'hui en avant la réussite exceptionnelle du handball français, on ne peut que la valider derrière l'inscription unitaire de formation existant à tous les niveaux, et donc en équipe nationale. Cette politique a conduit à faire en sorte que le système, obtenant une évaluation positive, devienne plus fort que les hommes dans la construction « du parcours de l'excellence sportive ». Ce qui pour autant n'ôte rien aux « compétences et différences » des entraîneurs qui se sont succédé en équipe nationale. Elles deviennent au contraire une valeur ajoutée. Alors, oui, dans ce souci de cohérence qui visait, pour la DTN, à mettre en place un consensus national derrière une conception du jeu et son enseignement, il y avait des divergences (et j'y joins mes collaborateurs) entre ce que nous espérions voir dans les pratiques d'entraînement réalisées sous l'ère de Bernard Laporte avec le XV de France et la réalité. Soyons clairs, il ne s'agit pas ici de parler encore une fois de compétences mais bien de la mise en œuvre d'un projet qui ne prenait du sens que si le choix des entraîneurs de l'équipe nationale et le travail qu'ils réalisent étaient bien dans la continuité méthodologique de la formation dispensée en amont. Il s'agissait, encore plus pour ceux qui choisissaient l'entraîneur de l'équipe nationale, d'avoir ou non la volonté de décider d'une école de formation, dont la meilleure image était et sera toujours représentée par des contenus profitables au XV de France, comme illustration valorisante validant des principes communs.

Lorsque j'étais en équipe nationale, je m'étais clairement aperçu que nos joueurs internationaux faisaient apparaître des lacunes. Je ne parle pas de leur potentiel sportif mais de la conséquence d'une absence d'harmonisation des conceptions de jeu et des pratiques de travail dans les formations subies en bas de la pyramide. Depuis Jacques Fouroux, quel que soit le profil des entraîneurs qui se sont succédé, cette harmonisation n'a jamais été prise en compte, celle qui crée de la connivence entre les personnes parce qu'elles parlent le même langage. Le choix des entraîneurs s'est fait arbitrairement ou sous la pression, mais jamais dans le cadre de critères de jeu et de la méthode qui va avec.

Certes, nous aurions pu en discuter. Mais comment se rencontrer si ceux qui dirigent ne favorisent pas les entrevues ? En rendant public le différend avec la DTN, le Président a indirectement tranché en faveur de Bernard Laporte. C'est ainsi que ce fut perçu, à tort ou à raison, à la DTN qui se retrouva sur le banc des accusés. On me reprocha de refuser de communiquer quand un interlocuteur émettait un avis contraire ou des réserves sur mes conceptions. Je répondrai que l'école à laquelle j'appartiens n'a pas fonctionné que sur des consensus, mais les divergences n'ont jamais remis en cause les fondements méthodologiques. Et dans ce cadre, la discussion devient possible. Il devenait alors facile de mettre en accusation la formation dispensée en amont, surtout quand les résultats n'étaient pas à la hauteur. Ce fut aussi le cas dans cette période, ni plus ni moins que les résultats enregistrés sous la direction de mes prédécesseurs.

Cette communication a existé avec d'autres nations, et particulièrement avec les techniciens anglais. Une fois en France, une fois en Angleterre, les deux DTN se rencontraient pour discuter de méthodologie d'enseignement du jeu. La « french-english method » était née. Je constate qu'ils ont su en tirer parti, surtout dans le travail réalisé dans la formation des jeunes, mais plus encore dans la présentation à leurs techniciens d'un plan de formation rénové dans lequel ils ont pris conscience des insuffisances, aux plans méthodologique et pédagogique. Les confrontations entre équipes nationales sont maintenant le plus souvent en leur faveur. Non seulement en termes de résultats, mais aussi dans la qualité et quantité du jeu proposé. Si le processus s'est curieusement inversé et nous semble défavorable, c'est que nous n'avons pas préservé ce qui faisait notre richesse : l'éducabilité et l'acquisition du sens tactique. Nous nous sommes engouffrés dans la mise en œuvre d'une transmission de savoir-faire qui morcelle et mutile le jeu, qui ne peut faire s'épanouir les joueurs adaptatifs et créatifs que le rugby de demain demandera de plus en plus pour réaliser un jeu que l'on nous enviait et qui faisait notre reconnaissance. Ces contacts, nous les avons aussi avec les Irlandais et les Gallois avec les mêmes effets. Pour témoigner de l'impact de cette communication, je trouve plutôt intéressant d'avoir été invité, il y a trois ans et cette année encore, à faire part de ma réflexion sur la formation des joueurs adaptatifs aux entraîneurs de haut niveau des six nations majeures. Une manière de sortir, disent-ils, d'un jeu abusivement structuré dont ils mesurent les limites.

Pendant mes quatre années à ce poste, le travail de la DTN n'a pas profité à la vitrine du rugby français durant le premier mandat de Bernard Laporte avec les Bleus. Je me trompe peut-être, mais il ne m'a pas semblé non plus que la collaboration fut optimale lors du deuxième mandat. Comme ce fut le cas pour beaucoup d'autres entraîneurs avant lui, il a récolté des résultats en dents de scie. Il est vrai que le jeu des Tricolores, le fond et la forme, variaient d'une rencontre à l'autre, mais Bernard Laporte avait des réponses qui semblaient satisfaire presse et joueurs au gré des résultats. Pendant huit ans, ce manque de stabilité dans le jeu proposé et les nombreux emprunts effectués aux méthodes d'entraînement en vogue à l'étranger ont empêché de se faire une idée précise de ce que voulait réellement l'entraîneur du XV de France. Très pris entre ses affaires personnelles et ses devoirs de sélectionneur, une mission inconcevable sans s'y adonner à plein temps, les leçons de la première mandature n'ont pas été tirées pour faire face avec cohérence à l'opportunité extraordinaire de jouer la Coupe du monde en France en 2007. L'échec que l'on connaît durant cette compétition ne l'a pas pénalisé pour entrer en politique puisqu'il est devenu immédiatement ensuite secrétaire d'État aux Sports.

Ça chauffe avec Skrela

Dans nos relations en interne à la DTN, tout ne fut pas facile. Des tensions se sont manifestées entre l'administration du CNR et son directeur, Antoine Audi, soutenu curieusement par Jean-Claude Skrela qui avait, comme prévu, pris la direction sportive de l'établissement, quand Marcoussis est devenu opérationnel. La gestion sportive et éducative (la scolarité des joueurs) du Pôle France à Marcoussis relevait directement de la DTN. Le partage des responsabilités me semblait pourtant clair. Mais le « qui fait quoi ? » n'avait certainement pas été suffisamment défini. Cela donna lieu à des frictions. Convaincu que j'étais manipulé par les entraîneurs nationaux, Jean-Claude leur reprocha d'avoir cassé avec moi une amitié de plus de 20 ans. Il se coupa de la DTN et s'y impliqua moins. Je n'ai jamais pu lui faire entendre qu'il n'en était rien, que ce n'était pas un rejet le concernant, mais que leurs exigences étaient légitimes puisqu'ils étaient missionnés pour s'occuper du Pôle France, et que, personnellement, je ne désirais pas que ces deux missions échappent à la DTN. Avec Jean-Claude, une chaude discussion suffit, non pas à le convaincre car il est têtu, mais à aplanir le différend, du moins dans notre relation. Mais il était dit que cette première querelle ne serait pas la dernière.

Quand je décidai de quitter la DTN, le problème de ma succession se posa. J'avais pris bien soin de demander à la DTN s'il y avait des candidats. Max Godemet se manifesta et je dois dire qu'il avait la légitimité pour accéder au poste. Il avait l'ancienneté et la connaissance du milieu et de la fonction. Il avait également été mon adjoint pendant quatre ans et cela me semblait aller de soi. Jean-Claude, que j'avais sollicité, me dit ne pas être intéressé. Je demandai un entretien à Jean-François Lamour, qui avait succédé à Marie-George Buffet. Je tenais à lui faire le bilan de ces quatre années passés à la DTN. En fin d'entretien, il me demanda mon point de vue sur mon successeur. Je vantai les mérites de Max Godemet. Sa question concernant une éventuelle candidature de Jean-Claude Skrela aurait dû m'alerter. Je répondis « qu'à ma connaissance, Jean-Claude n'était pas intéressé, qu'il était à un poste qui, d'après ce que j'avais compris, lui convenait et qu'il pouvait le faire évoluer en faisant du Centre national une structure d'expertise, d'accompagnement pour les clubs ». Quelques jours plus tard, Jean-Claude demanda à me rencontrer. J'allai le voir dans son bureau. Il avait sa figure des grands jours. Celle qu'il affiche quand cela ne va pas et qu'il ne s'en cache pas. Il entra en force dans le vif du sujet. On lui aurait rapporté que j'avais dit au ministre qu'il n'était pas fait pour ce poste et il me dit qu'il allait postuler puisqu'il en était ainsi. Les « on dit » et les « non-dits » refaisaient surface et ont influencé son changement de position. Je n'ai eu aucun embarras pour lui répondre. Je lui ai fait part de l'entretien avec le ministre et lui ai précisé que si « n'être pas fait pour ce poste », c'est avoir dit que Max Godemet présentait toutes les compétences, alors il ne pouvait y voir une quelconque mauvaise intention de ma part. Quoi qu'il en soit, il avait donné son accord au Président, me dit-il. Il y aurait donc deux candidats pour ce poste. Max contre Jean-Claude. D'un côté, le candidat fédéral ; de l'autre, celui de la DTN. Quel mauvais procès quand on sait que cette situation était la conséquence du malentendu précédent ! Il ne restait plus qu'à fermer le ban, passer à autre chose. Jean-Claude serait bien le prochain DTN, ce qui pouvait somme toute me satisfaire car je savais qu'il ne mettrait pas à la poubelle tout le travail précédent. Mais je ne pus m'empêcher de regretter de ne pas avoir été tenu au courant de la préférence fédérale qui pouvait s'expliquer. On aurait évité pas mal d'incompréhensions. Pour moi, c'était important. Je ne voulais pas qu'il reste des traces de cet accroc qui aurait pu avoir des conséquences sur notre amitié. Avec Jean-Claude, on avait passé une grande partie de notre vie ensemble, joueurs, entraîneurs à Toulouse et du XV de France, puis la DTN. Ce n'était pas le fait du hasard et cet épisode ne pouvait pas nous arracher à cette estime commune qui s'est construite au fil du temps, derrière des valeurs suffisamment solides pour qu'elle ne cède pas à ce moment-là.

Laporte rempile, ce sera sans moi

Même si la communication avec l'équipe nationale n'était pas parfaite, le staff vint débattre du jeu devant les techniciens régionaux et nationaux avant la Coupe du monde. Ce fut, bien sûr, très bien perçu. Ce débat autorisa entre nous un débriefing qui ne manqua pas d'intérêt. Il permit de préciser les points acceptables et les autres, les moins négociables en matière de formation. Quatre membres de la DTN se rendirent en Australie lors de la Coupe du monde 2003 : Skrela, Godemet, Brochard et moi-même. Objectif : faire une analyse la plus objective possible de cette Coupe du monde, en assistant à un maximum de matchs à partir des quarts de finale, mais aussi en profiter pour suivre quelques entraînements de l'équipe de France. Celle-ci avait passé les poules avec facilité en développant un jeu prometteur et confirmant cet état de grâce contre les Irlandais en quart de finale. Nous sommes allés, sans Jean-Claude Skrela pris par ailleurs, rendre une visite au XV de France basé à Bondi, jolie station balnéaire près de Sydney, entre le quart et la demi-finale. Je dois dire que nous y avons reçu un accueil de convenance, poli. Du style « Bonjour et au revoir, revenez quand vous voulez ». Nous avons mangé dans un restaurant proche et sommes rentrés à Sydney. On le sait, la forme de l'accueil fait fuir ou rester. Un sourire peut mettre dans de bonnes dispositions. On a suivi les demi-finales et le match pour la troisième place sans aucun contact avec l'équipe de France.

Les commentaires, après les deux défaites contre les Anglais et la Nouvelle-Zélande, allaient bon train. Nous avons été amenés à côtoyer au « Club France » les dirigeants français, puisque tout le comité directeur était logiquement présent. Vu les avis des uns et des autres, les responsabilités étaient clairement établies, l'entraîneur en chef avait failli. Autant de mots qui ne pouvaient guérir les maux de ces deux échecs consécutifs, ni ceux d'ailleurs du rugby français de toujours. Devant une telle unanimité, je ne voyais pas comment Bernard Laporte pourrait postuler à sa propre succession si elle était proposée au comité directeur successif. Quand ce fut le cas, le président Lapasset précisa que, comme il l'avait fait jusqu'à présent, il avait la responsabilité du choix de l'entraîneur national. Quant à Jo Maso, il expliqua les raisons de cette reconduction et pas une voix ne s'éleva pour discuter la décision. Je sus dès cet instant que je quitterais la DTN en fin d'année puisque mon contrat avec le ministère arrivait à son terme. J'avais appris qu'un poste était disponible à l'IRB, c'était celui qu'avait pris Robert Antonin quand il avait quitté la direction de la DTN. Une opportunité qui me plaisait pour finir ma vie avec le rugby. J'avais 60 ans, mais je n'avais pas envie de prendre ma retraite même si mes années dans le service public m'y autorisaient. Je tentai un dernier débordement, je relançai.

J'ai profité du rassemblement annuel de formation continue de tous les cadres techniques pour faire le bilan de quatre années à la DTN, en fermeture de ce stage. J'avais invité le président Lapasset pour justement clôturer le stage. Arrivé en retard, il n'a ainsi suivi qu'une partie de mon témoignage. Le bilan que je dressais était à la fois exhaustif et critique. Autrement dit, je décrivais les satisfactions et les obstacles institutionnels rencontrés qui ont limité les effets attendus des actions entreprises, et celles qui ont avorté. Un constat qui visait aussi à mieux comprendre les arcanes d'un système complexe et, donc, à leur permettre d'y évoluer en connaissance. Je leur fis part sans ambiguïté de ma déception de voir la DTN complètement écartée du projet de candidature Coupe du monde 2007. À aucun moment, nous n'avons été sollicités pour y participer, ni dans l'élaboration de ce projet de candidature ni dans l'intégration dans une commission de réflexion. L'officialisation du choix de la candidature française, en avril 2003, a donné lieu à Marcoussis à une présentation à la presse nationale et internationale à laquelle je n'ai même pas été convié. Ce manque de considération pour la DTN m'a vraiment touché et a définitivement entériné ma décision de quitter mon poste fin 2003. On m'a, par la suite, expliqué que nous allions être sollicités pour mettre en place des actions pendant la Coupe du monde. Je n'avais pas attendu l'attribution du Mondial à la France pour y réfléchir. La conception du projet « Planète ovale », et par la suite sa réalisation, en sont la preuve. Cette action de développement, bien menée à tous les niveaux et dans chaque comité régional, a été un succès.

Au-delà des remerciements habituels, j'ai encore fait passer le message de formation globale. Débat sans fin, mais, quand on y est impliqué, on ne peut accéder à sa richesse que si l'on y développe en permanence un vrai souci de conquête, mais aussi une ouverture d'esprit qui permettra d'aller vers d'autres appropriations, d'autres transmissions. Ce qui veut dire que l'efficacité des interventions formatrices, quand on les mène, exige la compréhension des conduites humaines et la connaissance de ce qu'il faut faire pour les transformer ou pour y apporter les régulations nécessaires, quel que soit le niveau de performance auquel on s'adresse.

J'aurais déjà pu quitter la DTN. J'avais reçu en 2000 des appels du pied de la Fédération galloise, soucieuse de trouver un entraîneur pour ses lignes arrière. Plus tard, en 2001, ce sont les Anglais qui me proposèrent le poste de directeur du haut niveau de la Fédération, une fonction qui touchait toutes les équipes seniors, les douze académies et la formation des entraîneurs nationaux. Je n'y ai pas donné suite pour respecter mes engagements avec la FFR, même si dans les deux cas les salaires et conditions proposés méritaient d'être pris en considération.

Un dernier verre pour la route

L'arrivée dans la salle de Bernard Lapasset me permit d'évoquer le lien manquant entre la DTN et l'équipe nationale. Bizarrement, les conséquences du résultat de l'équipe de France en Coupe du monde avaient placé le rôle de la DTN au centre d'un débat institutionnel et médiatique auquel nous n'avions pas été conviés jusqu'à présent. Je disais aussi trouver navrant que la DTN n'ait pas été associée à un bilan et ensuite à un projet, alors qu'on parle maintenant de reformuler une « politique sportive globale ». Je dénonçais la déclaration de Bernard Laporte qui avait évoqué une formation déficiente, sans en avoir préalablement discuté avec ceux qui en avaient la charge. Il n'avait pas voulu s'intégrer au travail réalisé de longue date, oubliant les résultats obtenus dans les catégories de jeunes. Je disais attendre officiellement confirmation du discours médiatique des derniers jours qui mettait en avant la légitimité, donc la place, accrue de la DTN au sein du système fédéral et la nécessité d'une réelle collaboration de l'entraîneur national.

Dans le discours de clôture de ce stage, Bernard Lapasset confirma les propos de la presse et précisa que Bernard Laporte, puisqu'il avait été reconduit, aurait un bureau au Centre national et serait dorénavant plus souvent à Marcoussis et près de la DTN. Je devais partir un mois plus tard, je ne serais pas là pour constater la mise en œuvre du discours présidentiel, et n'ai pas jugé utile d'argumenter. Ce repositionnement de la DTN avait le mérite de vouloir la placer là où elle devait être. C'est ce que j'avais souhaité en 1999, dans la zone de pouvoir qui lui appartient, mais certainement pas plus. Cette nouvelle orientation présidentielle apporta en tout cas de l'espoir aux stagiaires présents. J'aurais pu dire au Président que cette collaboration ne pouvait prendre du sens que si l'entraîneur national se montrait bien disposé à avancer dans la continuité du travail de formation réalisé en amont. C'est bien de créer l'organisation structurelle pour faire communiquer les personnes, mais on va vite dans le mur si les deux parties n'ont pas la même conception du jeu ni de la formation dans la continuité de leur pratique. Sinon, Bernard Lapasset acceptait que le plan fédéral de formation des joueurs et des entraîneurs, et la démarche, les concepts et les principes qui vont avec (il fonctionnait depuis 1981 à l'initiative de Jacques Fouroux) soient complètement transformés.

Je terminai mon bilan en précisant qu'il n'y avait dans mon propos aucune amertume, si ce n'était celle de penser qu'avec une meilleure reconnaissance et plus d'autonomie on aurait maintenu un haut degré de motivation et, à coup sûr, fait mieux et plus efficacement. À titre personnel, j'ai cherché à avancer et j'ai pris du plaisir dans ce travail de planification et de management d'une équipe, indépendamment des aléas. J'ai essayé, autant que je le pouvais, de favoriser une meilleure reconnaissance du travail de la DTN ou à l'intérieur des comités. Être confronté à leurs soucis m'a aussi permis de mieux appréhender le fonctionnement des dirigeants, un milieu que j'avais traversé sans m'en apercevoir quand j'étais joueur, dans le conflit quand j'étais entraîneur, dans un cadre de contradiction de pouvoir en tant que DTN.

La coutume veut que l'on remercie tout le monde autour d'un verre lorsqu'on s'en va. C'est ce que je fis. D'abord, avec le personnel des services fédéraux. Leur disponibilité m'avait grandement aidé. Un autre verre en main, ce fut aussi fait à Marcoussis avec les dirigeants et les membres du comité directeur, du moins ceux qui avaient souhaité ou pu venir, et en présence des entraîneurs nationaux et cadres techniques. Vinrent enfin le discours du Président et le cadeau de la part de la Fédération. Le joueur, l'entraîneur, le DTN furent successivement évoqués. Je n'attendais surtout pas de louanges et pas davantage de jugement devant un auditoire qui connaissait autant les rugosités que la linéarité de mon parcours. C'est pourtant ce qui me fut réservé. J'aurais préféré plus naturellement qu'il me dise : « À ta santé Pierre, merci pour ce que tu as fait pour le rugby. » Quand on s'en va, les propos tenus sont toujours valorisants… Avec un verre à la main en conversant avec les uns et les autres, j'aurais presque fini par croire que j'avais été vraiment un mec formidable. J'allais leur manquer ! Mais cette longue journée se termina par une belle fête avec les cadres techniques. Michel Jeandroz, entraîneur national, un fidèle parmi les fidèles, avait fait venir un producteur viticole de sa région, le Jura, pour une dégustation qui nous amena à un dîner bien arrosé, puisque chaque cadre technique m'avait régalé d'une bouteille de vin de son territoire. Plus de 70 bouteilles sur une table, un moyen comme un autre de préserver les valeurs du rugby. Je fus particulièrement heureux de terminer mon mandat à la DTN dans cet esprit rugby chaleureux, amical, partagé, constructif, celui que j'avais essayé pendant quatre ans de mettre en œuvre. Je les remercie tous de ce bon moment, de leur confiance et de leur soutien.

Un être vous manque et…

J'ai dit un peu plus haut que « j'allais leur manquer »… Je ne croyais pas si bien dire. En intégrant la Fédération internationale (IRB), je croyais bien en avoir terminé avec les discordes diverses, et surtout je ne risquais pas d'être une menace quelconque pour personne hors du débat national. Pourtant, en février 2005, j'étais depuis un an à l'IRB et totalement hors circuit des affaires fédérales françaises quand Bernard Laporte, réinvesti après la Coupe du monde 2003 dans ses fonctions à la tête de l'équipe nationale, éprouva le désir de « régler des comptes, et d'abord le mien ». J'étais en mission en Autriche lorsque je reçus un appel de Sud Radio, la station toulousaine. Au bout du fil, Jean-Paul Cazeneuve s'excuse de me déranger, mais il est de son devoir de journaliste de m'informer des propos me concernant, tenus à l'antenne par le sélectionneur national. Dans une émission hebdomadaire consacrée au rugby, il avait déclaré, quand mon nom avait été évoqué au hasard des interviews, que j'étais une « pipe » en matière d'entraînement, précisant, entre autres, qu'il tenait ses informations de personnes qui m'avaient côtoyé. Un peu interloqué, je répondis plutôt évasivement. À chaud, faire une réponse polémique ne me paraissait pas particulièrement approprié. Jean-Paul me fit part du contexte de l'émission et des personnes qui y participaient. Je lui expliquai que je rentrerais en France le prochain week-end et que j'aviserais de la suite à donner à cette déclaration. Je compris que cette affaire avait interpellé la France du rugby, car je reçus dans l'heure qui suivit des appels d'amis ayant écouté l'émission et un de… Fabien Galthié, qui me précisa qu'il n'avait rien à voir avec l'interview de Laporte et qu'il n'avait jamais fait état avec lui de mes « incompétences ». Je le remerciais de cette précision, mais si c'était le cas, pourquoi démentir les propos du sélectionneur ?

Rentré en France, je m'aperçus de la place faite par la presse à cette déclaration. À Roissy, en attente de rentrer sur Limoges, je fus amené à lire dans *Le Journal du Dimanche* un article dans lequel Jo Maso était interviewé. Il y expliquait qu'il « donnait raison à Bernard Laporte » parce que j'aurais « été trop critique à son endroit ». Outre le fait de ne pas préciser la teneur et la date de ces critiques, je fus surtout surpris et chagriné par son positionnement. Je n'attendais pas de Jo qu'il prenne ma défense en cette occasion. Mais sa réponse pouvait être dictée par sa fonction ou par l'amitié qui, me semblait-il, nous liait comme joueurs et qui ne s'était pas démentie quand il avait grandement influé pour que je vienne rejoindre Jean-Claude Skrela en équipe de France (moi, je ne l'avais pas oublié). Je pris conseil auprès de quelques amis pour savoir s'il convenait d'envenimer le débat.

L'IRB ou le développement des rugbys périphériques

Le débordement sur l'IRB, j'ai pu le réussir aussi grâce à l'aide de la Fédération et de certains dirigeants fédéraux, Jean-Claude Baqué en particulier, le président de la FIRA. Il s'agissait en effet de postuler pour le poste de manager du développement du rugby en Europe, une des cinq régions (avec l'Océanie, l'Afrique, l'Amérique Nord et Sud, et l'Asie) placées sous l'autorité de l'IRB. 75 candidats, un seul élu. Après une audition à Dublin en août 2003, juste avant la Coupe du monde, j'appris que j'avais été retenu. J'entrais en fonction en janvier 2004, mon contrat portait sur cinq ans. J'avais juste 60 ans et maintenant pas mal d'expérience et de recul pour assurer cette fonction.

Mon passage à l'IRB fut intéressant et motivant. Le mode de management très responsable qui était de mise dans cette institution me convenait. J'ai trouvé particulièrement gratifiant le travail entrepris avec la FIRA et son président Jean-Claude Baqué. Nous avons mené un véritable travail d'équipe avec mon collègue Michel Arpaillange, puisque nous étions deux responsables sur l'Europe, la région potentiellement la plus puissante dans le monde. Avec 44 pays où la pratique du rugby était effective, il s'agissait d'apporter aide et soutien aux différentes Fédérations pour atteindre des objectifs ciblés dans un projet sur quatre ans concernant la gouvernance, la formation des cadres, les pratiques compétitives. J'ai apprécié tous les contextes où j'ai été amené à intervenir et j'ai pu me rendre compte des difficultés rencontrées dans certains pays pour donner au rugby une petite place, compte tenu de la forte et historique implantation d'autres sports collectifs.

En France, l'IRB est une institution assez mal connue, donc quelquefois mal perçue. Pourtant, depuis sa création en 1886, elle n'a cessé d'élargir son pouvoir et s'est progressivement structurée, passant d'un organisme régissant au départ les seules règles du jeu, à l'organisation, à la gestion des compétitions mondiales, puis à la promotion et au développement du rugby à travers le monde. C'est cette première charge touchant le règlement et son évolution que l'on retient du rôle de l'IRB, certainement parce que la règle est au cœur du jeu. Elle a l'image d'une institution respectable composée de vieux messieurs, hors du temps, comme cela était peut-être vrai lors de sa constitution, qui disposent des règles et de leur évolution.

La première Coupe du monde de 1987 et sa visibilité ont généré une structuration et une dynamique financière qui n'a fait qu'aller crescendo. Les affiliations au Board sont passées de neuf Fédérations en 1987 à 98 membres et 18 membres associés en 2009. Aujourd'hui, le plan stratégique décline la vision et les objectifs de l'IRB et, parmi ceux-ci, la volonté d'avoir dans le temps un plus grand nombre de nations capables de devenir compétitives pour les Coupes du monde à venir. Il devenait logique d'aider tous les pays à hausser leur niveau pour espérer un jour se qualifier dans la compétition majeure mondiale. Ces aides, toutes les nations en bénéficient, mais la répartition se fait en fonction des potentialités et des besoins. Ce fut une partie de mon travail dans le cadre européen, et j'ai bien compris la difficulté et l'ampleur de la tâche, quasi insurmontables pour certaines nations, d'accéder à un niveau de jeu suffisant pour rivaliser avec les meilleures. Le défi est impossible pour certains. On pourrait bien sûr discuter de l'équité d'un tel système, qui rapporte plus à ceux qui sont censés en avoir le moins besoin. Quand on est confronté à la non-homogénéité, donc à des niveaux de développement très différents, on mesure mieux les difficultés pour apporter une aide et sous quelle forme. Face au peu de moyens et de ressources des petits pays, par rapport à ceux existant dans les pays les plus développés, il ne s'agit pas de se lancer dans un programme audacieux mais bien de prendre en compte leur contexte pour leur assurer les conditions d'un développement réaliste. Celui-ci n'a de chance de réussir que si la passion de ceux qui s'y investissent reste intacte. Préserver celle-ci devient compliqué quand on peut légitimement penser que seuls des moyens financiers supérieurs peuvent changer la donne. Or, le plus souvent, c'est la culture rugbystique qui est défaillante et les conditions de la pratique, particulièrement le manque de structures, sont un frein majeur au développement.

À la découverte de ces problèmes, j'avoue ne pas toujours avoir su par quoi commencer. On se sent impuissant. Le devoir de tolérance s'impose face aux objectifs plus généraux attendus par l'IRB. Dans les missions réalisées dans ces pays où le rugby n'a pas d'histoire, ou si peu, là où il a du mal à s'implanter, j'ai appris à m'ouvrir aux soucis qu'impose le contexte, et donc à ne pas jeter un regard négatif sur leur perception et à entrer dans leur raisonnement. Sans quoi, on donne immédiatement l'impression d'être hostile. J'y ai appris justement à gagner en tolérance et à prendre en compte les différences forgées par les personnes et les cultures. Une ouverture d'esprit que l'on tend à perdre quand on est issu d'une culture rugbystiquement riche. J'ai appris à me méfier de « l'avant culturel » pour gérer l'après, ce qui veut dire aussi qu'il faut être capable d'accéder à un autre sens et de bien cerner où sont, pour ces pays, les priorités essentielles qui doivent être perçues comme concrètes.

Il serait difficile d'évoquer toutes les actions réalisées pendant quatre ans. Parmi tant d'autres, je retiens avec plaisir le challenge que je m'étais donné pour le développement du rugby féminin en Europe. Je voyais dans cette action un axe de promotion important pour les pays en voie de développement. Quand j'ai pris ce poste, le rugby féminin était pratiqué en Europe par 9 pays. Avec les 6 nations majeures, on trouvait l'Allemagne, la Suède et l'Espagne. Quatre ans après, 36 Fédérations avaient intégré le rugby féminin dans leur projet de développement. J'ai fait valoir auprès des nations émergentes les avantages en termes de visibilité et de promotion, surtout qu'à l'IRB, on parlait déjà en 2004 de promouvoir le rugby à VII aux Jeux olympiques qui accueilleraient les garçons, mais aussi les filles. Cette opportunité a bien été saisie. Le rugby à VII est facilement compréhensible et, cela n'engage que moi, plus approprié aux filles que le XV, où la tendance est de copier le jeu masculin, ce qui n'est pas du meilleur goût. En outre, il se révèle être un sport où les petites nations deviennent vite compétitives et peuvent ainsi plus facilement rivaliser avec les grandes, ce qui n'est pas le cas à XV. Le VII est aussi financièrement intéressant du fait d'un moindre nombre de joueurs. La FIRA a fait un gros effort sur le rugby à VII, pour garçons et filles, en organisant des compétitions qui, au fil des années, furent de plus en plus suivies. Un dynamisme qui ne se démentira pas jusqu'en 2016, puisque le VII sera bien aux Jeux de Rio de Janeiro. Ce sera, pour le rugby féminin, une reconnaissance primordiale, une exposition qui devrait, je l'espère, en faire un sport attractif.

Une autre action particulièrement intéressante concerna la formation de directeurs techniques nationaux. Avec mon collègue Michel Arpaillange, nous avions rarement en face de nous un interlocuteur à même de nous aider à comprendre la réalité locale, quand nous nous déplacions dans les pays émergents. Il manquait ce poste de directeur technique national qui construit et met en œuvre avec une équipe le projet de sa Fédération. Nous avons organisé, pendant trois ans, une formation spécifique pour faire face à cette carence. Mettre en présence pendant trois semaines des techniciens de culture et langues différentes, les amener à réfléchir sur la meilleure méthodologie d'enseignement du rugby dans leur pays, sur la construction d'un projet de développement en dégageant des axes prioritaires personnalisés, les armer pour imposer leurs projets, voilà autant de connaissances qu'il s'agissait de transformer en compétences dans leur future fonction. Le cadre rigoureux et institutionnel de la formation s'accompagnait d'une atmosphère particulièrement conviviale pendant les soirées libres. Mais il fallait chaque fois, au démarrage du stage, entretenir ce climat pour que cette coexistence de cultures, d'ethnies différentes, de langues n'entraîne pas de blocages. Ce ne fut jamais le cas. L'ouverture d'esprit fut toujours grande et jamais au détriment de l'expression des particularités. Certainement, l'esprit rugby et les valeurs que ce sport génère ici et là favorisent l'épanouissement des relations. Quand il m'arrive de rencontrer ou de communiquer avec certains stagiaires, ils ne manquent pas de me rappeler l'ambiance festive du dîner final, toujours bien arrosé. Une dernière performance leur était demandée : chanter un air typique de leur pays. Les moins aptes pour le bel canto entonnaient leur hymne national. Évidemment, le plus mauvais chanteur bénéficiait de la plus belle ovation.

Sur la route de Tbilissi

En quatre ans, j'ai effectué beaucoup de voyages en Europe, du Nord au Sud et d'Ouest en Est. Aéroports, valises perdues, attentes et retards impromptus, j'ai connu le lot de tous ceux qui voyagent souvent. On ne s'ennuie pas et, parfois, il arrive de belles surprises. Celle, en particulier, que j'ai vécue pour aller d'Erevan, capitale de l'Arménie, à celle de Géorgie, Tbilissi. Ces deux villes n'ont pas de liaison aérienne. La Fédération géorgienne me proposa de m'envoyer la voiture du Président et le chauffeur qui va avec. Je me rappellerai toujours ce trajet dantesque réalisé en pleine nuit dans les pires conditions. Une route étroite de pleine montagne à peine goudronnée, sous la pluie, les orages, les éclairs et les coups de tonnerre… Un temps d'apocalypse. Mais, plus que la météo, ma sérénité fut entamée par la vitesse excessive avec laquelle mon chauffeur négociait lignes droites et virages, sur cette route de montagne où, le temps de longs éclairs, j'apercevais les ravins qui bordaient la route sans aucune protection. Pas rassuré du tout, j'ai bien essayé de le lui faire comprendre par gestes, mais il ne parlait que le géorgien… et moi pas spécialement. Sa seule réponse était chaque fois un sourire que j'interprétais comme un moyen de me calmer. Je croyais être sauvé quand nous sommes arrivés à la frontière. Nous avons dû attendre trois heures pour pouvoir enfin repartir. Ce long arrêt me permit de relâcher la tension.

J'avais bien tenté, en vain, de demander au douanier combien de kilomètres il restait jusqu'à Tbilissi mais, manifestement, soit il s'en foutait, soit il ne comprenait pas. Je ne reçus aucune réponse. La fin du voyage ne fut pas plus apaisante. Mais, avant de me quitter vers trois heures du matin, le chauffeur, toujours souriant, voulut manifestement me parler. Voyant mon incompréhension, le réceptionniste m'expliqua dans un bon anglais qu'il viendrait me chercher le lendemain matin vers 11 heures pour m'amener à la réception précédant le match Géorgie-Russie, où je devais représenter la FIRA comme délégué. Je demandais si c'était loin. Dix minutes maximum, me dit-il. J'avais survécu à une plaisanterie qui avait duré six heures, je pouvais supporter de souffrir dix minutes, de plus en centre-ville. Je lui rendis son sourire pour manifester mon accord.

Ce périple sera tout aussi mémorable que l'enjeu du match Géorgie-Russie qui dépassait largement le cadre sportif. Les tensions entre les deux pays, entre autres à cause du rationnement de gaz, avaient amené au stade un public plutôt hostile. Mais les forces de police en nombre permirent à ce match de se dérouler normalement, si l'on accepte que l'hymne russe fut interprété sous les huées des 30 000 personnes présentes dans les tribunes.

Les règles du jeu

En 2006, l'IRB proposa de m'intégrer au groupe qui devait réfléchir sur des propositions de nouvelles règles. J'acceptai avec plaisir cette mission qui m'amena pour une première réunion à Stellenbosh, université pilote pour les Springboks, qui avait toujours été au cœur de l'évolution des règles du jeu, sous l'ère de Danie Craven, le président légendaire de la Fédération sud-africaine. Testées par les équipes de l'université, elles étaient mondialement officialisées par la suite. Je ne dirais pas que l'accueil fut frais, mais l'on sentit bien que l'IRB empiétait sur des prérogatives qui appartenaient à ce pays. Mais la présentation de l'IRB, sa clarté et sa logique permirent de travailler avec le support de l'université dans les meilleures conditions.

Le groupe de réflexion était composé d'un président, Bill McNolan, membre du comité exécutif de l'IRB, et d'entraîneurs comme Ian McIntosh, ex-entraîneur des Springboks, l'Écossais Richie Dixon, ex-entraîneur de l'Écosse, Graham Mourie, All Black et ex-coach de Wellington, Rod MacQueen, ex-entraîneur de l'Australie championne du monde en 1999, et moi-même. Ajoutons Paddy O'Brien, ex-arbitre international, le responsable de l'IRB pour l'arbitrage ; un Australien, Bruce Cook, lui aussi ancien arbitre, mais responsable du développement à l'IRB ; et mon « patron » en quelque sorte, dans le cadre de mon travail à l'IRB, Syd Millar. La conférence de 2007 sur le jeu, qui avait réuni les entraîneurs et les joueurs des nations ayant participé à la Coupe du monde 2003, avait permis de mettre en évidence des problèmes de règlement qui, selon eux, devaient être étudiés. Leurs conclusions ont servi de support pour diriger notre réflexion. On n'a pas manqué, en outre, quand cela était nécessaire, de s'appuyer sur les compétences de joueurs (dont Victor Matfield et Jason Leonard) et d'arbitres de haut niveau alors en activité. Leurs avis et réflexions ont toujours été largement pris en considération.

Je connaissais plutôt bien tout le monde, un peu moins Rod MacQueen que je n'avais rencontré qu'une seule fois, lors de la finale de la Coupe du monde 1999 puisque nous étions adversaires. Je me rappelle l'avoir croisé avec Jean-Claude Skrela dans l'ascenseur de l'Arms Park à Cardiff à la mi-temps du match. Nous cherchions tous les trois à rejoindre le vestiaire de nos équipes respectives. Dans cette situation inattendue, nous nous sourions, un peu crispés. Un « *good luck* » aurait-il pu détendre l'atmosphère ? En tout cas, il n'en fut pas ainsi. On se quitta à l'étage sans un mot. Rod me rappela cet épisode qui, cette fois-ci, nous fit rigoler tous deux. Pendant deux ans, nous avons travaillé dans cette commission pour proposer, faire tester, évaluer des règles qui en avaient bien besoin. Politiquement parlant, cette commission était constituée des représentants des deux hémisphères. On ne pouvait pas être soupçonnés de défendre les intérêts des uns ou des autres. En proposant des modifications des règles, il devient patent que, quand on touche au jeu, on est dépendant de la représentation que l'on s'en fait, du degré de spectacle que l'on y recherche, même s'il s'agit ensuite, pour tous, de gagner. En la matière, cela renvoie à des valeurs spécifiques et antagonistes. Notamment, les conceptions de jeu, de style, qui opposent depuis toujours l'hémisphère Nord à l'hémisphère Sud. Les premiers reprochent aux autres de vouloir dénaturer le rugby par règles interposées, donc ses valeurs traditionnelles, notamment en agissant sur les phases de combat. Les autres, et d'abord les Australiens, sont susceptibles d'en faire un sport où la vie du ballon est favorisée, indispensable pour promouvoir ce jeu et ainsi répondre à la concurrence d'autres sports de balle ovale très en vogue dans ce pays. Nous devions dépasser ces considérations afin que les propositions puissent être exploitées, quels que soient les cultures et les éventuels styles de jeu.

Ainsi, partant de l'analyse du jeu actuel et de ses carences, les objectifs visaient à rendre le jeu plus facile à jouer et à comprendre pour les spectateurs, à préserver son identité, à permettre qu'il puisse être joué par tous les gabarits et à tous les niveaux de pratique. Autant de critères déterminants pour conforter le plaisir de jouer (pour les pratiquants) ou de le regarder (pour les spectateurs), sans oublier de le rendre plus aisé à gérer (pour les arbitres) et toujours moins dangereux (pour les joueurs).

Pendant deux ans, les propositions de règles issues de notre réflexion ont été largement testées, d'abord avec l'université de Stellenbosh, puis avec toutes les grandes nations. Les évaluations faites dans des compétitions de niveaux différents, avec le support de vidéos, de statistiques diverses et d'opinions des joueurs, des arbitres et entraîneurs, sans cesse réactualisées au fur et à mesure des aménagements proposés, nous permirent de faire part de nos conclusions en mars 2009. Une grande messe se déroula à Londres en présence des entraîneurs, arbitres et administratifs des nations les plus représentatives. Il convenait d'entériner les changements qui seraient alors opératoires dès septembre 2009 pour l'hémisphère Nord et janvier 2010 (du fait du décalage des saisons) dans l'hémisphère Sud. Ces nouvelles règles ne seraient pas modifiables avant la fin de la Coupe du monde 2011 en Nouvelle-Zélande. Cela permit une fois de plus de révéler les différences d'appréciation de certaines règles entre le Nord et le Sud. Certaines furent adoptées consensuellement. D'autres furent refusées après de longs débats animés. En plus grand nombre et souvent solidaires, les nations européennes refusèrent au Sud la validation de règles que j'appréciais particulièrement. Celles, entre autres, qui ouvraient aux joueurs plus d'options de jeu, plus de liberté pour prendre des initiatives. Je trouvais la prise de position des Australiens et Néo-Zélandais et leur colère légitimes. Ces deux nations avaient grandement participé aux tests de l'ensemble de ces règles expérimentales. Ce n'était pas le cas des nations européennes, sauf de l'Écosse qui avait choisi d'en tester quelques-unes. L'Angleterre n'en a testé aucune. Pourtant, les Anglais ont largement fait connaître leurs positions pour influencer les décisions des Européens lors des débats. J'étais forcément déçu. Je ne pouvais que regretter que la vieille Europe fasse de la résistance, qu'elle ne soit pas capable de se projeter naturellement vers l'adoption de règles qui auraient permis une évolution du jeu qui deviendra, très vite, incontournable.

Enfin... Il ne s'agit pas de dénier le droit de penser différemment, mais bien de croire qu'il serait bon de réfléchir quelquefois aux intérêts de ce jeu en lui-même, à sa promotion, à son développement, et non aux limites momentanées que ces règles auraient provoquées pour certains. Deux règles expérimentales allaient résolument dans ce sens. C'est dommage qu'elles aient été écartées. La cohérence, c'était de comprendre et d'accepter le changement en accordant du sens à la corrélation évidente qui existait entre toutes ces règles. Corrélation qui en faisait émerger un autre esprit. Ne pas toutes les adopter, c'était mettre en avant des préférences stylistiques qui n'avaient pas à être prises en compte. Comme je l'ai déjà précisé, elles permettaient à chaque nation de jouer selon ses goûts, selon sa culture, sans mettre en danger le patrimoine de chacun. Personne n'a le droit de s'approprier le monopole du jeu et de l'évolution qui va avec. Mais on sait aussi que la compétition sportive est un enjeu où les résultats sanctionnent les luttes pour le pouvoir ; il devient alors plus manichéen de croire que l'on obtiendra ces résultats avec des règles présupposées avantageuses.

Retour au calme

À Dublin, j'ai quitté mes fonctions à l'IRB en 2009, après une dernière réunion. Il me restait encore un an de contrat. Bernard Lapasset en devenait le président mais, rassurez-vous, il n'est pas à l'origine de mon départ. Peut-être aurait-on enfin réussi à mieux se connaître, loin de Marcoussis. C'est encore avec un verre à la main que j'ai remercié tout le monde de m'avoir donné cette opportunité de travailler dans d'aussi bonnes conditions, ce qui est rare. J'avoue avoir ressenti beaucoup d'émotion dans cet au revoir, puisque j'avais décidé de prendre ma retraite. Ce n'était pas un adieu au rugby, mais cela y ressemblait. En effet, je n'avais pas l'intention de m'investir dans une autre fonction. De toutes les manières, à part le rôle d'arbitre, j'ai touché à tout. S'il me reste encore la possibilité d'avoir un dernier désir, ce serait celui de devenir dirigeant.

Quelques mois plus tard, près de Toulouse, j'eus la surprise de retrouver une partie des personnes qui avaient jalonné mon parcours, alors que je croyais me rendre à l'anniversaire d'un ami. Ce fut une grande et longue soirée qui m'a définitivement classé dans la catégorie supérieure, celle d'un retraité plutôt heureux, surtout que c'étaient ces mêmes amis qui avaient eu l'initiative de ces festivités.

- 10 -
ÉPILOGUE

J'ai beaucoup voyagé à travers le monde. Partout, grâce au rugby, j'ai rencontré des gens pour lesquels j'ai éprouvé tout de suite de la sympathie ; avec quelques-uns, bien souvent cela s'est transformé en une relation durable. Quand j'arrive dans un aéroport, il y a toujours quelqu'un qui m'attend. Je sais ces personnes toujours disponibles et enchantées de m'accueillir, et je le suis tout autant. Il ne s'agit pas d'avoir noué avec tous des liens profonds. Pour beaucoup, nous avons cette empathie pour le rugby comme dénominateur commun. Ce sont des valeurs séculaires, des comportements, des attitudes qui ne sont pas toujours identifiables lors d'une première rencontre. Pourtant, je crois cette première impression déterminante dans la vie d'une relation. Quand il en a été ainsi, les ingrédients existent pour qu'elle s'installe durablement à condition de savoir faire l'effort de l'entretenir.

Cela dit, je ne suis pas sûr que ce soit cette image que je véhicule dans le milieu du rugby. Sauf pour ceux qui me connaissent bien.

Je suis quelqu'un de facilement abordable, qui est aussi sensible aux valeurs que génère l'amitié. Question amitié, j'ai été confronté, comme tout le monde, à celle de ceux que l'on croyait sincères. Quand le lien se casse pour des raisons qui n'en sont pas, on dit s'être trompé, cette amitié-là n'existait pas, elle manquait de consistance. J'en ai connu des occasionnelles, de circonstance, voire des forcées ; elles ne survivent pas à l'instant et s'évanouissent à la vitesse de leur apparition. Mais il y a les vraies, celles sur lesquelles on ne revient pas, on ne s'explique pas, on ne se justifie pas quoi qu'il arrive et cela suffit parce qu'on se connaît et l'on s'estime. Pour le reste, quand les différences et les divergences sont trop grandes, on ne parle plus d'amitiés mais bien d'inimitiés. Il y en a eu.

Dans ce long parcours avec le rugby, j'ai navigué pour trouver mon propre chemin dans le dédale de situations complexes et ambiguës. Ce fut une confrontation à double face, mais grandement complémentaire, celle que j'ai eue « avec le jeu », quand j'étais joueur, et celle par la suite que j'ai eue « sur le jeu » en tant qu'entraîneur et éducateur.

La confrontation « joueur/jeu » s'est plutôt bien passée, puisque j'ai pu réaliser le jeu qui me plaisait, celui qui n'entrait pas forcément dans le conforme, le prévu. Au contraire, j'y ai appris à vivre dans l'imprévu, à maîtriser toujours mieux les situations d'incertitude qui favorisent la créativité, l'adaptabilité, encouragent les initiatives, et où la prise de risque devient peu à peu une preuve absolue de compétence. Personne n'y a alors trouvé, ou si peu, à redire.

La confrontation « sur le jeu » fut beaucoup plus rude, car il s'agissait non plus d'être convaincu, mais aussi de convaincre et en la matière, on n'est plus sûr de rien. On rentre alors dans un autre mode d'échange, celui du conflit que génère la différence quand on met en avant d'autres valeurs, d'autres manières de penser et d'enseigner le jeu. Est-ce indispensable pour évoluer ? Oui, à condition de rester sur le plan du dialogue sous peine de transformer la bataille d'idées en querelles de clocher, auquel cas on limite la réflexion. Dans ce contexte, la séduction du jeu et du joueur ne suffit plus, on doit asseoir sa reconnaissance autrement et j'ai appris qu'obtenir des résultats ne suffisait pas.

Mais c'est bien le jeu lui-même (le mien en tant que joueur puis celui que j'ai prôné en club) qui a fait ma réputation. Il m'a conduit à valoriser et adopter le choix d'un style, une manière de vivre le jeu, de l'appréhender. Je ne voulais pas jouer n'importe comment et c'est bien ce qui m'a poussé ensuite à théoriser le jeu, son évolution, ses transformations, sa transmission. Aujourd'hui, je continue à croire dans ce rugby de mouvement qui est d'autant plus facile à réaliser que les joueurs sont perfectionnés dans le cadre de la démarche de formation idoine. Heureusement, je ne suis pas le seul à le penser, et j'accepte toujours de débattre à la fois de sa validité et de son efficacité.

Ce jeu de mouvement porte en lui le principe de complexité. Sa gestion ne peut se satisfaire d'une conception rigide plus ou moins amorphe qui isole les joueurs entre eux et les conduit à développer une production mécanisée, forcément réductionniste, sans envergure, limitant son potentiel. C'est vers cette performance dans le jeu global qu'il faut conduire les joueurs parce qu'ils tireront bénéfice à collaborer, même si, quelquefois, ils le font de manière intuitive. « Jouer pour jouer ! » nécessite une formation. Dans le processus de son élaboration, il s'agit aussi d'agir, chercher, réussir, se tromper, et finir par comprendre (tout en même temps) la vérité pour gagner en se faisant plaisir, sans brader ni la réalité ni un idéal.

Alors, je ne vais pas faire de révélations sur ce que j'ai été ni ce que je suis devenu avec le temps et les circonstances. On peut remonter à très loin dans les « seventies », lorsque j'étais joueur et que je passais pour un emmerdeur pour les Biterrois, alors champions toutes catégories. Je devais certainement me prendre pour un autre, pour ne pas aller dans le sens du jeu gagnant.

« Donneur de leçon », « inventeur du jeu », « discours d'un intello prof de gym », nécessairement « dogmatique », en quête d'esthétisme, « porteur d'utopie », « producteur de formes spectaculaires avant la recherche de résultats », voilà les procès liés à ma façon de parler du jeu, de le penser, de l'approfondir. Mes chroniques dans *Libération* ont certainement contribué à propager cette image et, indirectement, elle fut largement diffusée grâce à une autre bonne partie de la presse. L'une par réaction et, comme l'avait dit Ferrasse, pour « aller au secours de la veuve et de l'orphelin », et l'autre plus disponible pour s'approprier des contenus différents, nouveaux. Une presse que j'ai côtoyée avec plus ou moins d'affinités et avec laquelle je n'ai pas été réellement « copain-copain », ni « ami-ami ».

Certainement, je n'ai pas su « jouer » avec elle ni me rendre accessible. La manière de m'exprimer pour développer mes idées donnait à mes propos un caractère « cérébral », autoritaire et austère qui, de fait, bloquait toute contestation. De là à me reléguer au rayon des prétentieux et des « Monsieur-je-sais-tout », il n'y a qu'un pas qui fut allègrement franchi quand les résultats ne suivaient pas, et pas seulement par la presse, mais aussi et surtout, par les entraîneurs du moment, les plus traditionnels, et plus encore par certains joueurs, venus d'une autre culture du jeu.

Ai-je seulement été cet homme dérangeant, cet empêcheur de tourner en rond ? Je n'ai évidemment pas la réponse et peut-être qu'avec d'autres mots, une autre approche, une autre familiarité, j'aurais été vu différemment. À Toulouse, je n'ai pas eu l'impression que ma manière d'être et de faire pouvait me jouer des tours puisque je ne traitais que du jeu, rien que du jeu, le « beau », celui qui a entretenu ma passion tout au long de ma carrière. William Shakespeare disait : « Ils ont échoué parce qu'ils n'avaient pas commencé par le rêve. » Ce beau jeu, je devais l'avoir dans les gènes. Pour répondre à la question posée plus haut, il faudrait demander à mes amis, ceux qui depuis longtemps sont à mes côtés. Ils vous diront que je sais rire, être enjoué, plaisanter, ils décriront la face cachée de l'iceberg, celle qui est enfouie sous les vagues et qui n'apparaît que rarement, quand la confiance est présente. Alors, comme l'avait écrit Christian Montaignac dans une de ses chroniques dans *L'Équipe* : « Plus Preux que Vil ». L'important est peut-être ailleurs : dans la chance qui m'a été donnée de ne pas laisser le milieu du rugby indifférent. Chacun saura choisir son camp.

Dans le temps, il est plus facile de pardonner ou d'excuser, mais plus difficile d'oublier. Était-il possible de ne pas s'engager, ou différemment, quand on est passionné ? J'ai affirmé mes idées et, avec elles, la liberté de les défendre, ce qui est avant tout une marque de respect vis-à-vis de moi-même. Quand on s'engage, c'est un combat, on en accepte les risques en ayant conscience que certains pouvoirs viendront freiner les pulsions les plus enthousiastes.

Je me suis toujours engagé parce que les objectifs en valaient la peine, que la réussite me semblait possible. Ce ne fut jamais par nécessité, ni désir de reconnaissance, ni pour en tirer quelque avantage économique. Je savais que, dès lors que l'on introduit du changement, il n'y a pas de droit à l'erreur si on vous laisse le temps de travailler. Quand c'est le cas, cela veut dire qu'on vous apporte appui et soutien, ce sont les deux principes fondamentaux de notre jeu.

Qu'est-ce qui change quand on part à la retraite ? M'investir dans ce monde du rugby en pleine mutation ? Et si oui, pour y rechercher quoi ? Plus certainement, je vais continuer à défendre mes conceptions tant que je serai sollicité, tant dans le domaine de la formation d'entraîneurs et de joueurs, où je suis encore souvent demandé en France comme à l'étranger, mais aussi dans les médias, notamment au sein de l'équipe des « Spécialistes » du rugby sur Canal +, voire dans le cadre de conférences. C'est un privilège et un challenge qui me conviennent. Cette demande qui se renouvelle tendrait à prouver que la teneur du débat rugbystique sur le jeu, les styles, les méthodes, même si elle a évolué, est toujours présente : je suis fier de continuer à être ambassadeur de ce rugby de mouvement, rendant ainsi à son concepteur, René Deleplace, l'honneur que cet homme d'exception mérite. Je tendrai volontiers le relais aux prochains défenseurs de ce rugby.

Surtout, n'oublions pas qu'au-delà des changements, des mutations, des novations, voire des bouleversements incontournables, il y aura toujours trente joueurs sur un terrain. Ce seront toujours eux les « rois du jeu » et, en conséquence, les dépositaires d'une conception de la pratique du rugby, de son esprit et des valeurs qu'elle sous-tend.

SOMMAIRE

Impression réalisée par

BRODARD & TAUPIN

La Flèche
en décembre 2010

Imprimé en France
N° d'impression : 61950